ロヒンギャ問題とは何か

難民になれない難民

日下部尚徳
石川和雅
〈編著〉

明石書店

○本書の内容の一部は、聖心女子大学グローバル共生研究所ロヒンギャ研究プロジェクト（2017〜2018年度）の研究成果を含むものである。
○本書の内容の一部は、科研費（19H00554; 18KK0024）の助成を受けている。
○本書の資料「アナン・レポート」の和訳は笹川平和財団の協力を得ている。

はじめに

２０１９年８月現在、バングラデシュ南部コックスバザールには、ミャンマー西部のラカイン州から避難してきた１００万人以上の難民が、劣悪な環境下での生活を余儀なくされている。その大多数は、イスラームを信仰する「ロヒンギャ」と称する人々だ。避難の直接の原因は、ミャンマー国軍がラカイン州内で行なった掃討作戦にあると見られている。だが、その背景には国境地域の複雑な歴史と、ミャンマーの特殊な政治事情が深く関わっている。

ミャンマー国軍による掃討作戦は、ロヒンギャの武装勢力、アラカン・ロヒンギャ救世軍（ＡＲＳＡ）による警察署等への襲撃事件をきっかけに開始された。その状況下で行なわれたという数々の人権侵害行為の証言は、各国のイスラーム教徒を憤慨させた。インドやバングラデシュなどの周辺国は、こうした側面が強調されることにより、国内外のイスラーム武装勢力の活動が地域全体で活発化することをおそれている。

一方で、２０１６年以来ミャンマーの政権を率いるアウンサンスーチー国家顧問は、問題を収束させることができずに欧米諸国の批判を浴びている。軍を統制する法的権限を持たないことが最大の理由だが、安易にロヒンギャ支援を表明すれば、ロヒンギャに批判的な層からの反発を招くほか、国軍との関係を難しくしてしまう可能性もある。板挟みの状況にあると言えるだろう。

そんな中、日本の河野太郎外務大臣は大規模難民発生直後にバングラデシュ（２０１７年11月）・ミャンマー（２０１８年１月）双方を訪問し、恒久的解決に向けた両国への支援を表明した。欧米の強硬的な態度とは対照的に、中国やインドはミャンマー政府への支持を明言して関係強化に乗り出している。日本政府はミャンマー政府との関係を維持した上で、この問題に関与する姿勢を見せている。

しかし、ロヒンギャ難民問題解決にむけた中長期的なロードマップはいまだ描かれていない。両国間で帰還交渉が続けられてはいるが、現状では大多数がバングラデシュに留まる可能性が高い。編者の日下部は問題発生以降、毎年難民キャンプを訪問してきたが、日々流入するロヒンギャによって人口密度が高まり、目に見えて生活環境が悪化している。煮炊き用の薪を得るために木々は伐採し尽くされ、水源の不足から衛生的な飲み水を得ることも難しい。

このような状況から、今後数年間で以下三点の顕在化が考えられる。第一に、難民キャンプが自然災害・疾病等にさらされ、人命の危機が生じる。第二に、バングラデシュ国内および欧米等の第三国において、難民の受け入れと適応教育が進む。第三に、国境地域における長期的な紛争解決にむけ、民族間・宗教間対話の必要性が強く意識される。

これら問題群に対処するには、関係者間でロヒンギャに関する基礎的知識の共有が不可欠である。民族、宗教、地理、歴史、文化、言語への理解に加え、世界各地のロヒンギャ難民コミュニティの活動動向と情報発信を押さえる必要がある。彼らを取り巻く社会情勢は宗教的イデオロギーや地政学的位置づけから複雑性を極めており、難民支援や平和構築の一般理論やこれまでの経験則では対応が困難である。

本件に関して、歴史的・外交的に両国と関係の深い日本への期待は大きい。だが、実際に支援活動を志しても、基本的な情報の欠如が大きな障害となってしまう。ロヒンギャの生活を長期的に支えるには、宗教や文化、言語への理解が必須である。また、将来の平和構築に寄与するには、この地域の自然環境や、そこに暮らす人々の歴史と多様な歴史認識の在り方を十分に考慮しなければならない。まずは基本となる知識を着実に集積していく必要があるだろう。

しかしながら、これまで日本語で書かれたロヒンギャ問題の概説書は存在しなかった。各国メディアによる報道は重要な事実を伝えてくれているが、それぞれの論調の相違もあって、それだけでは全体像を摑みにくい。本書はそうした問題意識から、ロヒンギャの歴史や社会的位置づけ、開発援助論、難民・移民研究の視座から見るロヒンギャ問題に関して、まとまった視点を提示することを目的としている。

また、ロヒンギャが暮らす地域が地理的にも歴史的にもバングラデシュとミャンマーの辺境にあり、これまで双方の研究者が単独で扱ってこなかったテーマであること、同様に南アジア研究と東南アジア研究の狭間で、空白地帯となっている研究分野でもあることから、基礎研究として、今後の議論の土台としたいという学術的な要請に微力ながら応える意味あいもある。

本書の企画を進めるにあたっては、大橋正明教授が代表を務めた聖心女子大学グローバル共生研究所のロヒンギャ研究プロジェクトから多くの示唆を得た。プロジェクトを通じて、ロヒンギャ問題を単純にミャンマーの政治問題として捉えるのではなく、世界に拡散するロヒンギャの実態やロヒンギャ問題の各国への波及状況を概観することから議論を再考するという編集意図に至った。また、プロジェクト期間中に難民キャンプの人道危機が高まりを見せたことから、流入先であるバングラデシュに立脚して各国を俯瞰するというスタイルが自然とできあがった。本書もこの流れを汲み、難民受け入れ国としてのバングラデシュに軸足を置いているところにその特徴がある。

なお、本書では国際的な認知度の観点から「ロヒンギャ」の語を便宜上使用する。ロヒンギャと自らを呼称する人々の位置づけは、それぞれの政治的、宗教的、民族的立ち位置によって異なる。特にロヒンギャのエスニシティを巡る問題に関しては、学術的にも見解が分かれている。

ミャンマー政府による2012年ラカイン州暴動に関する報告書では、「ロヒンギャ」はミャンマーからの分離独立を志向する勢力が政治的に主張している民族呼称であり、現実には大半の「ベンガリ（ベンガル人）」はこの言葉の意味を知らず「ムスリム族」を自称していると書かれている。

しかし、バングラデシュの難民キャンプにおいて筆者が話をきいた限りでは、大半の住民が自らをロヒンギャと呼称していた。ロヒンギャを名乗ったほうが難民として保護されやすく、国際社会に存在をアピールしやすいといった背景があると思われるが、今回の危機的な状況のもと、自らの生存をかけてロヒンギャという「民族」を形成している過程であるともとれる。彼らの多くが数世代にわたりミャンマーに住んでいたということを前提にしつつも、歴史を遡れば長い時間をかけて現在のバングラデシュからミャンマーやインドにベンガル系住民が流出したことも事実であることから、この問題に関しては基礎研究を蓄積し、慎重に議論を重ねる必要がある。

アウンサンスーチー国家顧問は、政治的な含意があるとして国連や欧米諸国に対し「ロヒンギャ」「ベンガリ」両語の使用を控えるよう要請している。そのため、中立的な立場からの関与を模索する日本政府も特段の必要性がない限りロヒンギャという言葉を使用していない。河野外務大臣は、記者会見などでロヒンギャの語は避け、「ラカイン州のムスリム」といったミャンマー政府に配慮した表現を使用している。日本の援助機関として最も早くかつ長期にわたって難民支援活動を行なっている日本赤十字社も「バングラデシュ南部避難民」という言葉を使用している。

本書はこうした異なる政治的立ち位置からのアプローチを尊重しつつ、民族名や宗教、国家を主語として問題が語られているこれまでの状況にたいして、現実のアクターははるかに多様化し、国際化し、複雑化しているということを示し、議論を深めるための幅広い論点を提示したいと考えている。

本書の最後には、付録資料としてコフィ・アナン元国連事務総長らによる諮問委員会が２０１７年８月に出した報告書（通称・アナン・レポート）の和訳を笹川平和財団の協力のもと掲載している。この報告書はミャンマー政府とコフィ・アナン財団から公式に出されたもので、ロヒンギャ問題だけでなく、ラカイン州をとりまく貧困や教育、医療、違法薬物、司法アクセスなどの慢性的かつ深刻な問題への対処をうたっている点にその特徴がある。これはラカイン州の置かれた政治的・社会的状況がロヒンギャ問題の背景にあるという理解からであり、問題の解決策を探る上で多くのヒントが込められている。是非とも各方面でご活用いただきたい。

最後になるが、本書の試みが、多数の生命を救い、地域の平和の再建に結実することを願ってやまない。

編　者

本書の企画段階から貴重なアドバイスをいただき、本書の出版を後押ししてくださった田村克己先生、福永正明先生には、厚く御礼を申し上げるとともに、こころからの感謝の意を表する。

また、本書の企画を実現するにあたり、出版元の明石書店、そして編集を担当してくださった佐藤和久さんには感謝の言葉しかない。佐藤さんの一連の編集作業におけるきめ細やかなご配慮がなければ、到底本書が形になることはなかった。ここに深謝申し上げる。

目次

はじめに／3
組織名・地名・個人名等／10
ロヒンギャ難民キャンプと関連地域地図／12

第1章　ロヒンギャ問題とは何か……13
ロヒンギャ問題再燃をめぐる地政学〔日下部尚徳〕／14
ロヒンギャ問題とアラカン・ロヒンギャ救世軍（ARSA）〔高田峰夫〕／37

第2章　越境したロヒンギャの今……63
難民キャンプに暮らすロヒンギャ〔杉江あい〕／64
私たちが見た難民キャンプ／79
第一話　バングラデシュ南部避難民の現場から〔青木裕貴〕／79
第二話　避難民に支えられて〔青木裕貴〕／85
第三話　私が出会った避難民〔川瀬佐知子〕／89
第四話　避難民を受け入れている地元の人たち〔斎藤之弥〕／93

第3章　ロヒンギャとはいったい誰なのか……97

「複雑な」歴史を考える――ロヒンギャ問題の歴史的背景〔石川和雅〕／99

バングラデシュ、チッタゴン丘陵地帯から見たロヒンギャ〔下澤　嶽〕／125

ラカイン州の経済――貧困と資源開発〔岡本郁子〕／135

第4章　世界のロヒンギャ……147

東南アジアのロヒンギャ難民〔堀場明子〕／148

タイのロヒンギャ――国軍・人身売買・メディア〔鈴木佑記〕／155

パキスタンのロヒンギャ――ムスリム同胞から孤立化へ〔登利谷正人〕／172

中東のロヒンギャ〔堀拔功二〕／183

第5章　難民支援とロヒンギャ……189

バングラデシュ政府によるミャンマーからの避難民への対応〔松村直樹〕／190

国連機関によるロヒンギャ難民支援〔志賀　圭〕／208

第6章　難民になれない難民としてのロヒンギャ……231

無国籍者としてのロヒンギャ問題
——日本に暮らすロヒンギャを通じて考える〔加藤丈太郎〕／232

バングラデシュに暮らすロヒンギャの未来
——「第2のビハール難民」となってしまうのか〔大橋正明〕／245

第7章　アナン報告が示すロヒンギャの未来……265

ラカイン州諮問委員会提言の可能性と課題〔下澤　嶽〕／266

資　料

ラカイン州の平和で公平かつ豊かな未来にむけて（アナン・レポート）／318

ミャンマー政府によるラカイン州のへの取り組み／321

ミャンマーの国籍法と証明書／322

民族・宗教保護協会（略称：マバタ）／323

関連年表／333

執筆者一覧／334

INGO ＝ International Non-Governmental Organization（非政府国際機構）
ICRC ＝ International Committee of the Red Cross（赤十字国際委員会）
IOM ＝ International Organization for Migration（国際移住機関）
IS ＝ Islamic State（ISIS または ISIL、イスラーム国）
JI ＝ Jamaat-e-Islami Bangladesh（イスラーム協会）
JRP ＝ Joint Response Plan（国連・NGO 対応計画）
MaBaTha ＝（民族・宗教保護協会）
MDGs ＝ Millennium Development Goals（ミレニアム開発目標）
MOU ＝ Memorandum of Understanding（了解覚書）
MSF ＝ Médecins Sans Frontières（国境なき医師団）
NADRA ＝ National Database Registration Authority（国立データベース登録局）
NCPO ＝ National Council for Peace and Order（国家平和秩序評議会）
NDMC ＝ National Disaster Management Council（国家防災委員会会議）
NGO ＝ Non-Governmental Organization（非政府組織）
NLD ＝ National League for Democracy（国民民主連盟）
NRC ＝ National Registration Card（国民登録カード）
NVC ＝ National Verfication Card（国籍未審査者向け身分証明書）
OHCHR ＝ Office of the United Nations High Commisioner for Human Rights（国際連合人権高等弁務官事務所）
OMCT ＝ World Organization Against Torture（世界拷問防止機構）
PCJSS ＝ Parbatya Chattagram Jana Samhati Samiti（チッタゴン丘陵人民連帯協会）
PDES ＝ Policy Development and Evaliation Service（政策の策定および評価サービス機関）
PEN ＝ PEN International（国際ペンクラブ）
PPP ＝ Public-Pravate Partnership（官民連携／公民連携）
RPF ＝ Rohingya Patriotic Front（ロヒンギャ愛国戦線）
RRRC ＝ Refugee Relief and Repatriation Commissioner（難民救援帰還委員会）
RSO ＝ Rohingya Solidirity Organization（ロヒンギャ連帯機構）
SEAPA ＝ Southeast Asian Press Alliance（東南アジア報道連合）
Shanti Bahini ＝シャンティ・バヒニ（平和部隊）
SPGRC ＝ Stranded Pakistanis General Repatroation Committee（残留パキスタン人一般帰還委員会）
TRC ＝ Temporary Registration Certificate（暫定在留許可証）
UMN ＝ Undocumented Myammar Nations（不法ミャンマー国民）
UNDP ＝ United Nations Development Programme（国際連合開発計画）
UNFPA ＝ United Nations Population Fund（国際連合人口基金）
UNHCR ＝ Office of the United Nations High Commisioner for Refugees（国連難民高等弁務官事務所）
UNICEF ＝ United Nations Chidren's Fund（国際児童基金）
UNCT ＝ UN Country Team（国連カントリーチーム）
UNJI ＝ UN Joint Initiative（国連共同イニシアティブ）
USDP ＝ Union Solodarity and Development Party（連邦団結発展党）
WFP ＝ United Nations World Food Programme（国際連合世界食糧計画）
WHO ＝ World Health Organization（世界保健機関）

組織名・地名・個人名等（略称や日本語表記とローマ字表記の対応）

AA ＝ Arakan Army（アラカン・アーミー）
ACT ＝ Aksi Cepat Tanggap: Fast Action Response（人道支援 NGO アーチェーラー）
AL ＝ Awami League（アワミ連盟）
ANP ＝ Arakan National Party（アラカン国民党）
Ansar ＝ Bangladesh Ansar（バングラデシュ国内治安担当目的の準軍事補助組織）
APHR ＝ ASEAN Parliamentarians for Human Rights（人権のためのアセアン議員連盟）
ARSA ＝ Arakan Rohingya Salvation Army（アラカン・ロヒンギャ救世軍）
Association of Young Generation of Urdu Speaking Community（ウルドゥー語話者若者世代協会）
BBC ＝ British Broadcasting Corporation（英国放送協会）
BNP ＝ Bangladesh Nationalist Party（バングラデシュ民族主義党）
BRAC ＝（バングラデシュで活動する NGO、BRAC は略称ではなく正式名称）
CFS ＝ Child Friendly Spaces（子どもにやさしい空間、子どもが安心してすごせる場所）
CHEC ＝ China Harbour Engineering Company（中国港湾工程）
CITIC ＝ China International Trust Investment Cprporation（中国中信集団）
CNPC ＝ China National Petroleum Corporation（中国石油天然気集団公司）
CHT ＝ Chittagong Hill Tracts（チッタゴン丘陵地帯。バングラデシュ南東部のミャンマー沿い丘陵地帯）
CSC ＝ Citizenship Scrutinization Card（市民権精査カード〔市民権審査カード〕）
ECNEC ＝ Executive Committee of the Nations Economic council（国家経済評議会執行委員会）
ERU ＝ Emergency Response Unit（大規模災害等に備えて編成された国際赤十字の専門家と資機材をセットにしたユニット）
EU ＝ European Union（欧州連合）
FAO ＝ Food and Agriculture Organization（国際連合食糧農業機関）
FDMN ＝ Forcibly Displaced Myammar Nationals（強制的に避難させられたミャンマー国民）
FIDH ＝ Fédération Internationale des Ligues des Droits de l'homme（国際人権連盟）
FORUM-ASIA ＝ Asian Forum for Human Rights and Development（人権と発展のためのアジア・フォーラム）
GAM ＝ Gerakan Aceh Merdeka（自由アチェ運動）
NADRA ＝ National Database Registration Authority（国立データベース登録局）
HaY ＝ Harakah al-Yaqin（信仰運動の意味）
HI ＝ Hefazat-e-Islam（ヘファジャテ・イスラーム〔イスラーム保護の意味〕）
HRN ＝ Human Rights Now（ヒューマン・ライツ・ナウ）
HUJI ＝ Harkat-ul-Jihad-al-Islami（イスラーム聖戦運動の意味）
ICG ＝ International Crisis Group（国際危機グループ）
ICJ ＝ International Commission of Jurists（国際法律家委員会）
ICNV/NVC ＝ Identity Card for National Verification / National Verfication Card（国籍未審査者向け ID カード）
IFRC ＝ International Federation of Red Cross and Red Crescent Societies（国際赤十字・赤新月社連盟〔IFRC、ICRC、各国赤十字社・赤新月社を総称して国際赤十字と呼ぶこともある〕）

ロヒンギャ難民キャンプと関連地域の地図〔作成：杉江あい〕

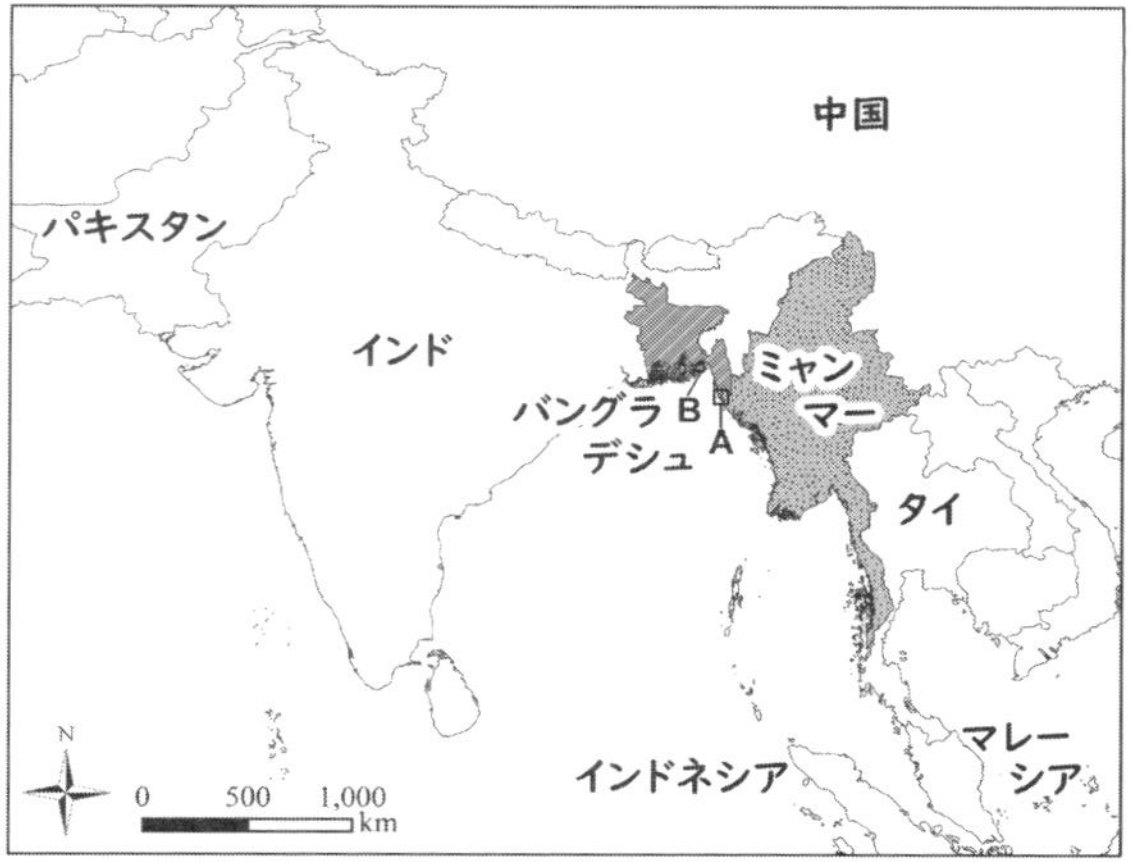

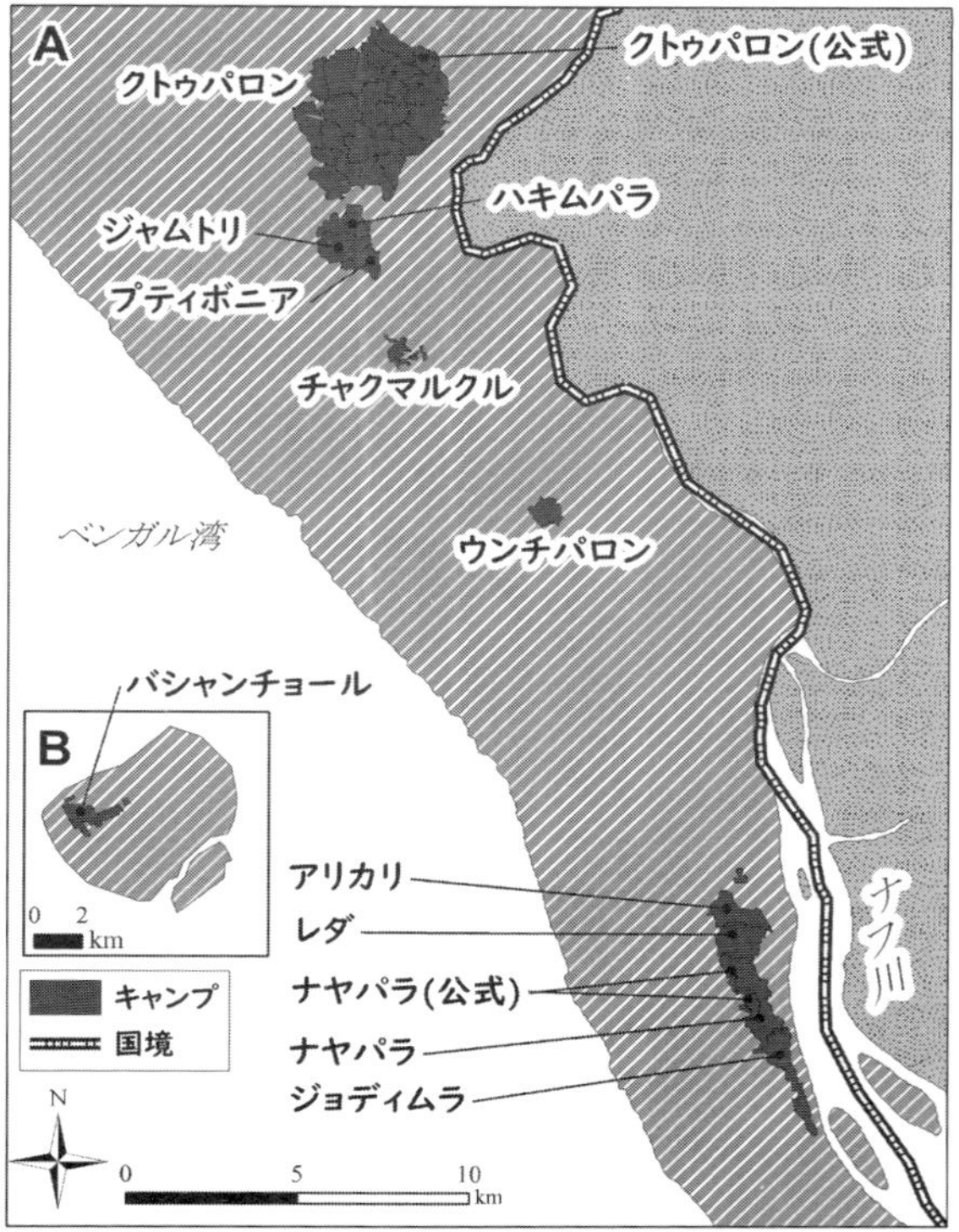

キャンプ人口(2023年8月時点。居住するキャンプが不明な480人を除く)

クトゥパロン	641,407	アリカリ	26,576
クトゥパロン(公式)	17,935	レダ	9,129
ハキムパラ	114,007	ナヤパラ(公式)	23,247
ジャムトリ	(同上)	ナヤパラ	42,709
プティボニア	(同上)	ジョディムラ	17,034
チャクマルクル	16,515	バシャンチョール	30,607
ウンチパロン	23,392		

※公式キャンプ：1978年や1991-1992年に流入し、帰還しなかったロヒンギャが主に住んでいるキャンプ。バングラデシュの法律で難民認定された人が多い。

データ出典
https://data.humdata.org/dataset/1a67eb3b-57d8-4062-b562-049ad62a85fd/resource/7cec91fb-d0a8-4781-9f8d-9b69772ef2fd/download/20230412_camp-boundaries_a1-a2-a3.gdb.zip
https://reliefweb.int/map/bangladesh/rohingya-refugee-responsebangladesh-rohingya-population-location-28-feb-2023

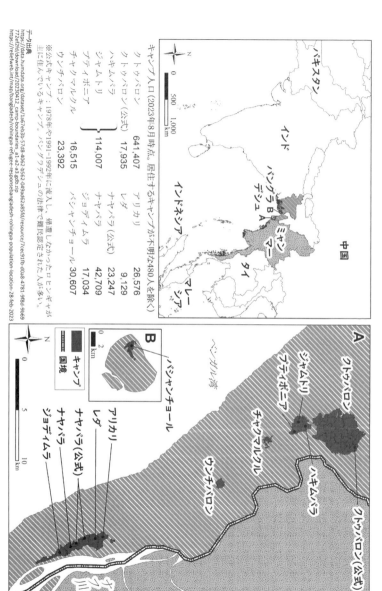

第１章　ロヒンギャ問題とは何か

ロヒンギャ問題再燃をめぐる地政学

1 １００万人のロヒンギャ難民

２０１７年８月25日、「アラカン*・ロヒンギャ救世軍」（ＡＲＳＡ）を名乗る武装グループがミャンマー・ラカイン州の警察・軍関連施設をナタや竹槍といった武器で襲撃し、国境警備隊や警察官12人を殺害した。これに対してミャンマー国軍は、ロヒンギャ集落で大規模な掃討作戦を実施し、村々を焼き討ちした。国際ＮＧＯ「国境なき医師団」の調査によると、この作戦で１カ月の間に６７００人のロヒンギャが殺害された。バングラデシュを２０１７年11月に訪問したパッテン*国連事務総長特別代表は、ミャンマー国軍兵士による女性に対する集団レイプなど「人道に対する罪」にあたる残虐行為が組織的に行なわれたとして、ミャンマー政府を非難した。

断続的な掃討作戦により、半年間で70万人ものロヒンギャが国境を接するバングラデシュに避難したことから、同国南部コックスバザールには広大な難民キャンプが出現することとなった。バングラデシュ側へのロヒンギャ流入は長期にわたり、２０１８年１月17日には、難民キャ

*アラカン（Ara-kan）はラカインの英語表記として使用される。ラカイン（Rakhine）はラカイン語による現地での呼称。ビルマ語ではヤカインと発音される。

*プラミラ・パッテン（Pramila Patten、１９５８〜）、性暴力担当国連事務総長特別代表。

ンプに暮らすロヒンギャの登録者数が１００万を超えたことが、キャンプの治安維持にあたるバングラデシュ軍によって正式に発表された。

深刻化するロヒンギャ難民問題を解決すべく、２０１８年12月15日に両国の合意のもと２２６０人の難民をバスに乗せてミャンマーへの送還を始めようとしたが、対象となった難民が拒否し、バスから逃げ出してしまうなど、解決の道筋はたっていない。二国間合意にしたがいミャンマーに戻るのか、バングラデシュで第二の人生を送るのか、それとも第三国へと逃れるのか、１００万人のロヒンギャ難民の未来は不透明なままだ。

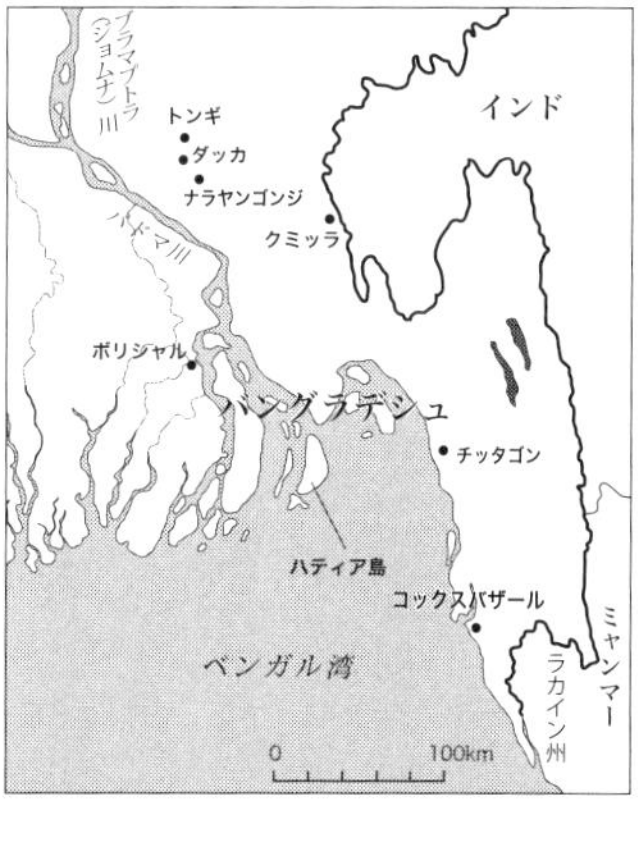

２ 過去のロヒンギャ難民

1978年

ロヒンギャがバングラデシュ国内に大挙して流入したのは今回が初めてではない。かつて１９７８年にもミャンマー軍事政権による迫害を逃れて、20万人以上のロヒンギャがバングラデシュの側へ越境した。迫害の背景には、１９７１年にバングラデシュがベンガル民族の国としてパキスタンから独立したことに影響を受け、ミャンマーのベンガル系民族であるロヒンギャが独立に向け民族運動を激化させるのではないかという当時の軍事政権の危機感があったとされる。

１９７８年２月６日、当時のミャンマー軍事政権は非合法移民追放政策として、「ナガーミン」

と呼ばれる国籍審査事業を実施した。審査事業とはいっても、実質的には国軍の兵力が動員され、かつ特定の住民の追放を引き起こしたことから、後に「ナガーミン作戦」と呼ばれるようになった。

同時に、国軍はロヒンギャの武装勢力である「ロヒンギャ愛国戦線」（ＲＰＦ）の掃討作戦を名目に、多くのロヒンギャを逮捕、拷問したことから、20万人以上のロヒンギャがナフ川をわたり、隣国バングラデシュへと避難した。

バングラデシュ政府は「難民の地位に関する条約（難民条約）」を批准していないが、ロヒンギャの処遇を懸念するイスラーム諸国の声に配慮し、「無期限の受け入れは出来ない」と主張しつつも、一定期間難民を保護する姿勢を見せた。バングラデシュ政府は、国連にロヒンギャ難民への支援を要請し、１９７８年５月に国連難民高等弁務官事務所（ＵＮＨＣＲ）を調整役とする救援計画が開始された。

１９７８年７月には、二国間でロヒンギャの帰還協定が結ばれたが、安全が担保されない段階での帰還に抵抗する難民が多く、難民とバングラデシュ治安部隊の衝突によって数百人の死者が出る事態となった。しかし、帰還に反対するロヒンギャ指導者の逮捕、食糧配給の減少から難民は徐々に帰還に応じ始め、１９７９年末にはＵＮＨＣＲの協力のもと大部分がミャンマーへと帰還した。

1991年

1991年から1992年にかけて、ミャンマー軍事政権の主導の下、ロヒンギャの武装勢力である「ロヒンギャ連帯機構」（RSO）掃討を目的とした「ピィーターヤー作戦」が実施された。ロヒンギャ連帯機構は、ロヒンギャの政治的抑圧からの解放を目指す武装組織で、1982年に武装勢力「ロヒンギャ愛国戦線」（RPF）から分離するかたちで設立された。当初はロヒンギャによる政治活動がミャンマー国内において全面的に禁止されたことに対して、抑圧状況の改善を訴える政治運動を主な活動としていた。しかし、軍事政権が、ロヒンギャが多く暮らす地域に仏教徒ラカイン族の入植を促し、それに抵抗する人々を弾圧したことから、1990年代に軍事活動を活発化させ、ミャンマー・バングラデシュ国境地域で爆弾テロや国軍に対する襲撃などを実行した。

RSO掃討作戦の最中に、ミャンマー軍による強奪、強制労働、暴行から逃れたロヒンギャのバングラデシュ側への越境が相次ぎ、約27万人がコックスバザール県、バンドルボン県内21カ所に設置された難民キャンプに収容される事態となった。また、ミャンマー軍が国境付近のバングラデシュの軍事基地に向けて発砲したため、両国間は緊張状態となった。

バングラデシュ政府は当初、ムスリム同胞への支持を表明し、ロヒンギャを受け入れたが、大量の難民に対応しきれず、二国間交渉を通じての早期送還の途を模索した。当時インドのトリプラ州にはバングラデシュのチャクマ難民6万人が流入していたため、そちらを留保しておきながらロヒンギャを受け入れることは、インドとの外交上も好ましくなかった。結果として

1992年4月28日に両国は難民の帰還に関する共同声明を発表し、事態はうやむやなまま収束へと向かった。このときに帰還することなくバングラデシュ側に残ったロヒンギャも相当数存在する。

2012年

ミャンマーのラカイン州で2012年5月、仏教徒のラカイン族女性マ・ティーダトゥエー(27歳)がイスラーム教徒(ムスリム)のロヒンギャの集団に暴行のうえ殺害されたとされる事件が発生した。この事件をきっかけにロヒンギャとラカイン族双方の報復合戦が激化した。6月3日には暴徒化したビルマ人仏教徒がバスを襲撃、10人のムスリムが殺害されるなど、治安が急速に悪化したことから、6月10日には同地域に非常事態宣言が出された。繰り返される大規模な暴動を受け、10万人ともいわれるロヒンギャがバングラデシュ側に避難した。

2016年

ここまでの段階で、ミャンマーに戻ることを拒否し、バングラデシュに暮らすロヒンギャは、同国に残された2カ所の公式難民キャンプか、一般のバングラデシュ人に混じって生活をしていた。UNHCRによると、2016年当時バングラデシュ国内には30万人以上のロヒンギャが暮らしていたとされる。しかし、歴史的にはイギリス植民地時代から国境であるナフ川を渡って両国間を自由に行き来しており、ベンガル人とロヒンギャを区別するのは難しい。国境周辺で暮らすバングラデシュ人の中にはロヒンギャを祖先や親戚に持つ人も多く、言語もベンガル語のチッタゴン方言に極めて近い言語（ロヒンギャの人々はロヒンギャ語であると主張）を話すことから、ロヒンギャの数を正確に把握することは困難であり、実数はＵＮＨＣＲの推計以上とも言われていた。

このような状況の中で、ミャンマーのラカイン州で２０１６年10月９日、ハラカーアルヤキーン（ＨａＹ）を名乗る武装集団が警察施設３カ所を襲撃し、警察官９人が死亡するという事件が起きる。ミャンマー国軍はロヒンギャによる襲撃と見て、取り締まりの名目で軍事行動に出たため、2カ月間で7万人近くがバングラデシュ側に越境した。ハシナ首相*は２０１７年1月12日にミャンマーの外務副大臣とダッカで会談し、バングラデシュに避難しているロヒンギャをミャンマー側に「戻す」よう要請するなど、帰還に向けた交渉を進めた。一方でミャンマー政府は、国内のロヒンギャ武装勢力メンバーの徹底的な摘発に乗り出し、２０１７年2月15日には、国家顧問室が国軍による武装勢力掃討作戦の完了を発表した。

*シェイク・ハシナ（Sheik Hasina、１９４７〜）、バングラデシュ首相。

２０１７年

そして２０１７年8月25日、冒頭の１００万人もの難民発生の直接的要因となったＡＲＳＡによる襲撃事件が発生する。ミャンマー政府はＡＲＳＡを前述のハラカーアルヤキーンと同組織であるとして、掃討作戦を実施した。作戦はミャンマー国軍が主体になって実施されたが、警察や国境警備隊、一般の村人も部分的に関わったとされる。

この作戦の中で、軍はロヒンギャの村々に火をつけARSAのメンバーが隠れる場所を徐々になくしていく作戦に出たことから、大勢のロヒンギャがバングラデシュの側に追い立てられることとなった。川を渡って逃げる人々を岸から銃で狙い撃ちしたり、戻ってこられないように地雷を敷設したりするなど、一連の行為はテロ掃討作戦の範疇を大きく逸脱していた。また、ARSAの捜索中に、拷問、処刑、レイプなどが公然と行なわれたとして、国連や国際NGOは批判を強めた。結果的に70万人ものロヒンギャが国境を越え、難民となってバングラデシュで生活を送ることとなった。それまでにいたロヒンギャと合わせて、コックスバザールには世界最大級となる100万人規模の難民キャンプが出現し、国際社会の注目を集めた。

ミャンマー軍に足を撃たれたと証言するロヒンギャ。バングラデシュで片足を切断する手術を受けた

3 ミャンマーにおけるロヒンギャ

そもそもロヒンギャは、ミャンマーのラカイン州に暮らすベンガル系ムスリムが自ら名乗っている呼称だが、ミャンマー政府は国内におけるロヒンギャという民族の存在を認めていない。彼らは、ベンガル系不法移民であるというのがミャンマー政府の主張だ。

1982年に施行されたミャンマーの国籍法では、国籍認定における土着民族の優位性を明記している。誰が土着民族であるのかは詳細に規定されていないが、土着民族であるか否かの認定権限を国家評議会に付与している。同法を根拠に、1823年以前から住んでいると認定された土着民族以外は、個別に審査したうえ「準国民」「帰化国民」「外国人」に分類される。

ロヒンギャはベンガル系不法移民であるとして、法的に「外国人」として扱われている。

多くのロヒンギャが何世代も前からミャンマーで暮らしているという事実がありながらも、ミャンマー人の多くは、ロヒンギャはミャンマー国民ではなくバングラデシュからの不法移民だという政府の公式見解を自明のものとして受け取っている。ロヒンギャが土着の民族ではないという政府の歴史認識に加え、ロヒンギャがミャンマーでは少数派のムスリムであることが、ロヒンギャを排除しようという差別意識へとつながっている。国民の9割近くを占める上座部仏教徒の中には、キリスト教徒やヒンドゥー教徒にはそれほど強い差別意識を持っていないが、ムスリムに対しては強い嫌悪感を示す者がいる。そのため、ムスリムは子どもをたくさん産むから、いつか仏教の国であるミャンマーが乗っ取られるといった根拠のないストーリーや、ムスリムが仏教徒女性を騙して結婚し、イスラーム教に改宗させているといった根も葉もない噂も公然と広まっている。

加えて、他のミャンマー人と異なり色黒で彫りの深いベンガル系の顔立ちであることや、バングラデシュの国語であるベンガル語の一方言である独自の言葉を話し、ミャンマーの公用語であるビルマ語がうまく話せない人が多いことなどが影響して、ロヒンギャに対する差別が助長されている。

さらに、多くのビルマ族にとってラカインは未見の土地であり、直接ロヒンギャと接した経験のない人が多い。そのため、ロヒンギャが想像上の存在でしかないことが一部の排他的言説に同調しやすい社会背景としてある。このように歴史、民族、宗教、言語、人種、地理のそれそれの観点から、ロヒンギャはミャンマーにおいて理解できない存在として「ベンガリ」と呼ばれ、迫害の対象になってきた。

4 バングラデシュにおけるロヒンギャ

一方で、バングラデシュ政府の側もロヒンギャを自国民として認めていない。それどころか、ロヒンギャを「難民」として認めず、移動の自由や働く権利も認めていない。前述の１９９０年代前半の大規模ロヒンギャ難民流入の際に、政府がさらなる難民の流入を恐れ、１９９２年以降の難民ステータスの付与を停止しているからだ。

バングラデシュは難民条約を批准していないことから、難民として保護するかどうかは時々の政府の判断による。前述の２０１２年の難民発生時には、基本姿勢としてロヒンギャの受け入れを拒否するだけでなく、さまざまな人道支援実施にも難色を示した。国民感情としては同じベンガル語を話すムスリムであるロヒンギャに同情はするものの、もともと厳しい国家財政の中で大規模難民を長期的に受け入れるのは厳しいというのがバングラデシュ側の実情だ。

5 襲撃事件後のバングラデシュ政府の対応：ミャンマー政府への配慮

２０１６年、２０１７年の襲撃事件発生を受け、バングラデシュ政府はイスラーム武装勢力に対する懸念をミャンマー政府と共有するなど、ミャンマー政府の立場を擁護する姿勢を見せた。その背景には、２０１６年７月に首都ダッカの高級住宅街で日本人７人を含む民間人20人が殺害された「ダッカ襲撃テロ事件」以降、イスラーム武装勢力掃討作戦を実施しているバングラデシュ政府にとって、ミャンマー政府との協力関係が不可欠であったことや、過去の難民対応の経験から、ミャンマーへの最終的な送還を念頭に置き、ミャンマー政府と良好な関係を維持したいという思惑があった。そのため、ミャンマー国軍による人権侵害には触れないと同時に、ＡＲＳＡによる今回の攻撃にバングラデシュの何らかの組織が荷担していないことを強く示すために、ミャンマー政府の掃討作戦を支持する立場をとった。

ミャンマーを通って中国に抜ける交易ルートと、ラカイン州との貿易に関する権益の確保もそれを後押しした。バングラデシュは国境の9割をインドと接しており、北側に陸路で中国に向かおうとすれば、必ずインドを通過する必要がある。現在の政権与党アワミ連盟（Awami League: AL）は親インド政権だが、２０１３年国民議会選挙（総選挙）マニュフェストのもと全方位外交方針をとっており、中国との関係も重視している。

中国はバングラデシュにとって最大の輸入相手国である。２０１８年にはバングラデシュへの直接投資の5分の1を中国が占め、最大の投資国としての地位も確立した。２０１６年10月14日には習近平《しゅうきんぺい》*国家主席が来訪し、2兆円もの経済支援を表明するなど、官民をあげて中バ関係が強化されつつある。加えて、２０１６年に潜水艦2隻、２０１８年にジェット練習機23機を中国から購入するなど、軍装備品においても近年存在感を増している。これらのことから、ミャンマーを通って中国に抜けるルートは、経済的観点からも外交上も確保しておく必要があり、ロヒンギャ問題によりミャンマー政府との関係が損なわれることは避けたかったと言える。

*習近平（Xi Jinping、1953〜）、中華人民共和国第五代最高指導者。

⑥襲撃事件後のバングラデシュ政府の対応：インド政府への配慮

ロヒンギャ難民はコックスバザール南部で避難生活を送っているが、北側には、バングラデシュ政府と先住民族間の土地問題を抱え、現在も和平協定実施を巡り争いが絶えないチッタゴン丘陵地帯がある。この地域にはイスラーム武装勢力の基地が複数あることも指摘されている。そして、さらにその北には、民族、宗教間で紛争の火種を複数抱えているインド北東部があり、これらの地域を縦断する形で、武装勢力の資金、武器、人的ネットワークが形成されることへの懸念をバングラデシュとインドの両政府は共有している。

バングラデシュでは２００９年以降親インド路線を採るＡＬが政権与党の座にあり、両国は政治・経済の両面で緊密な関係にある。また、国境を越えて移動するイスラーム武装勢力の動向は両国共通の関心事項であることから、イスラーム武装勢力との関係が疑われるＡＲＳＡの襲撃に端を発する今回の問題に関しても両政府は歩調を合わせた。

インドは世界第三位となる１億８０００万人ものムスリム人口を抱えている。これだけの人口規模がありながらも国民の多数派はヒンドゥー教徒であり、ムスリムは少数派になる。ヒンドゥー至上主義的な言動で知られる*モディ首相が２０１４年に政権の座について、ムスリムが社会的な疎外や政治的な差別を感じる場面が増えたとも言われており、このような状況下にあって、国内外のイスラーム武装勢力がミャンマーにおけるロヒンギャの迫害を理由にインド国内で過激な行動に出ることをインド政府は恐れている。

実際、２０１８年1月19日に、*ダライ・ラマ14世のブッダガヤ（インド、ビハール州）訪問中

*ナレンドラ・ダモダルダス・モディ Narendra Damodardas Modi、１９５０～）、インド首相。

*ダライ・ラマ14世（14th Dalai Lama Tenzin Gyatso、１９３５～）

*キレン・リジジュ（Kiren Rijiju、１９７１～）

に爆発が起き、イスラーム武装勢力バングラデシュ・ムスリム戦士団（ＪＭＢ）のメンバー２人が逮捕された。２人は襲撃の理由をミャンマーにおけるロヒンギャ迫害への抗議だとしている。

インドでは、２０１７年８月28日に*キレン・リジジュ内務閣外大臣が国会において、安全保障上の脅威であることと、安い労働力の流入による賃金低下を理由に、ロヒンギャ難民を国外追放する方針を明らかにした。インド国内には８月の襲撃事件以前から４万人のロヒンギャ難民がおり、そのうち1万６０００人がＵＮＨＣＲの難民認定を受けているが、インド政府は認定を受けているロヒンギャも同様に国外に追放されるべきと主張している。これに対し、ロヒンギャの代表2名がインド最高裁に政府の送還方針を撤回するよう求める訴えを起こしている。

さらに、インドはラカイン州でインフラ整備支援を加速させている。インド北東部からラカイン州の沿岸都市シットゥエまでを陸路と水路で結ぶことで、インド北東部の経済発展を推し進める計画だ。

このように、インドが安全保障上の理由とラカイン州における開発利権からミャンマー政府を支持する立場を採ったことが影響し、親インド路線を採るバングラデシュのＡＬ主導政権も、帰還の要請はしながらも、襲撃事件発生当初ミャンマー政府に対する批判は避けていた。これにより、ミャンマー、バングラデシュそしてインドからロヒンギャが孤立する事態となった。

路上脇でバングラデシュ人からの施しを待つロヒンギャ

7 襲撃事件後のバングラデシュ政府の対応：生かさず殺さずの難民対応

　バングラデシュ政府はこれ以上ロヒンギャが越境してこないように、最低限の人道支援にとどめる、「生かさず殺さず」の難民政策を維持したため、食糧を求める難民が路上脇に座り込み、1000円ほどで売られているビニールシートで雨風を凌いだ。子どもや高齢者の衰弱は特に激しく、少なくない数のロヒンギャが命からがら逃げてきたバングラデシュで命を落とすこととなった。

　バングラデシュの開発援助関係者の名誉のために追記すると、同国のNGOや国際援助機関の危機対処能力は決して低くない。世界最大のNGOと呼ばれるBRACや、2006年にノーベル平和賞を受賞したムハマド・ユヌス博士*率いるグラミン・グループは、貧困削減に大きな成果をあげている組織として国際的にも有名だ。緊急援助の体制も度重なる自然災害の度に経験を蓄積し、日本をはじめとする二国間ドナーや各国赤十字社、国連機関の協力のもと強化されてきた。にもかかわらず、難民発生当初、大規模な難民流入を恐れる政府は、NGOや国連機関に対して限定的な支援許可しか出さなかった。

　特にNGOに対しては、1991から1992年にかけての難民対応の際に、イスラーム保守強硬派の団体がNGOの名前をつかってキャンプに入り込み、政治活動を行なった過去があることから、政府は規制を強め、コックスバザールでもともと活動していた小規模なNGOにしか活動許可を出さなかった。また、国連機関に対しても、92年の帰還事業で政府ともめたUNHCRではなく、難民支援の経験の少ないIOMに全体調整を任せたことから、配給も人々

乳幼児の衰弱

*ムハマド・ユヌス（Muhammad Yunus、1940〜）、バングラデシュの経済学者、グラミン銀行創設者。

に十分に行き届かず、キャンプ周辺の環境も悪化する事態となった。

8 支援の拡大

しかしながら、急増する難民と国際社会の関心の高まりから、消極的な難民政策は徐々に変更を余儀なくされる。２０１７年９月15日のスワラージ*印外相とハシナ首相の電話会談おいて、スワラージ外相は状況の変化を「ローカルイシューから、グローバルイシューに」と表現し、対応策を協議した。予想以上に難民の数が増大し、国際的な注目を浴びるようになったことから、十分な人道的配慮をとらないことで批判の矛先が自らに向くことを恐れたうえでの政策変更であった。

結果として、９月中旬から徐々に国連機関やＮＧＯによるロヒンギャ難民支援を拡大すると同時に、これまで同調姿勢をとってきたミャンマー政府に対して、難民の帰還を受け入れないことを理由に、ハシナ首相が非難声明を出すに至った。

方針転換の背景には、不十分なロヒンギャ難民支援に対して、野党やイスラーム保守層からの批判が高まったことも要因としてあげられる。特にイスラーム保守強硬派のヘファジャテ・イスラーム（Hefazat-e-Islam：HI）は、ＳＮＳなども活用し、積極的に政府批判を展開した。ＨＩの代表は「ロヒンギャへの弾圧がやまなければ、ミャンマーでジハードが起きるだろう」と発言するなど、政府に対する攻勢を強めた。２０１８年12月の総選挙を前に、最大野党のバングラデシュ民族

＊スシュマ・スワラージ（Sushuma Suaraj，１９５３〜）

不充分な支援体制で混乱する配給現場

主義党（Bangladesh Nationalist Party: BNP）やイスラーム主義政党のジャマアテ・イスラーミー（イスラーム協会：JI）、そしてその支持団体でもある前述HIが、ロヒンギャ問題を政治化し、与党批判の材料として使うのを無視できない政治的な思惑もあった。

ALは、2017年に国定教科書におけるイスラーム関連記述の増加や宗教学校への公的な資格付与など、イスラーム主義団体の要求に沿った政策を次々と実行した。世俗主義を標榜するALがこれまで手を付けてこなかった分野での政策変更は、総選挙を睨んでのイスラーム主義層の取り込みであるとの見方が強く、今回のロヒンギャ対応への変化もその一貫であるとする指摘を否定できない。

また、コックスバザールにおいてはもともとBNPやJIの強い支持基盤があることから、同地域のAL候補者から、これ以上ロヒンギャ問題を放置すれば、選挙に悪影響が出るとして、執行部を批判する動きも見られた。これを受け、ハシナ首相は9月12日にキャンプを訪問し、難民に寄り添う姿勢を見せるとともにNGOや国連機関を通じた支援を拡大した。

9 帰還の合意

日々数百人単位で増加する難民の帰還に向け、両国政府は2017年11月15日からミャンマーのネーピードーで会合を開き、11月23日に合意文書への署名に至った。しかし、帰還の具体的なプロセスや期限などで合意に至らず、両政府は合意文書を公表しなかった。現地報道に

ロヒンギャ支援を訴えるヘファジャテ・イスラームのフェイスブックサイト

よると、合意は１９９２年の帰還事業の際に結ばれた協定を基礎としており、バングラデシュ側は、1年以内の帰還完了と、帰還プロセスに国連機関を関与させることを求めた。一方ミャンマー側は、署名から2カ月以内に帰還を開始することを求めたが、帰還完了期限と国連機関の関与については難色を示した。合意に基づき、両国で越境したロヒンギャのリストの作成が開始されたが、バングラデシュ側での作業が終わっていないとして、当初予定されていた２０１８年1月23日までの難民帰還開始には至らなかった。

帰還事業が進んでいることを国際社会に示す必要に迫られたミャンマー政府は２０１８年11月11日、1日につき１５０人のロヒンギャを2週間かけて帰還させる計画を発表した。ミャンマー、バングラデシュ両政府から認定された８０３２人のうち２２６０人を対象に、15日から送還を開始しようとしたが、送還対象者が逃げ出すなどしたため、失敗に終わった。

⑩難民キャンプの現状

筆者は２０１８年2月にロヒンギャ難民キャンプを訪れた。観光地であるコックスバザールの中心地から南にむけて車を走らせると、「Mother of Humanity」（人道の母）と書かれた横断幕が数キロごとに設置されており、現政権によるロヒンギャ支援の功績を十二分にアピールしていた。2時間ほど車を走らせたところにあるのが、クトゥパロン難民キャンプである。丘を切り開い

Mother of Humanity（人道の母）と書かれた横断幕が数十メートルおきに設置された難民キャンプに向かう幹線道路

て形成されたキャンプには10万人のロヒンギャが暮らし、支援団体のスタッフが慣用的に使用する「メガキャンプ」の名にふさわしい様相を呈している。

平地から斜面まで竹と強化ビニールで作られた家や支援団体のロゴのはいったテントが所せましと並んでおり、広大なキャンプ全体を見通すことはできない。中には大規模な市場もあり、干し魚や野菜、噛みタバコ、生活雑貨などが売られている。支援団体によって作られた井戸やプラスチックで作られた簡易の給水設備、トイレ、無料の診察所なども見られ、かなりの数の援助団体が支援にあたっていることが分かる。

しかし、あまりにも人々が密集して暮らしていることに加え、不衛生なトイレや垂れ流しにされた排水など、衛生環境は劣悪といってもよいレベルだ。バングラデシュでは4月ごろから雨が降り始め、6月には本格的な雨季となる。屋根のないトイレなどはあっという間に汚水が溢れ、感染症を誘発することが予想される。感染症は妊婦や子ども、高齢者など、抵抗力の弱い人々の間で発症しやすいことから、衛生環境の整備に加え、衛生知識を広めていくことが求められる。

雨季に最も心配される災害としては土砂崩れがある。地盤の弱い急斜面にも多くの人が暮らしており、少し長雨が続けばあっという間に崩れることは明らかだ。5月や11月は定期的に大規模なサイクロン（台風）が上陸するため、災害対策はまったなしである。２０１8年3月に発表された政府とＵＮＨＣＲの報告書によると、10万人のロヒンギャを安全のために移転させる必要がある。

地盤の弱い斜面にたつ家々。雨季には土砂崩れの危険がある

バングラデシュ政府は、ロヒンギャの一部を南部沿岸地域に位置するハティア島近くのバシャンチョール島へ移住させる計画を進めている。ハティア島周辺は土壌の浸食・堆積作用による急激な地形変化が繰り返されている。難民キャンプの候補地は、このような土壌の堆積作用によって新たに出現した海抜ゼロメートルの湿地帯だ。海軍が中心となってインフラ整備を進めているとはいえ、高潮などの災害の危険性が高く、生活に困難をきたすことは明らかである。また、同候補地の近くの島を軍の演習地にするという計画もある。政府としては、バングラデシュ有数のリゾート地であるコックスバザールから難民キャンプを移したいという思惑と、孤島を難民キャンプにすることにより、ロヒンギャの出入国管理を容易にし、ミャンマーからの新たな難民の流入を防ぐねらいがあると見られる。

11 ヒンドゥー教徒の難民

ロヒンギャというとイスラーム教徒をイメージしがちであり、定義の仕方によってはその見解も間違いではないのだが、コックスバザールにはわずかではあるがヒンドゥー教徒のキャンプも存する。キャンプは基本的に宗教ごとにコミュニティが構成されており、筆者が訪れたキャンプもヒンドゥー教徒のみの100世帯で構成されていた。キャンプのリーダーに話を聞いたところ、彼らは自分たちのことをロヒンギャとは言わないと述べていた。ミャンマー政府の見解では、ロヒンギャという民族は存在せず、イスラーム教徒であろうとヒンドゥー教徒

給水をまつ長いバケツの列

であろうと、ベンガル語の一方言を話すインド系住民はベンガリと呼ばれ、バングラデシュからの不法移民であるという位置づけである。

100世帯のうち26世帯が女性を世帯主とする家族で、夫がなんらかの事情でいない家庭であった。このような家庭は、一般的に支援物資へのアクセスやコミュニティにおける発言力などにおいて、男性が世帯主の家よりも不利な立場に置かれやすい。このキャンプでは、大きな道路に近い場所に女性を世帯主とする家族がまとまってテントをはって暮らしており、このような事情に配慮する姿勢が見られた。

女性を世帯主とする家庭の中でもことさらに大変な境遇にある人がいるとしてA（女性）を紹介された。Aは、夫と娘をロヒンギャの武装勢力であるARSA、つまりベンガル系イスラーム教徒に殺されたという。夜に覆面で顔を覆った集団が村を襲い、村人を切りつけ、村に火を放った。Aは命からがらバングラデシュの側に逃げこんだが、夫と娘は逃げ切れなかった。現在は、キャンプで配給される米や豆、油などの支援物資に頼った生活をしており、立ち上がることもなく、ずっとふせった様子からも、心的なケアが必要であることは明らかだ。

ただ、ここで注意しなければならないのは、彼女を含め、話をきいたヒンドゥー教徒全員が、ARSAが村を襲ったと証言しながらも、覆面に覆われていたため襲撃者の顔を見ていないということである。ミャンマー政府は、ミャンマー政府側のスパイであるとして、ARSAがヒンドゥー教徒の村を襲ったと発表しているが、真偽のほどは定かではない。以前はムスリムの

家族が殺害され、生きる気力を失ったヒンドゥー教徒の女性。キャンプでは心のケアが必要な難民も多い

コミュニティとの交流もあったが、この事件以降、バングラデシュの避難民キャンプにおいてもほとんど交流がなくなったという。

　彼らの生活に関して言えば、きちんとした調査が必要であるが、筆者の見た様子ではトイレや井戸、テントは整備されており、マイノリティであるヒンドゥー教徒の村に対して、支援が著しくこないといった問題は発生していないと思われる。ただ、コミュニティ全体として、燃料となる薪の不足を訴える人が多かった。他の大規模なキャンプでは市場が自然発生的に形成され、薪がうず高く積まれて売られている。現地メディアでは、キャンプ周辺地域において、ロヒンギャ難民が薪として使用するために木を大量に伐採していることを問題視する報道がなされている。そこで得られた薪は、コミュニティの市場や個人的なネットワークを通じて難民の人々にいきわたるが、コミュニティが小さなヒンドゥー教徒はそこにアクセスすることができず、配給頼みになっていることが予想される。訪問した時期にたまたま薪が不足していたことも考えられるが、１００万人もの難民の生活をくまなく支えることの難しさは想像を遙かに超えるものである。

⑫日本の対応

　２０１７年11月18日から20日にかけて河野太郎《こうのたろう》*外相がバングラデシュを訪れ、外相会談およびロヒンギャ難民キャンプの視察を行なった。外相会談においては、経済協力に関する協議がなされると同時に、河野外相から、難民の帰還を含むロヒン

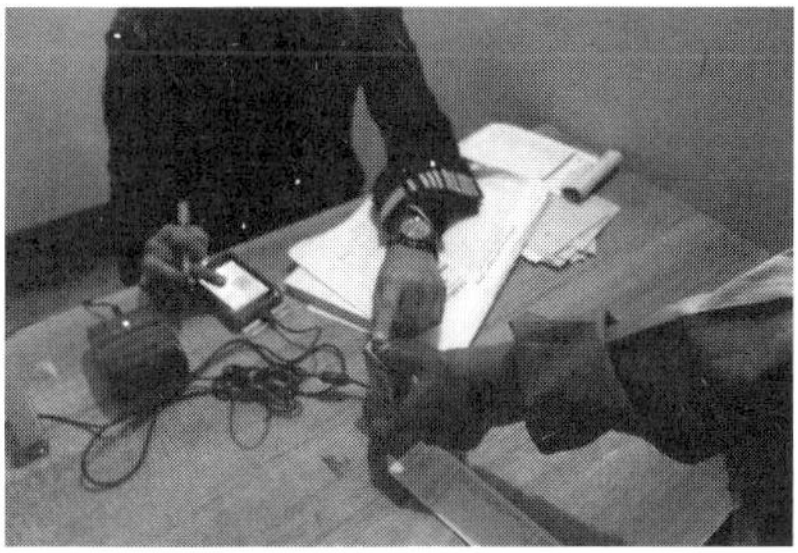

指紋認証で確認作業が行なわれる
最新の配給現場

ギャ問題の恒久的解決に向けた支援の表明がなされた。これによると2017年8月26日以降に実施された400万ドルの緊急支援協力に加え、国際機関を通じた食料などへの支援、計1860万ドルが約束された。新たに決定したのは、国連世界食糧計画（WFP）を通じた緊急無償資金協力1500万ドルとUNHCRへの360万ドルの支援増額である。

ロヒンギャ問題に関しては、いち早く外相が難民キャンプを訪問し、支援を約束した日本に対するバングラデシュ政府の評価は高い。一方で、国連総会第三委員会（2017年11月16日）や国連人権理事会（2017年12月5日）、国連総会本会議（2017年12月24日）などにおける、ミャンマー政府に対する非難決議を日本が棄権したことに対して、バングラデシュの一部国会議員やメディアから不満の声も上がっている。日本政府としては、欧米諸国がミャンマー政府を強く非難する中で、ミャンマーと中国が接近することをけん制すると同時に、バングラデシュ・ミャンマー両政府との対話を通じて、この問題を解決するねらいがあると思われるが、それをどのように具体化して見せていくのかが今後の鍵となる。

河野太郎外相は2019年1月12日にネーピードーでアウンサンスーチー*国家顧問兼外相と会談し、ロヒンギャ難民の帰還のため総額2300万ドルの拠出を表明している。

*河野太郎（1963～）

*アウンサンスーチー（Aung San Suu Kyi、1945～）

13 ロヒンギャ問題の今後

深刻化するロヒンギャ難民問題は、一歩間違えると国内外からの批判を免れないことから、バングラデシュのハシナ政権は慎重な対応を余儀なくされている。不十分な難民対応や安全が確認されない状態での強引な帰還は、イスラーム主義勢力や野党による政権批判につながる。その一方で、国内の貧困層からは難民重視の政府の姿勢に不満の声が上がり始めている。2017年は、度重なる大規模洪水によって米価が高騰したが、それをロヒンギャ難民支援のせいだとする誤った主張も見られるようになり、貧困層を中心に一部でロヒンギャ支援を否定的にとらえる動きもある。

そのため、ロヒンギャ難民への対応は、現状政府が採っている海外援助頼みの人道支援と、慎重な帰還対応を継続することが予想される。このようなバングラデシュ政府の対応を非難することはたやすいが、一方でこれだけの数の難民を、自国にも4000万人の貧困人口を抱えるバングラデシュが受け入れているという事実をわれわれは認識する必要がある。

また、1978年、1991年の大量難民流入は、ともに現最大野党のBNP政権下で起きており、ALがロヒンギャ難民に対応するのは今回が初めてだ。国際的なイスラーム武装主義勢力が、行き場をなくし生活に不安を抱えるロヒンギャを取り込もうとする動きがあるとの報道もなされており、今後の対応の結果如何によっては、テロの連鎖などALの政権基盤を揺るがしかねない大きな問題へと発展する恐れがある。

ALは2018年12月の選挙で大勝し、バングラデシュ初となる三期連続の政権党となった。長期政権とはいえ、政治的・経済的基盤のさらなる安定のため周辺国への配慮は欠かせない。ロヒンギャの人々の生存が、国家間の駆け引きによって脅かされることのないよう、周辺国・関係国の国内情勢にも注意を払う必要がある。

穀物や水などの配給物資は非常に重い。母子家庭や高齢者世帯は運ぶのに苦労する

二国間合意に基づく帰還事業に関しては、本人の同意のもと安全を確保したうえで実施されているか、進捗を注視しなければならない。ミャンマーでは２０２０年に総選挙が予定されている。ここでも国内の政治動向が難民帰還にどのような影響を与えるのか、政治的な目的のために難民が利用されていないか、注意が必要だ。カナダなどはロヒンギャ難民受け入れに積極的な姿勢を見せているが、アジアで発生したこの問題を機に、日本でも深刻化する世界の難民問題にどう向き合っていくのか、議論を深めていく必要がある。

前述の通り、ロヒンギャの大量流出は今回が初めてではない。にもかかわらず２０１７年以降、ロヒンギャ問題が「問題」として国際社会に強く認識されるようになった背景には、ＡＲＳＡと国際的なイスラーム武装勢力との関係が疑われたこと、そして経済と安全保障の観点からバングラデシュとミャンマーの地政学的地位が高まったことがある。これにより、インドや中国などの周辺大国、中東やパキスタンなどのイスラーム諸国、隣接するＡＳＥＡＮ諸国など、関連アクターが多様化し、複雑化した。それぞれの主張には一定の合理性があるのかもしれないが、国家間の力関係や国内事情によって難民生活を送る人々の生存が脅かされることは決してあってはならない。政治力学を越えて人命を守る姿勢、それを具現化した制度の構築は世界の難民問題に共通の課題であると言える。

【日下部尚徳】

くさかべ　なおのり
立教大学異文化コミュニケーション学部准教授

【参考資料】

本稿執筆にあたっては、バングラデシュ・ミャンマー・インドの現地報道および１９７０年代よりロヒンギャ問題に関する分析を記載しているアジア動向年報（アジア経済研究所編）を参照した。

ロヒンギャ問題とアラカン・ロヒンギャ救世軍（ARSA）

はじめに

筆者が編者から受けた課題は「イスラームから見たロヒンギャ問題」について記すことであった。ただ、これでは漠然とし過ぎている。また、ロヒンギャがムスリムであることがミャンマーにおいて持つ意味、それがロヒンギャ問題全体にどのように関わるか、等については、編者が説明するはずである。そこで、ここでは、２０１６年以降のロヒンギャ問題拡大のきっかけを作り、問題を深刻化させた立役者であるＡＲＳＡに一定の焦点を当てる。そこから、ロヒンギャ問題理解に新たな視角をもたらせたら、と願うものである。

なお、筆者は「ロヒンギャ」に関し、それが自然かつ適切な呼称であるかのように捉える姿勢、もしくは、この呼称の使用により、あたかも彼らが「民族集団」であるかのような前提で臨むこと等、多くの研究者、関係者等の書き方や理解の仕方に疑問を持っている。以下では紙幅の都合上、カッコを付さずにロヒンギャと記すが、筆者自身は、それを当然視しているわけでははないことを、事前に断っておく。ただし、このように書いたからと言って、筆者はロヒンギャに対し悪意を持っているわけではない。特に、避難民たちのバングラデシュでの厳しいキャンプ生活には非常に心を痛めている。何とかより良い解決の道が見出されることを心より願うものである。この点も付言しておきたい。

1 2016年と2017年の「事件」

そもそも今回のロヒンギャ問題が、なぜここまでの大きな騒ぎになったのか。一般的には、ミャンマー軍が一方的に暴虐を振るい、「かわいそうな」ロヒンギャの人々がバングラデシュ側に追い出された、との図式が広く受け入れられているようだ。しかし、それはやや一方的かつ単純な見方である。まずは、ごく大まかに「事件」発生から拡大の過程を跡付けて見てみよう。できるだけ感情や意見を排し、分かる範囲で客観的に記すことにする。

(1) 第一波（2016年10月事件と第一次流出）

２０１６年10月９日、ラカイン州のバングラデシュとの国境沿いに配置されたミャンマー国境警備隊の複数の監視所が一斉にロヒンギャと思われる集団に襲撃された。襲撃は３５０人以上による大規模なもので、武器には突撃銃や爆弾も用いられた。その結果、警備担当の警官９名が死亡、銃数十丁と大量の弾薬が強奪された。ミャンマー側は、急きょ軍を動員し、犯人たちが逃げ込んだと見られるロヒンギャの村々を一斉に捜索。その最中に衝突が起き、犯人側４

名が殺害されたが、軍側も5名が殺害された。このため、ミャンマー軍は規模を拡大して追討作戦を継続した。11月に入って、さらに第二、第三の襲撃が発生し、それに軍の側も反撃。この時点までで双方に30人以上の死者が出たらしい。ミャンマー軍側は事件に関与した疑いで約300人のロヒンギャを拘束。尋問で得た供述を基にさらに大規模な捜索を実行した。その際に軍や一部ラカイン仏教徒の暴力行為があったらしい（詳細は他章に譲る）。このため、11月の半ばになりバングラデシュ国境沿いの村々から軍の捜索行動を逃れるために大量の人々がバングラデシュ側に移動し始めた。結局、この第一次流出では、バングラデシュ側に約10万人が避難したと推定されている。

なお、同年12月3日の報道で、アウンサンスーチー氏が国際社会からの非難に対して「元はと言えば、武装勢力が襲撃を行なったことに対し軍が反撃したことがきっかけだった」と反論。呼応するように同日の別の報道でバングラデシュのシェイク・ハシナ首相も「10月9日の襲撃がきっかけになって今回の問題が生じた」と指摘した事実には留意する必要があろう。

当初、10月の攻撃はRSOの手による、との推測が流れたが、12月のTIME誌報道でHaYを名乗る組織が襲撃を実行したと報道され、翌1月になって、ネット上の投稿で、HaYは自分たちが襲撃したことを認めた上で、最後まで戦う、と宣言した。さらに、同月、HaYのメンバーと見られる男たちがバングラデシュ側で逮捕され、彼らの自供から、前年（2016年）5月にバングラデシュのAnsar派出所を襲撃したのがHaYであること、その際に強奪された武器が10月の襲撃に使用されたことが判明した。つまり、10月の事件は、周到に準備されたものであったことになる。

(2)第二波（2017年8月事件と第二次流出）

2016年の事件後の第一次流出が沈静化し、バングラデシュとミャンマー両政府による流出者の帰還問題の話し合いが徐々に本格化した頃、ミャンマー側で新たな動きが起き始めた。ラカイン州でHaYによると見られる住民殺害事件が続発したのである。被害者は少数民族の人やロヒンギャの有力者などだった。しかも、事件が発生した場所等から、それがHaYの拠点作りと関わりがある、と疑われた。それに対し、ミャンマー国軍は兵力を増派し、現地の緊張が高まり始めた。またこの前後（2017年3月から8月までの間?）、HaYを名乗っていた集団は、自称をARSAに変更する、とネット上で公表したらしい（この経緯について、彼ら自身の説明等は見当たらないため、この部分については推測の域を出ない）。このような変化の兆候はあったにせよ、ミャンマー軍が国境警備を強化していたため、これ以上の大規模な暴力行為が起きるとは一般に考えられていなかったようだ。

他方で、ミャンマー政府側（軍とは別）が設置した元国連事務総長アナン氏*を長とする調査委員会（＝「アナン委員会」）が、第一波の事件とその後のロヒンギャの大量流出について調査結果をまとめ、問題の解決には何らかの形でロヒンギャに市民権を付与することが必要、とした。また、ミャンマー政府もそれを受けて解決に努力する旨を表明。事態に解決の兆しが見られるかと注目された。ところが、調査報告がヤンゴンで公表された直後、ARSAが再び大規模

＊コフィ・アナン（Kofi Atta Annan、1938〜2018）、第七代国連事務総長。

な攻撃を仕掛けた。ロヒンギャの若者を大量に動員し（動員された数は数百人から千人以上と諸説あり）、ミャンマー側の国境警備派出所を一度に30箇所も襲撃し、ミャンマー側の軍人、入管職員、警官の合計12名が死亡した。これにミャンマー国軍も反撃し、ＡＲＳＡ側59名が死亡した（死んだのは動員された若者がほとんどで、ＡＲＳＡ本体はほぼ無傷であったらしい）。これにより、スーチー氏の主導する、一方で軍をけん制しつつ、他方で問題を解決しよう、との試みは一瞬にして水泡に帰した。ミャンマー国軍は徹底的な掃討作戦を開始した（２０１８年8月に国連調査団が出した報告書では、ミャンマー国軍が第二波攻撃以前からロヒンギャに対する攻撃計画を練っていた、との疑いが記されている、と一部で報道されている。当該報告書を筆者は確認できていないが、その可能性はあるだろう。しかし、仮にそうだとしても、第二波襲撃が軍に全面的な介入の口実を与えてしまったことは事実である）。

この後の展開については、日本でも多くの報道がなされたため、ここでは割愛する。第二波事件以後、その1年後までに起きた事態を、ごく簡単にまとめると以下の通り。第一波をはるかに上回る約70万人がバングラデシュ側に流入した。第一波の際の約10万人、それ以前（１９７８年のビルマ軍による「ナガミン（竜王）作戦」による最初の大規模流出以後）に累積した未帰還民を合わせ、百万人を上回るロヒンギャがバングラデシュ側で確認された（この数値は、未確認の人や第三国へ移動した数を反映していないことに注意）。また、これらの大量脱出と、ミャンマー側の掃討作戦、その際に起きた火災等（原因・犯人とも不明）のため、結果的に、バングラデシュ国境（ナフ川）に沿ってラカイン州北西部に幅2キロメートル前後の「無人地帯」が出現した。これは、ミャンマー国軍による国境管理が極めて容易になる事態が生まれた、とも言えるだろう。

(3) ＨａＹからＡＲＳＡへ

以上の事件経過概要を見れば明らかなように、第一波、第二波、共に事件発生のきっかけを作ったのはＨａＹないしＡＲＳＡと呼ばれるロヒンギャ側の武装組織である。その上、ＨａＹないしＡＲＳＡは、第一波襲撃から約十万人の大量流出を受けて、何とか平和裏に解決しようとしたミャンマー政府、とりわけスーチー氏の努力を、第二波襲撃を実行することで、意図的かつ完全に潰している。しかも、第二波の襲撃は、ミャンマー国軍に大規模な掃討作戦を行なう口実を与え、結果的に第一波の約七倍にも上る大量の流出者を発生させた。他方で、第二波襲撃以後、ミャンマー政府もスーチー氏も事態に介入するきっかけをほぼ失ってしまった（こう記すと、ＡＲＳＡ［ひいてはロヒンギャ側］を悪者にし、他方でミャンマー国軍を免罪し、ミャンマー政府やスーチー氏の不活動［より広く言えばミャンマー側の姿勢］を容認するのか、との非難を受けかねない。しかし、筆者にその意図はない。時系列から事態の推移を客観的に見れば、こう指摘できる、と述べただけである）。

もう一つ、以上の経過を見ていて気がつくのは、いつの間にか、襲撃実行者たちの自称が変わっていることである。当初、ＨａＹを自称していた集団は、第二波襲撃を実行に移す前から、ＡＲＳＡと自称を変更している。これは偶然だろうか？　筆者には偶然だとは思えない。では、自称変更の理由は何だろうか。また、その背景はどのようなものなのか。次に、これらの点を検討してみよう。

２ ＨａＹ

⑴登場の背景、第一波襲撃まで

１９７８年に始まり、ロヒンギャのバングラデシュ側への大量流出は度々起きている。２０１６年の第一波の前は２０１２年に発生した。この事件にはミャンマーの内政上の変化が絡んでいるようだ。根本*（２０１７）の説くところでは、ミャンマーで２０１１年に民主化への転換が起きたが、以後、「言論の自由が保障されるようになった」ものの、「それはイスラームに対するヘイトスピーチの自由も認めてしまう現象を生み出し」たようだ。特に「マバタ」（民族・宗教保護協会）の過激な仏教中心主義が大きな問題であった、とされる。こうしてビルマ人をはじめとする仏教徒側に反イスラーム的雰囲気が広がっていたところに、２０１２年６月、ラカイン州中部で一人のラカイン族女性が３人の若者に襲われ死亡するという強盗致傷事件が起きた。それを、ロヒンギャが仏教徒に危害を加えた（実は犯人の一人は仏教徒だった？）と捉えた仏教徒側が、ムスリム（ロヒンギャかどうか不明）の乗ったバスを攻撃して10名が死亡する事件が発生。これに対し、ヤンゴンでムスリムが抗議デモを行なう、等と展開して各地に飛び火し、一度は下火になったものの10月にも再発。結局80人以上の死者を出し、２万人が居住地からの避難・移動を余儀なくされた、全国規模のコミュナル暴動となった。死者も移動を余儀なくされた人々も、多くはロヒンギャを中心とするムスリムであったようだ。この事件が特にロヒンギャの若者の側に大きな無力感を生み出し、同時に、既存のロヒンギャ組織（ＲＳＯ等）への失望を生んだとされる。

＊根本敬「ビルマ、ロヒンギャ問題の憂鬱」『世界』２０１７年３月号、１９６〜２０３頁

２０１２年事件は世界的にも注目を浴びた。それまで、基本的にはミャンマーでは民族間対立は多発していても、宗教コミュニティ間の対立の形は稀であった。他方、ロヒンギャの問題は、それまで多々生じても、それはラカイン州北部の地域限定の問題であった。２０１２年問題は、こうした従来のパターンを変える可能性があった。他方、中東ではＩＳが２０１４年６月に国家宣言を行ない、世界の注目を浴びた。ＩＳ自体はシリアからイラクにかけての地域限定の動きでしかなかったが、それが「イスラーム国家」を標榜したことは世界中のムスリム（特に若者たち）の関心を引き、各地で様々な動きを引き起こすことになった。ＨａＹの登場は、こうしたミャンマー国内、国外の時代状況と大きな関連を持つと考えられる。また、二〇〇七年頃から、世界的にスマートフォンが爆発的に広がり、様々なＳＮＳサービスが広がったことも大きく関係している。

(2) アタウッラー*

さて、アタウッラーである。彼がＨａＹの、引いてはＡＲＳＡのリーダーであることは、ほぼ間違いないようだが、彼の実像についても指導力の実態についても諸説があり、判然としない。とりあえず彼のプロフィールとＨａＹ、ＡＲＳＡの動きとを最大公約数で記すものの、確実な根拠には乏しいことを断っておく。

ＨａＹとアタウッラーについて最初の報道を行なったのは２０１６年12月13日のＴＩＭＥ誌報道であったが、それはＩＣＧ（調査・政策提言により紛争解決を目指す国際ＮＧＯ）のレポー

アタウッラー。YouTube への投稿から、各種報道が採用した写真。

トをほぼ要約したもので、しかも曖昧な部分が多かった。その後の各種情報を検討すると、この時点で見えていたのは、①第一波襲撃の実行犯はＨａＹ、②同集団は２０１２年事件の後に設立、③スポークスマンはカラーチー生まれのアタウッラー、等でしかなかった。そのアタウッラーだが、彼はパキスタン南部のカラーチーのロヒンギャ難民キャンプで生まれ育ち、一定のイスラーム教育を受けたとのこと。その後、サウジのモスクで仕事を得て、弁の立つ説教師となり、同モスクのパトロンである王族の一人から支援を受け、かなり豊かな生活を送っていたらしい。ここから先は諸説入り乱れているが、（時期と理由は不明ながら）サウジにいる間に、彼は両親の故郷ラカイン州北部のロヒンギャ集中地区のことを考えるようになったらしい。具体的に「何を」考えたのか、比較的初期のＨａＹに関する報道を見ると、ロヒンギャをミャンマー政府の抑圧から解放し、宗教（彼らが考える「イスラーム」）に沿った社会を、ラカイン州北部で実現すること、だった可能性が示唆されるようだ。その考えを実行に移そうとしたことは確かなようだが、当初はなかなかうまく行かなかったようだ。一部には、組織づくりと武装闘争準備等のため接触を持ったパキスタンのイスラーム武装集団に騙されて資金を失った、等の説さえもある。

ともあれ、アタウッラーはごく限られた仲間だけで動き始めたようだ。時期的には２０１２年事件から一定の時間の後（２０１４年頃？）、場所は、パキスタン南部だった可能性が指摘されている。つまり、この時点まで彼らはラカイン州とは直接の繋がりを持っていなかったと見られる。その後、彼らがバングラデシュとミャンマーの国境付近に移動したことは、ほぼ間違

＊アタウッラー（Ataullah abu Ammar Junini）

いない。その際、バングラデシュを経由した可能性が高い。なぜなら、ラカイン州北部に南アジア系と分かる容貌のムスリム（アタウッラーたち）が、しかも、後述するようにロクに現地の言葉も理解できない（ましてやビルマ語など全く分からない）人々が、ミャンマー側から侵入するのは、同国の国内事情を考えると、極めて困難だと考えられるからである。

(3) ＨａＹ

さて、彼らが、いつ、どこで、大規模な襲撃を可能にするような軍事トレーニングを受けたのか。当時、ミャンマー政府は、アタウッラーたちはパキスタンのタリバンからテロリストの訓練を受けた、と見ていたようだが、そうした国際的な過激組織との繋がりを示す確たる証拠はない、との報道があった。他方、バングラデシュでの情報では、彼らはバングラデシュのＨＵＪＩからＣＨＴでトレーニングを受けた可能性が指摘されている。組織名や場所が記されていることからすると、こちらの可能性の方が高そうだ。他方、信憑性は不確かだが、２０１７年1月の秘密インタヴューで、アタウッラーに次ぐ指揮官を自称する人物（以下、Ｎｏ．２）が、「２０１５年にメンバーがラカイン州に行き、（ロヒンギャの若者に）軍事訓練をした」と発言している。これを信用するなら、組織立ち上げ直後に彼らはバングラデシュに移動してトレーニングを受け、比較的短期間で技術を身につけたことになる。同じ人物は、「近代的なゲリラ戦のトレーニングを受けたメンバーが20～25人いる」とも発言している。これは、ＨａＹの当初の規模（＝コア・メンバー）が極めて少数であることを示唆し

HaYのメンバーの写真。YouTubeへの投稿写真から、各報道機関が採用。明らかにISを意識した黒ずくめの服装に黒の目出し帽という姿。銃器はAK47ないしAK74の系統に短弾倉と排熱か防塵目的のカバーを取り付けたものか

ている。この程度の規模であれば、指揮命令系統の整備は不要だろう。一部の報道では、サウジ、湾岸諸国、バングラデシュ等の10名のリーダーたちの指示を受けて彼らは動いている、とされるが、これには疑問符が付く。サウジや中東に関しては、アタウッラーの経歴から考えると、思想上の支援者・共鳴者程度ではないか。他方、バングラデシュに関しては、ロヒンギャ・キャンプ内外の地元有力者、パトロンがいて、資金・物資の面や、隠れ家・情報の提供を行なっていた可能性は否定できないが、それが指揮命令系統の上下関係だとは思えない。例えば、時間的に前後するが、２０１７年1月末のベンガル語紙報道では、同国南東部コックスバザール市内で11人の地元有力者が集まり、ＨａＹへの海外からの支援資金について話し合った、との報道があった。第一次襲撃は世界的な反響を起こし、支援を名乗り出る団体も複数あった、との別の報道があり、さらに別の記事では、手柄を横取りされたくないアタウッラーたちは、そうした外部からの協力の申し出に対し慎重な姿勢になっている、とも報じられた。これらを考えると、アタウッラーらのコア・グループと外部の支援者（組織、と言うほどではない？）とは、微妙な関係にあるのかもしれない。なお、同報道では、別の有力者たちが地区から過激派を追い出す決定を下した、とも記されているから、ＨａＹを支持しているのは、現地（バングラデシュ最南東部のロヒンギャ・キャンプ内外）でもごく一部に留まるのではないか。

ミャンマーのラカイン州側に目を向けてみよう。２０１６年の初め頃、ラカイン州のロヒンギャの村で、ＨａＹのメンバーないしシンパと見られる男から声をかけられた若者が複数いた。それに呼応して軍事訓練を受けた若者が複数いた。これは、当時ラカイン州北部に在住し、その後、バングラデシュに避難してきた青年の証言の報道である。また、別の避難者は、記者の質問に答え、「トレーニング教官はロヒンギャ語を話さず、ウルドゥーと英語で会話した」、と証言している。つまり、トレーニングを実施したのは、恐らくはＨａＹのコアメンバーであるパキスタン出身者で、彼らはベンガル語さえ理解できない、すなわち、バングラデシュには極めて短期間しか滞在した経験がない、ましてやラカイン州での滞在経験などほぼ皆無、と推測される。まだ同じ証言者は、ＨａＹと見られるグループがラカイン州マウンドーの北部地域の村々を「あちこち移動した。各地で5日から10日程度のトレーニングを施していた」とも語っている。つまり、ミャンマー軍の探知を避けるために短期間での移動、初歩的軍事訓練の実施、を繰り返しながら、シンパを探し、手先となる人々を育てていた、ということになる。では、誰が呼応したのか。先のＮｏ．２は、初期の参加者として２０１２年事件に不満を持った（ラカイン州側の？）マドラサ学生やモスクの従事者（イマームやムアッジン等？）について言及している。また、別の報道では、当時、バングラデシュ最南東部にあったロヒンギャ・キャンプから30名以上の若者が行方不明になっていた、ともされる。彼らが、コアメンバーたちの呼びかけに応じた可能性は高い。他方、ミャンマーのシットウェー（ラカイン州の州都）で襲撃後にロヒンギャの若者を取り調べた警官のリーク情報の報道では、彼らは空手と射撃の訓練をした、とか、バングラデシュ側のロヒンギャ・キャンプから盗まれた銃（＝Ansar 襲撃で強奪された銃か）が持ち込まれた、等と証言を得た、とも報じられている。

⑷第一波襲撃への流れ

以上の諸情報を総合すると、大まかに次のような筋道が描けるのではないか。すなわち、２０１４年頃にアタウッラーは少人数の仲間とグループを立ち上げ、間をおかずにバングラデシュに移動。ＣＨＴでＨＵＪＩから軍事訓練を受け、短期間で習熟。２０１５年後半から末にはラカイン州北部へ侵入を開始し、２０１６年初めにはシンパを募って軍事トレーニングを開始して組織を急激に拡大。同年五月にはAnsar派出所を襲撃して武器を強奪し、武装強化。その上で10月の第一波襲撃に臨んだ、との流れである。ただし、武器は不足していたようで、動員された襲撃者たちの多数は刀や棍棒で襲った、とされる。

さて、ＨａＹは何を目指していたのか。先に、12月のＴＩＭＥ誌報道後、「翌（＝２０１７年）1月になって、ネット上の投稿で、ＨａＹは自分たちが襲撃したことを認めた」と記した。この時点まで、間違いなく彼らはＨａＹ（信仰運動）を自称していた。つまり、彼らは、ラカイン州北部のロヒンギャ集中地域で自分たちが考える「イスラーム」を興隆し、引いては、そのための場ないし組織体、いわば「イスラーム国家」を作り出すための運動を行なっていたのであり、それが彼らの目的であった。注意すべきは、彼らの標榜する「イスラーム」が必ずしも一般の人々のイスラームと一致するわけではない、ということである。アタウッラーをはじめとするコアメンバーたちはパキスタンで組織を立ち上げたと見られ、その時点で自分たちの目的を以上のように定めたのであって、ラカイン州北部の状況やロヒンギャの人々が置かれている苦境の実態を理解していたわけではない。そもそも組織名をアラビア語で自称すること自体、彼らの意図がどこにあったかを図らずも示している。つまり、この時点まで、彼らの行動には「ロヒンギャのため」等の意図はほぼ無かったのである。また、先のトレーニングの教官とは「ウルドゥーと英語で会話した」との証言や、アタウッラーは現地の地名もマトモに発音できない、とのラカイン州にも詳しいジャーナリストの言葉などにも注意したい。つまり、HaYの活動は外で計画され、「外から持ち込まれた」運動だったと見える。

3 ARSAへの改称――第二波襲撃へ

ともあれ、こうして第一波の襲撃は実行された。その後はどうなったのか。この点についてNo．2は興味深い発言をしている。ミャンマー国軍が空からヘリで攻撃してくることは想定外だった、というのである。その前後の発言を見ると、明言しないが、あれほどすばやく大規模に反撃されるとも思っていなかったようだ。それを証明するかのように、彼は、自分たちは「退却し」、仲間が負傷した、と語っている。ここで「自分たち」とか「仲間」と言っているのは、恐らくコアメンバーのことである。なぜなら、彼らに動員された300人程度のロヒンギャの人々のことについて、言及はほぼ皆無だからだ。それらの人々はどうなったか。ミャンマー国軍の動きを報じた2017年2月下旬のバングラデシュ・メディアの報道では、4カ月に渡る掃討作戦で武装勢力69人が死亡、ミャンマー国軍にロヒンギャ585人が拘束され、「殺人、公共物破壊、違法組織との交流」等の容疑で裁判を受けている、とされる（ミャンマー側も、軍人・文民併せて30名が死亡、とのこと）。結局、ミャンマー側に殺害されたり拘束された人々の大部分は動員されたロヒンギャで、ＨａＹのコアメンバーは、一部は負傷したものの、ほぼ無傷だったようだ。

ただし、組織としてのＨａＹは深刻な打撃を受けた様子が見られる。ミャンマー軍の掃討作戦を受けて村々が焼き討ちされ、多数の人々が拘束された上に、結局、７万～10万もの人がバングラデシュ側に避難する羽目に陥った。この結果、多くのロヒンギャたちはＨａＹを非難した、とＮｏ．２自身が語っている。また、インタヴュー時（２０１７年１月）には、これからどうするか、まだ決めていない、とも語っている。これは、彼らが襲撃までは考えていたが、「その後」については、さほど細かく考えていなかったことを示唆する。

ＨａＹのコアメンバーやそのシンパで逃げ延びた人々は、分散してラカイン州最北部（チン州に近い山中）やＣＨＴ南部、さらにはロヒンギャ・キャンプ内外に身を潜めたようだ。隠遁生活の中で、彼らは、被災者を中心とするロヒンギャたちの反発を感じ、現地の情勢を徐々に理解するようになったのではないか。そのうち、ＨａＹの運動では理解と共感を得られない、との限界を感じた可能性が高い。打開策の具体化した一つの形が、自称変更だったと考えられる。「信仰運動」から「アラカン・ロヒンギャ救世軍」へ。「自分たち」が考える「イスラーム」のための運動から、「ロヒンギャ」たちのための運動への転換である。汎イスラーム的運動ないしジハード型の運動から「民族」組織への転換、とも言えよう。これを逆に言えば、自称変更して「ロヒンギャのため」を明確に打ち出さねばならなかったほど、彼らに対するロヒンギャの人々の不満・不信は強かった、とも考えられる。

ただし、彼らの第一次襲撃が一概に失敗とは言えない。まず何よりも、反撃に遭い、逃走を余儀なくされたとはいえ、彼らは実際に多数を動員して襲撃に成功した。これは極めて大きい。1940年代後半から1950年代にあった一部のムスリムたち（当時は、まだロヒンギャを自称せず）のムジャヒディン運動以来、実に半世紀以上の間を置き、ラカイン仏教徒との間の争いを除けば、ほぼ一方的にミャンマー国軍から圧力を受け続けて来た彼らである。それが、ほんの一時とは言え反撃の狼煙を上げた。この意味は大きい。事実、第一次襲撃のニュースは世界を駆け巡り、世界中にロヒンギャの名が売れた。HaYが実行を認めて以来、その下には多くのイスラーム過激派組織や支援組織から、連携や資金提供の話しが舞い込んだ、とされる。逆に自分たちの自主性を奪われることを恐れ、アタウッラーたちは、それらの申し出から距離を置いた、と伝えられるが。また、一種のカタルシス効果があったことも事実である。特に、ラカイン州で押さえつけられることに不満を抱いていた若者たちは、「一矢報いた」ことに一時的にせよ喝采を上げたとも伝えられる。その意味では、ミャンマーのあちこちで見られる軍事組織化した民族闘争よりも、むしろパレスチナのインティファーダに似た様相を見るべきかもしれない。その結果、HaYは一部の若者を引き付けた、ともされる。特に、ミャンマー国軍の暴虐から逃れてバングラデシュで避難生活を新たに始めた人々の中には、これまでにない不満が膨らんだ、との報道もある。これが、一部の若者たちを中心に新たな動員への呼応へ、と向かわせた可能性は高い。さらに、忘れてならないのは、第一次襲撃で彼らはミャンマー側の国境監視拠点から武器弾薬を入手した。その量についてミャンマー軍側は詳細を明らかにしていないが、複数のリーク情報の報道を総合すると数十丁の銃と弾薬数千発以上らしい。

こうして、一時は沈滞したものの、新たにARSAとして出発した組織は、新メンバーを加え、武力を増強した。そして一年弱が経ち、起きたのが第二次襲撃であった。

4 ARSAの実態

(1) 見えない組織、つかめない実態。

ところで、前回の襲撃とは異なり、第二波襲撃は二度目である。いくら油断していたと言っても、それをまんまと許したミャンマー国軍の対応は、あまりにお粗末ではないか。他方で、一たびARSAの襲撃を受けた直後には、前回を遥かに上回る規模の反撃と追討作戦を迅速に実施し、ARSAを追い出しただけでなく、前回の数倍以上の避難民を生み出した。結果的には、国境地帯に幅2キロメートル前後の無人地帯を作り出した。ここから、ARSAの襲撃はミャンマー軍が事前に承知していながらわざと実施させたのだ、彼らは罠にはまったのだ、とする説が出てくる。ロヒンギャの一部には、「ARSAはミャンマー国軍の自作自演だ」とさえ主張する向きもあるようだ。確かに結果から見れば、ロヒンギャを「違法（に流入した）ベンガル人」とし、その排除を主張してきたミャンマー国軍に介入の口実を与え、ミャンマー国軍側に思う通りの結果をもたらした、との意味で、そう言いたくなる人がいても不思議ではない。しかし、事実としてARSAの存在を否定することは難しい。

また、ARSAの側も彼らなりの「成功」を納めている。それはすでに第一次襲撃に関する中で検討した通りであり、同じことは第二波襲撃に関しても、ほぼ妥当する。とはいえ、これらの説が出てくるのも、ＡＲＳＡの実態がつかめないことによる部分が大きい。

先にＨａＹについて、20〜25人のコアメンバーとオルグされたシンパないし被動員者から成る、二段構えの組織ではないか、との見通しを示した。これは、第二波襲撃の段階ないしその後に至っても、大きくは変わらないようだ。あるＡＲＳＡについての特集記事では、２０１７年10月半ば時点で、トップ＝アタウッラー、副官１名、その下に６人の指揮官、さらにその下に20人のリーダー、集落ごとのリーダーがマウンドー地区だけで１０５人（上記20人を含む？）、さらに末端として各集落リーダーの下に15〜20人の末端メンバーがいる、との報道があった。しかし、この報道は、いくつかの点で疑問符が付く。仮にこの通りだとすると、総勢１５００〜２０００名以上になるが、第二波襲撃の際の規模から考えても、それは誇大であろう。襲撃後の情報から考えるなら、恐らく20人程度の小リーダーの下に、それぞれ15〜20人の末端メンバー、合計で３００〜４００人の規模ではないか。こう考えると、上記のＨａＹ時期のコアメンバー＋被動員者と、実は大して変わらない規模と組織構造になる。しかし、正直に言って、本当のところの実態は分からない。圧倒的に情報が不足しており、何よりも信頼できる情報が限られているからだ。しかも、第二波襲撃に続く掃討作戦で、彼らの一部は死に、多数が捉えられ、さらに多くはバングラデシュ側に分散して逃走したと見られる。ここからすれば、ＡＲＳＡが第二派襲撃時点の組織と規模を維持している、とは考え難いのではないか。

(2)「声」のリーダー

謎に包まれているのは組織だけではない。ネット上のヴィデオに登場し、広くその存在を知られたリーダーのアタウッラーだが、実は、その実像が分からないのだ。同じく２０１７年10月の別の記事では、コアメンバー以外では動員された参加者でもアタウッラーを見た者はわずかだ、とされる。記者がバングラデシュ最南部のロヒンギャ・キャンプ内外で聞き回った結果、ＡＲＳＡのメンバー（恐らく被動員者レベル）と目される人物たちに会ったが、その中の４人だけがアタウッラーと実際にあったことがある、と証言したという。また、一般の人でアタウッラーを見かけたことがあるのは10人だけだった。つまり、ヴィデオの中では饒舌でも、実際には見かけることさえめったにないのがアタウッラーという人物である。ましてや、彼の実像など分かるにはほど遠い状態である。

では、そのアタウッラーがなぜ二度の襲撃を実行できるほどの力を持つに至ったのか。ある被動員者は、「ロヒンギャは、これまで積極的に発言するリーダーを持たなかった。アタウッラーが、その初めだった。自分は、彼の中に指導者を見た」、とインタヴューで証言している。また、主に録音によるものとはいえ、人々は彼の巧みなスピーチ（ウルドゥー語＋アラビア語、それに両親ゆずりのロヒンギャの言葉が混ざったもの？）に動かされた、との説がある。実際、サウジのモスクで鍛えたスピーチは巧みだとされる。ＳＮＳ経由で流された彼の有名なスピーチの一つでは、次のよう内容が語られている、という（元は英訳）。「私は今ここに戻って来た、あなた方のロヒンギャとしての権利のために。その権利は、誰も実現できなかったものだ。あなた方は証拠を見るだろう、私たちがなし得ることの中に。我々を手助けせよ、そしてわれらの言葉を聞け」。ここに様々な預言者運動の預言者たちの言葉と類似したものを感じるのは私だけだろうか。他方、わずかに記者が出会ったアタウッラーに直接会ったことがあるメンバーたちは、彼が常に非常に穏やかに語り、声を荒げることがない、と証言したそうだ。これはＡＲＳＡのような過激組織には似つかわしくないようにも思える。ともあれ、第一波襲撃を成功させたことにより、ロヒンギャの人々の間で彼の権威は確立されたようだ。ヴィデオの中だけで登場し、めったに姿を見せないリーダー、アタウッラー。彼は、ヴィデオの声だけで人々を動かしている、と言っては言い過ぎだろうか。

⑶第三波襲撃の可能性

ＨａＹは、ＡＲＳＡと名を替え、約一年後に第二波襲撃を実行した。そのため、第二波襲撃の一年後、２０１８年８月下旬前後に第三波襲撃があるのではないか、との憶測がミャンマー側メディアで飛び交い、ミャンマー国軍も警戒を強めていた。結局、同８月末現在、襲撃は発生していない。だが、そもそも今回は規模云々以前に襲撃実施が難しいかもしれない。

まずミャンマー側では、国境に沿って鉄条網のフェンスが設置され、おまけに、軍の追討作戦とそれに伴うロヒンギャの村の焼き討ちがあった結果、国境沿いに幅約2キロメートルに及ぶ事実上の「無人地帯」が出現したようだ。このため、軍は越境行動を始め、その地域における人の移動を容易に監視できるようになっている。これより奥には、まだ多数のロヒンギャ集落が存続しているようだが、この広大な無人地帯を監視の目を潜り抜けて奥にまで侵入することは困難であろう。また、国境付近からほぼロヒンギャ集落が一掃されたために、仮にARSAが呼びかけてもミャンマー側の国境付近では呼応する人がいない。そもそも、国境付近にロヒンギャ集落がなくなってしまったため、抑圧されたロヒンギャを救う（ARSAの名の由来）にも、その救う対象がいなくなってしまった。その上、警戒監視の対象となる国境地域も大幅に北に延び、仮にARSAの一部がミャンマー側の山中に潜んでいたとしても、おいそれと動ける状態ではなくなっている。

他方、バングラデシュ側を見るならば、別の困難が浮かび上がる。まず、バングラデシュ側でも国境警備が厳格化している。以前のように簡単には越境することは難しいし、あえてそれを試そうとすれば、威嚇射撃等の対応に遭う。また、流入した人々の数が多く、「国際問題」になったために、バングラデシュ側でも急激に対応が進んだ。以前からあるロヒンギャ・キャンプに加え、周辺のキャンプ地も整備されつつある。それと同時に、キャンプ内での警戒、キャンプ内外の監視も強まっている。そのため、ごく少人数で一般住民に紛れて出入りしたりキャンプ間・内外を移動することはできるかもしれないが、相当の人数が、しかも武器を持って移動することはほぼ不可能である。

以上のような両国の国境と国境付近の状況を考えると、ごく少人数の越境は可能でも、数百人規模の男たちが武器を持って越境・襲撃することは、ほぼ不可能ではないか。しかし、このままの状態が長引けばARSAの存在意義そのものが問われることになる。かつてRSO等の既成組織が力を失って行ったのと似たような道を歩むのかどうか。それは、ARSAのこの2、3年の動きによるところが大きくなりそうで、事態を注視したい。

5 ロヒンギャとARSA――または、ロヒンギャ、イスラーム、外部との関係

まず指摘しておきたいのは、ロヒンギャと呼ばれる人々の保守性である。例えば、かつてロヒンギャ・キャンプで緊急救援活動を実施したバングラデシュのNGOのあるワーカーは、筆者に、「彼らは、ものすごく保守的だ。宗教的にも、女性たちの活動や子どもの教育にもついても」と語ったことがある。他方、パキスタンに移ったロヒンギャの一部からは、バングラデシュの社会は（彼らが考える）宗教的に緩く、不安だった、との趣旨の発言があるともいう（パキスタン研究者からの私信）。つまり、ロヒンギャを外から見る人々も、ロヒンギャ自身も、（違う表現ではあるが）一様に彼らの保守性に言及していることになる。この保守性は、生活の保守性（教育の遅れ、出生数の多さ、男女の役割の固定化、等々）と宗教上の保守性（イスラームの保守的解釈、保守的規範、その結果としての保守的行動）の両面が絡み合っているようだ。しかし、宗教面に焦点を当てれば、この種の保守性は、イスラーム主義者たちの言説と親和的な部分がある。事実、ロヒンギャ・キャンプ内外には、救援活動を実施する多数の国際団体やNGOに混ざり、複数のイスラーム系団体が浸透を試みており、その一部はバングラデシュ政府から、その活動が「好ましくない」として排除される事態も生じている。とはいえ、イスラームは隅々にまで浸透している。例えば、キャンプで子どもたちの教育は、ミャンマーへの帰還が前提とされているため、基本的に

はビルマ語等の一般教育か、モスクやマドラサを中心とする自主的な教育に限られている。後者の場合、主にクルアーンの音読を中心とするイスラーム的な内容がほとんどのようだ。しかも、それとても資金が必要であるが、その資金は、結局のところ外部のイスラーム系組織に依存するしかない。このような情況下にあっては、武装組織やテロ活動を排除するのは可能だとしても、保守的イスラーム思想の浸透を排除することは難しかろう。また、長引くキャンプ生活で、不満や怒りを持つ若者は多い。その意味では、ＨａＹ（現ＡＲＳＡ）のみならず、「イスラーム」を標榜する諸団体が活動する土壌は十分にあることを認めざるを得ない。ただし、それを一般のロヒンギャたちが信ずるイスラームと同一視することはできないし、すべきでもないだろう。

他方、バングラデシュ国内・国外の状況も考える必要がある。バングラデシュでは２０１６年７月に起きたダッカの高級住宅街でのテロ事件が同国の政府・国民に与えた衝撃は大きかった。その衝撃の大きさに比例するように、事件以来、イスラーム系過激組織への追及が厳しい。事件から2年が経過した２０１８年７月現在までに、事件関係者ないし過激派組織関係者への度重なる捕獲作戦の途上ないし結果として約90人が殺害され、２千人以上が拘束された。ＡＲＳＡに武器トレーニングをしたとされるＨＵＪＩもその例外ではない。また、国外、特にパキスタン・中東系のイスラーム過激派組織の国内での動きも徹底的にマークされている。散発的な動きはあるものの、このような情況下でＡＲＳＡとそれらの組織が結びつき、さらには何らかの行動を起こす、というのは限りなく難しい状況である。また、先に記した通り、ＡＲＳＡ

の側が、それらの外部組織から距離を置こうとしている。たしかに、例えば2017年3月、ISがバングラデシュのジハーディストたちにロヒンギャのために戦え、とネット上で呼びかけた、との報道があった。しかし、この種の「呼びかけ」はあっても、それが実際の行動に結実する例は稀であり、まして組織間の連携に繋がる可能性は低い。

バングラデシュとミャンマー以外の国々との関係で言えば、むしろ世界に散らばる在外ロヒンギャと、そこから多数派生するロヒンギャ関連組織の方に注目すべきかもしれない。ただし、それらの「組織」の実態となると実に多様である。純粋に「人道的」見地から「救援」を主張し、行動する集団もいれば、ロヒンギャ同胞の苦境をタネに利益を貪ろうとする集団、さらには同胞の辛苦を利用した自分たちの売名行為ではないのかと思われる例さえも見受けられる。彼らとキャンプ内外のロヒンギャたちとの個人的、家族・親族的、組織的な繋がりは、実に多様かつ複雑で、単純に語ることができないばかりでなく、恐らく、その実態を把捉することはほぼ不可能であろう。とはいえ、この側面には、これからも注視する必要がある。

終わりに代えて――「イスラーム」とは別の要素、翻弄される人々

AFPの報道によると、2018年8月25日（＝第二波襲撃の一周年）にARSAがツイッターに投稿し、「我々には、ロヒンギャを守る、そして、彼らに我らが祖先の地に安全と尊厳を持って戻ることを保証する、『正当な権利』がある」と主張したようだ。これは、前半部分では自分たちの行為の正当化をしつつ、後半部分では実際には実現しそうもない事態の保証（空手形）

を主張し、結果として、これからも暴力行為を継続する余地だけ確保した都合の良い発言と見ることができる。興味深いのは、同じ投稿で、ロヒンギャの人々に対し「麻薬、人身売買、暴力等の応酬に耽るのは止めろ」、と求めたことだ。今回の事件の経緯を知っていれば「盗人猛々しい」にも程がある言葉である。しかし、図らずも、ロヒンギャの間で、その種の行為が蔓延していることを露呈している。ロヒンギャ問題の中には、こうした闇の部分が絡んでいることに注意する必要がある。とはいえ、これもまた、登録されただけで百万人以上とされるバングラデシュのロヒンギャの中では、ほんの一握りの人々が関わるだけである。大多数のロヒンギャは、度重なるミャンマー国軍からの圧力と暴力、それに反発する一部の若者たちや彼らを利用・動員するＡＲＳＡ、ミャンマー政府とバングラデシュ政府、麻薬組織、さらには多数のイスラーム組織やＮＧＯ、それらの合間で翻弄される状態が続いている。

【高田峰夫】
たかだみねお
広島修道大学人文学部教授

【参考文献、参考記事ＵＲＬ等】

本稿をまとめるに当たり、通常の意味での「参考文献」は、わずかしか使用していない。他方で、参照した新聞記事、インターネット上の記事等は膨大な数に上り、それを全て明示することは、紙幅の制約上、不可能である。そこで、以下に参照した新聞雑誌名の中で主要なものを列挙し、最低限の客観性担保に代えることをご了承いただきたい。多くはインターネット版である。

“The Daily Star”, “Dhaka Tribune”, “*Doinik Janakantha*”（ベンガル語）, ” The independent”（以上、バングラデシュ関連）
”The Irrawaddy”, “The Myanmar Times”（以上、ミャンマー関連）
”Reuters (India)”, “The Telegraph”, “Hindustan Times”（以上、インド・南アジア関係）
”DAWN”（パキスタン関係）、

"Bangkok Post"（タイ関係）、
"New Strait Times"（マレーシア関係）、
"Reuters", "AFP", "TIME" 他多数（以上、国際的報道関係）。

なお、例外として一つだけ特記する。ＡＲＳＡについて管見の限り最も詳細なレポートは Dhaka Tribune 紙で２０１７年10月に5回連続で掲載された Adil Sakhawat 署名記事である。アタウッラーとＡＲＳＡについては、一定の情報をこの連載記事に依拠した。

ＡＲＳＡに関し、筆者の見方に非常に近い見方をするジャーナリストとして Bertil Lintner がいる。以下のインタヴュー記事は非常に参考になる。興味のある方は、ぜひご覧いただきたい。

"Rohingya refugee crisis: It's not Muslims versus Buddhists, says writer Bertil Lintner", Scroll.In, December 10th 2017 (https://scroll.in/article/860053/rohingya-refugee-crisis-its-not-muslims-versus-buddhists-says-writer-bertil-lintner) 最終アクセス 2018 年 8 月 28 日

付記（２０２３年10月末）

本稿執筆時点（２０１８年９月）で、バングラデシュ政府はＡＲＳＡが国内にいることを否定していた。しかし、その後、難民キャンプ内外でＡＲＳＡ絡みの犯罪が多発、アタウッラーの異母兄弟がキャンプ内で逮捕され、さらには軍の情報将校が殺害された事件、等を受け、現地治安当局はＡＲＳＡ主要メンバーに対し賞金付き指名手配を行うに至った。これは、実質的にはＡＲＳＡの存在を公式に認めた上で、その勢力弱体化に向け大きく舵を切ったことになる。背景には、政府がロヒンギャ問題に関して最優先課題とする難民帰還に関しＡＲＳＡが強く反対していること、帰還の動きを阻止するため帰還に前向きなロヒンギャのリーダーらを殺害するなどして妨害していること、等の事情がある。ＡＲＳＡがギャング化し、キャンプ内外で暴力活動を拡大してきたこと相まって、治安当局はＡＲＳＡ摘発に本腰を入れつつあるようだ。２０２３年10月下旬現在、上層部を含めＡＲＳＡのメンバー７３人が逮捕された、との報道もある。他方では、そうした当局側の姿勢を受けた形で、ロヒンギャの別の武装組織ＲＳＯとＡＲＳＡの抗争が激化し、ＡＲＳＡ側には少なからぬ死傷者が出ている模様である。これらの結果、アタウッラーをはじめとするＡＲＳＡ主要メンバーは国境を越えてミャンマー側へ移り、移動を繰り返している、と見られる。こうした事情もあり、キャンプ内ではＡＲＳＡに対して否定的な見方が広がり、その影響力は大幅に低下しているようだ。

第２章　越境したロヒンギャの今

難民キャンプに暮らすロヒンギャ

ミャンマーのラカイン州に隣接するバングラデシュのコックスバザール県には、２０１８年9月現在、実に92万人以上にのぼるロヒンギャ難民が暮らしている。私は、２０１７年12月から２０１８年2月の間の合計約2週間という短い期間ではあるが、難民キャンプでフィールドワークを行なった。本稿では、この経験に基づき、ロヒンギャ難民がキャンプでどのように生活していたのか、また、部外者である私とどのように接してくれたのかを素描する。ロヒンギャ難民は日本で暮らす私たちには想像し得ないような、壮絶な体験をしてきた。しかし、この人たちは私たちとは大きくかけ離れた存在ではない。食べて寝て、子どもを育て、近隣の人たちと談笑する、ごく普通の人たちである。本稿では「悲惨な難民」「かわいそうな人たち」としてではなく、私たちと同じように社会生活を営む人々としてのロヒンギャ難民の姿に迫りたい。

キャンプでの暮らしの様子を描写する前に、キャンプの基本的な構造や受け入れ体制などを概観しておこう。第1章でも述べられているように、１９７８年以来、ロヒンギャは間歇的に難民としてバングラデシュに避難してきた。その時に設けられたクトゥパロンとナヤパラの公式キャンプは、ミャンマー側に帰還しなかった難民のために維持され、これらのキャンプではバングラデシュで生まれ育った世代が増えていった。非公式キャンプや一時居住キャンプがあちこちに林立したのは、２０１７年８月25日以降の大規模なロヒンギャ難民の流入によっている。２０１８年５月現在、キャンプは28に区分され（そのうち、17区画はロヒンギャ難民全体の約８割が暮らすクトゥパロン・キャンプ）、さらにその中でアルファベットや数字などによって区割りがなされている。これらの新しいキャンプが非公式とされているのは、１９９２年にバングラデシュ政府が難民認定を停止したためである。そのため、それ以降に流入した難民は国連からの支援を受けられなくなり、今もなお難民条約を批准していないバングラデシュ国内において、ロヒンギャは一時的な外国人滞在者とされている。難民１人１人には、国境警備隊から顔写真付きＩＤカード（Myanmar National's Registration Card）が発行され、キャンプから出るときにはＩＤカードを携帯するよう求められている。就労は許されず、移動できる範囲はウキヤからテクナフ半島南端のシャープリルディップまでに制限されている。また、各世帯が救援物資を受け取るための配給カードは、バングラデシュ政府機関であるＲＲＲＣ（難民救援帰還委員会）が発行しており、ＷＦＰ（世界食糧機構）が食料品の配給カードを、バングラデシュ国軍が非食料品の配給カードを各世帯にそれぞれ配布していた。キャンプ全体の管理や調整を行なっているのはＩＯＭ（国際移住機関）であるが、警備や物資配給の立ち合いなどの現場業務にあたっていたのはバングラデシュ国軍である（脱稿後、バングラデシュ国軍はこれらの業務から撤退）。国軍はおおよそ１００世帯のまとまりごとに「マジ」と呼ばれる男性リーダーを１人ずつ選出し、キャンプの状況把握や問題解決、国軍や支援機関と各世帯の仲介役をリーダーたちに担わせている。なお、私有地に位置するキャンプも多く、難民以外のキャンプへの立ち入りは基本的に制限されていない。ただし、外国人の立ち入りは午後4時までで、支援機関関係者の立ち入りは制限されるようになったとも聞く。

私はナヤパラ・キャンプの一画にあるDキャンプで世帯調査を行なった。Dキャンプに属する47世帯は1人のマジによって束ねられている。Dキャンプは２０１７年８月の難民流入時にできたキャンプで、親族関係にある世帯もいくつかあるが、マウンドー町区出身という共通の帰属意識のもと、様々な村から来た世帯の集まりである。私とバングラデシュ人の夫はロヒンギャ難民が話すチッタゴン方言を解さないため、地元のバングラデシュ人通訳者を男女各１人ずつ雇った。夫は男性通訳者、私は女性通訳者とペアになり、ベンガル語を使用して調査を行なった。

２０１７年８月、ミャンマー国軍の弾圧を逃れて大勢のロヒンギャ難民が押し寄せたとき、バングラデシュ政府は9月半ば頃まで本格的な難民支援に乗り出していなかった（第5章参照）。そのため、一般のバングラデシュ人や地元のＮＧＯによる非公式な支援が散発的に行なわれたにすぎず、当然ながら食料は行き渡らなかった。なかでも乳幼児や高齢者の衰弱はひどかったが、健康な若者でも耐えがたい状況にあった。Ｄキャンプに暮らすある25歳の女性は、17歳の弟とともにバングラデシュに逃れてきたが、何も食べることができなかった。空腹に耐えかねた弟は再びミャンマーへと戻り、その際にミャンマー国軍に捕まってしまったという。比較的早い時期に活動許可を得たバングラデシュ赤新月社の職員によると、当初は週7日間ずっと働き通しで、夜中も病院に向かわなければならないときがあったという。ミャンマー国軍による掃討作戦が収束し、政府がＩＯＭをはじめとする種々の支援機関と連携して本格的な支援を始めてからは、徐々に支援体制が整えられ、緊急事態は収まっていった。

私がキャンプを訪れたときには、水や燃料不足などの問題はあるものの、最低限の生活ができるようになっていた。住居は竹の骨組みにビニールシートを張った簡易のものだが（写真1）、いつ殺されるか分からないミャンマーでの暮らしに比べれば、「ここでは少なくとも眠ることができる」という言葉がしばしば聞かれた。もちろん電気はないが、ソーラーパネルなどを使用して自家発電している世帯がいくつか見られた。テクナフ郡に位置するキャンプでは、地形・地質条件により大規模な地下水開発ができず、安全な水の確保が深刻な問題となっている。テクナフ郡の北部からウキヤ郡にかけては比較的浅い帯水層に地下水が存在するが、緊急支援として様々な団体が約5000本の浅管井戸を無計画に設置した結果、約8割が大腸菌に汚染されていることが分かった。Dキャンプでは水浴びに不衛生なため池の水が使用されていたが（写真2）、ため池すらもない他のキャンプでは、水浴びできるのは1～2週間に一度だという話が聞かれた。

食料は米、油、豆、塩等を基本食料として、各世帯に定期的に配給されていた。

写真１　ロヒンギャ難民の簡易住居

写真２　キャンプ内のため池でトイレ用の水を汲む男性

ただし、野菜や魚、肉は支給されないため、地元の市場などで買うしかない。配給される豆はベンガル語で「ダル」と呼ばれる赤いヒラマメで、スープのようなカレーに調理される。ダルカレーは、バングラデシュでは日本でいう味噌汁にあたるような国民的料理であり、貧困層のタンパク源ともなっている。しかし、実はこのダルカレーはロヒンギャにとって馴染みがない。そのため、ロヒンギャ難民は配給物資を地元住民に売って現金収入を得ているが、なかでもダルが真っ先に売られるという（本来配給物資の売買は禁止されているが、バングラデシュ国軍などは黙認している）。このように日々の食料は配給されるので飢えることはないものの、毎日ダルカレーだけをおかずに食べ続けるのは難しい。ロヒンギャ難民は配給される物以外を手に入れるために、限られた機会や方法を駆使して日々奮闘している。

配給所はＤキャンプのすぐ隣にあり、毎週火曜日に食料、水曜日に薬を受け取るため、各世帯の代表者が行列を作っていた。配給所には、難民をはじめ、支援関係者や見物する地元住民など、不特定多数の人々が集まる。そのため、配給所にやってくる女性はみな「ブルカ」と呼ばれるゆったりした長衣を身に着け、ヴェールで目以外の顔と髪を覆っていた（写真３）。Ｄキャンプには避難時にブルカを持ってこられなかったという女性もいたが、ブルカなしで道路などの開けた場所を歩いている女性はほとんど見かけない。なかには新品に見えるきれいなブルカを着ている女性もいるので、不思議に思っていたが、地元住民から多くのブルカや礼拝用のマットが寄付されたそうだ。外からキャンプに戻ってきた女性は、

写真３　配給所に集まる女性たち

通りから見えないキャンプの敷地内に来ると、ブルカやヴェールを脱ぐ。上述のように、キャンプは様々な村の出身者から成り、親族以外の男性が多く暮らしている。そのため、本来であればそうした男性たちの前ではヴェールをしなければならない。しかし、女性たちは同じキャンプの男性の前ではヴェールなどをつけず、半袖のブラウスにスカート、頭に髪を隠す布を巻いたラフな服装で過ごしていた（写真4）。男性の方も、私たちが女性だけの空間にしてインタビューをしたいとお願いしたのに対し、自分は親族のようなものだから問題ないと言って同席を求める人もいた。

写真4　キャンプ内での女性

　また、キャンプでは携帯電話の貸し借りや、配給カードをまだ取得していない世帯に配給物資を分け与えるなどの互助が、ごく日常的になされていた。ちなみに携帯電話に関して補足すると、パスポートや国籍の証明書を持たないロヒンギャ難民は、本来であればバングラデシュの携帯電話のシムを使用することはできない。しかし、地元のバングラデシュ人が何十枚かを1人で登録しておき、それをロヒンギャ難民に売っている。ロヒンギャ難民にはミャンマー側や他のキャンプに親族がいることが少なくなく、そうした遠く離れた親族と連絡を取り合うのに携帯電話は必須である。とはいえ、すべての人が携帯電話を持ち、シムを買うことができるわけではないので、携帯電話を持っていない人は、持っている人に借りるしかない。現金収入が得られない中で、電話料金も決して小さな出費ではないが、携帯電話を持っている人は貸し渋ったりしない。このように、女性がヴェールなしで過ごし、互助が頻繁に行なわれるキャンプの空間は、ちょうどバングラデシュ農村のバリという、数世帯が集まった屋敷地のようであった。

ロヒンギャ難民の間で、男女の性別役割分業は明確である。男性は外で稼いだり、生業を営んだりするのに対し、女性は家庭内で家事と育児を行なう。キャンプの女性たちは、難民として避難してきた後も、家事や育児に追われる日々を過ごしていた（写真５）。料理はバングラデシュ農村でよく見られる粘土製のかまどで作られ、落ち葉や枝などが燃料として使用されている。かまどを作ったり、燃料を集めたりするのも女性の仕事だ。男性のいない世帯では、これらに加え、配給物資の受け取りや、現金収入を得るためにそれを売ったり（地元商人が配給所に買い付けに来ている）、地元住民のところで家事手伝いをしたりなど、外に出かけなければならない。市場での買い物も、本来は男性の仕事である。夫を亡くした女性からは、「食事のとき、ダルでご飯を食べていると、夫がいてくれたら肉や魚を買ってきてくれたのにと思う」という話がしばしば聞かれた。上述のようにＤキャンプでは清潔な水へのアクセスが限られており、洗濯や洗い物にもため池の水をそのまま使用している。Ｄキャンプから一番近い井戸までは５００メートルほどあり、人や車が頻繁に通る大通りを歩いていかなければならず、水汲みは主に子どもの仕事となっていた。子どもたちは水汲みや燃料集め、弟や妹の世話などの家の仕事の手伝いをしているが、子どもたちだけで屋外で遊ぶ姿もよく見かけられた（写真６、第２章参照）。

写真５　午前中の日差しが強いうちに洗濯をし、子どもに水浴びをさせる女性たち

写真６　砂遊びをするキャンプの子どもたち

その一方で、就労が許されていない中で、男性たちは一日中ほとんどやることがなく、キャンプ内の木陰に座って時間をつぶしたり、燃料となる薪を割ったりしていた。座って薪割をしていた男性は、私たちを見ると手を休め、「ほかに何をすればよいのか」とやり切れない様子で訴えた。仕事がないことは、男性にとってフラストレーションのたまることだ。男性の中には、乗り合いタクシー運転手などとしてこっそり働いたり、テクナフ市の市街地で救援物資を売ったりする男性もいるが（写真7）、Dキャンプでは見つかった時の罰則を恐れて何もしない男性の方が多かった。Dキャンプ付近の別のキャンプのマジ（リーダー）は、「クトゥパロン・キャンプではロヒンギャがNGOのボランティアとして働いているが、ここではそのような機会はない。（私たちも）働きたい」と話した。また、クトゥパロン・キャンプではキャンプ内に市場や雑貨店などもできており、男性はそこで外の市場から仕入れてきた魚や野菜などを売ることもできた（写真8）。なお、バングラデシュや北インドと同様に、店主や売り手として市場に座っている女性はごく稀である。女性たちはバングラデシュ側に避難してくる前も「専業主婦」であったのに対し、男性は自ら所有する土地で農業や商いなどをして暮らしていた。土地や店を手放してきた男性たちの間では、財産を返してくれればミャンマー側に帰りたいという声も多い。

以上のようなキャンプでの生活の中でも、冠婚葬祭が行なわれるハレの日がある。私たちがナヤパラ・キャンプのすぐ北に位置するレダ・キャンプに行った際には、

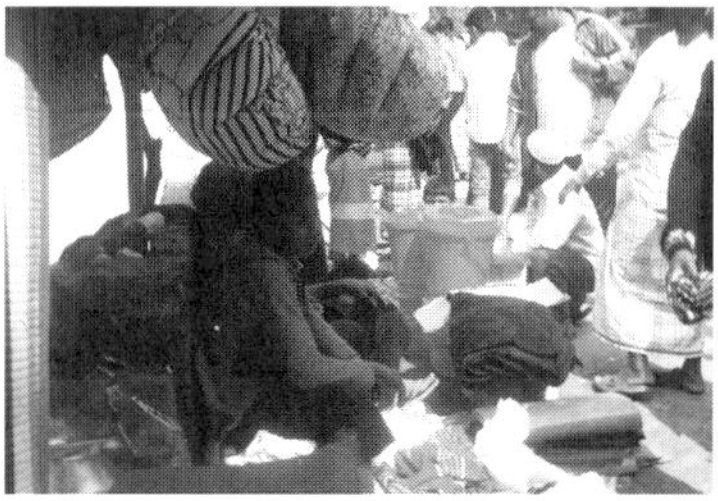

写真7　市街地で救援物資を売るロヒンギャ難民

写真8　クトゥパロン・キャンプ内の市場

女性の泣き声が響いており、何事かと心配になった。キャンプのマジに何があったのか聞くと、結婚式で娘を嫁に出す母親が泣いているのだという。女性が結婚式や葬式などの際に大声で泣くのは、バングラデシュやインドでもよく見かける光景だ。ちなみに、ロヒンギャ難民は、外国への避難や行方不明などで離散している家族が多いが、一般に早婚かつ多産で７人、８人兄弟は珍しくない。ロヒンギャが厳しい貧困状態にあることや、ミャンマー政府によって移動や居住、教育へのアクセスが制限された環境下で家族計画が長年にわたり困難であったことがその背景にある。Ｄキャンプの47世帯の中で２歳以下の乳幼児は30人にのぼる。中には、自分の子どもであっても１～２人の名前を思い出せない人もいる。一般的に、出生率の高さは女性の地位の低さと相関関係にあることが指摘されているが、ロヒンギャ難民の場合は女性が妊娠・出産をする意思決定権を持っていないというよりも、避妊方法が知られていないようだ。女性だけの空間で、子どものいる女性たちに望んで妊娠したかを尋ねてみたが、皆少し恥ずかしそうに笑いながら「（子どもが）ほしかった」と答えてくれた。なお、イスラーム法において避妊が禁止されるか否かは見解が分かれており（正当な理由があれば一般的に許容される）、ロヒンギャ難民も宗教的理由から避妊をしていないわけではないようだ。男性にも子どもを多くもうける理由を尋ねてもらったが、「できてしまうから」という答えが返ってきたそうだ。このように、高い出生率については避妊方法の不認知が要因となっているようだが、女性たちから話を聞く限り、高額なダウリー（嫁入り持参金）の要求や夫による家族の遺棄など、バングラデシュやインドで広く見られる女性をめぐる問題は、ロヒンギャ難民の間でも同様に見られるようだ。また、レイプされた女性を結婚させるには、かなり高額のダウリーが必要とされるという話も聞かれた。こうしたロヒンギャの間で見られるジェンダーをめぐる問題についてはさらなる調査が必要だが、レイプされたロヒンギャ難民の女性に関する記事などからも、西アジアから南アジアにかけて広く見られる、女性の身体やセクシャリティを管理下に置くことを男性の「名誉」とする観念が共通して見られると考えられる。

本章では、ロヒンギャ難民の悲惨さにフォーカスしないと述べたが、実際にキャンプで調査を行なうとき、私はロヒンギャ難民に対してどのように接すればよいのか、とても案じていた。ロヒンギャ難民は、家族やごく親しい人たちを目の前で亡くしたり、自らの命も危険にさらされたりしてきた。その経験を聞き出すことは心理的な苦痛を与えかねないため、慎重に行なわなければならない。それに加え、もしかしたら私のような部外者には何も話してくれないかもしれないという心配もしていた。しかし、実際にキャンプに行くと、キャンプに暮らすロヒンギャ難民は、いつもどこからか椅子を人数分借りてきて座らせてくれ、とても親切に対応してくれた。各世帯の家やトイレ、水浴び場などの位置をGPSで記録したときには、雨でぬかるんだキャンプ内をいっしょに回って案内してくれた。ある日には、夫が井戸の位置などをGPSで記録している間、子どもたちが遊んでいるのを見ながら立って待っていると、その様子を見ていた女性たちが私と女性通訳者を家の中に入れてくれた。このように、外部からやってきた見知らぬ外国人たちを客人としてもてなしてくれる優しさに甘えて、調査では私たちが助けてもらうことばかりであった。子ども好きな人が多く、私が連れていた1歳半の娘を抱っこしてくれる人も何人かいた（写真９）。中でも印象的だったのは、単身でキャンプに暮らすある高齢の女性だ。彼女は難民キャンプでたった１人で暮らしている。彼女のミャンマーの家は焼き討ちに遭い、年老いた夫は逃げ遅れて亡くなってしまった。１人娘の夫もミャンマー軍に射殺され、何とか生き残った娘もバングラデシュ側に避難してきたがっているが、ミャンマー側が渡航を禁止しているため来られず、人の家で家事手伝いをして暮らしていると言う。こうした想像を絶する経験をしてきた彼女は、私の娘を見て、とてもやさしい笑顔で私に何か言った。通訳の女性に聞くと、「私には何もないから、この子を育てさせてよ」と言ったそうだ。もちろん、これは本気で言っているわけではなく、あくまで冗談である。彼女は恨めしそうでもなく、悲痛な様子でもなく、ただ子どもの可愛さに目を細めていた。その顔は、日本で私が娘を連れて歩いているときに、「私には孫がいないから」と娘の顔を覗き込んだ通りすがりの女性と変わらないように思えた。

　ロヒンギャ難民は、インタビューにおいてもすすんでミャンマーでの暮らしや掃討作戦による被害、避難時の状況やキャンプでの暮らしについて教えてくれた。ここで、インタビュー中にあったあるエピソードを紹介したい。私と女性通訳者が一足先に調査を終えたので、夫たちと合流して４人でインタビューを行なっていた。そのとき、夫と男性通訳者は高齢の男性にインタビューを行なっていた。その男性の歯は、パーンと呼ばれるキンマの葉の噛み煙草で赤く染まり、ボロボロになっていた。それを見た男性通訳者は、「仏教徒たちに歯を折られてし

写真９　ロヒンギャ難民の男性に抱っこしてもらった筆者の娘（右は筆者）

まったんですか」と冗談を言った。夫も女性通訳者もそれを聞いてこらえきれずに笑っていたが、私はあまりの不謹慎さに呆れて決して笑わず、「何がおかしいの」と眉をひそめた。しかし、周りを見渡すと、周りを囲んでいたキャンプの人たちも笑っており、冗談を言われた当人もはにかんでいた。このとき、私は憤ったりせず、自分も笑った方がよかったのかどうかは今でもわからないが、ロヒンギャ難民はみな常に悲嘆にくれて暮らしているわけではない。冗談を聞けば笑うし、子どもと接するときには笑顔を見せる。私はロヒンギャ難民の生活に触れ、やり取りを重ねるうちに、つらい過去や経験を持つ相手に対して気遣いをするのは当然だが、常に難民を「かわいそうな人たち」とまなざすことは、一段上から彼・彼女らと接することにつながりかねないと考えるようになった。

すでに述べたように、ロヒンギャ難民はバングラデシュのキャンプで最低限の生活を送ることができている。しかし、水や燃料の不足や現金収入を得る機会がないことから、厳しい生活状況に置かれていることは間違いない。さらに、私が調査を行なっていたDキャンプは私有地に位置していたため、各世帯が月３００タカを地主に支払っているという。こうした苦しい経済状況の中でも、ロヒンギャ難民はみなで協力し合ってキャンプのすぐ隣にマドラサ（イスラーム宗教学校）を建てていた。このマドラサでは子どもにアラビア語とクルアーンの読み方が教えられており、男性の集団礼拝も行なわれている（女性は家で個別に礼拝をしていた）。教師と礼拝の先導役を務めるイマームは、ロヒンギャ難民の中から１人選ばれており、彼に対する給料もみんなで出し合って支払われていた。このようなことを鑑みれば、イスラームにおける宗教的実践がロヒンギャ難民にとっていかに重要なものであるかは明白である。実際に、私がロヒンギャ難民にミャンマー側での暮らしについてインタビューを行なったところ、個人的な被害よりも、マドラサが閉鎖されたり、燃やされたりしたことや、礼拝の呼びかけ（アザーン）が禁止されていたことなど、宗教的実践に対する妨害が第一に聞かれた。しかし、マドラサ教育を妨げる動きは、ミャンマー側のみに限られたものではない。バングラデシュ政府は、過去にロヒンギャ難民キャンプで、過激思想を広めるマドラサが開かれていたことから、キャンプ内でのマドラサ教育を公式には禁止している（ただし、バングラデシュ国軍などは黙認している）。しかし、すべてのマドラサが過激思想を広めているわけではなく、クルアーン誦読や集団礼拝は、ムスリムにとって信仰の根幹とも言える宗教的実践である（写真10）。これを禁止することは、かえって反発を招きかねないという見方もあるだろう。しかし、そうした見方はあくまで、難民を管理し、統制する側の「上からの」ものである。そうではなく、私は相手が大事にしているものが何なのかを理解し、それを尊重するという同じ目線に立った考え方から、ロヒンギャ難民が日々の宗教的実践を行なえるよう、マドラサ教育に対する一枚岩的な捉え方や誤解を解かなければならないと考える。アフガニスタンのタリバーンのイメージが強いのか、マドラサはテロリストの養成所として見なされる風潮がバングラデシュでもある。しかし、イスラーム研究者のタリク・ラマダン＊によれば、過去のテロ実行犯の８割以上は、宗教とは無縁の生活を送っていたという調査結果も出ている。正しいイスラームの知識を教授することは、過

写真10　キャンプ内のモスクの前で礼拝前のお清めをする男性たち

＊タリク・ラマダン（Tariq Ramadan、1962〜）

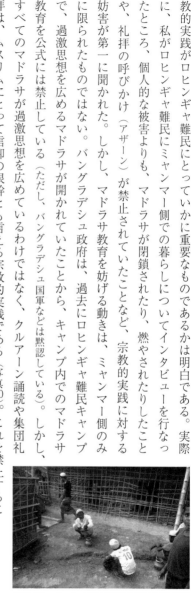

激思想の蔓延を防ぐ手段でもある。また、ロヒンギャ難民はミャンマー側でも他の民族と平等な教育機会を与えられておらず、教育を受けられた人はごく稀である。そうした中で、Ｄキャンプでは高齢の女性も含め、ほとんどの人がアラビア語によるクルアーンの誦読の仕方を学んでいた。そのことによって、女性たちは自分も学んでおり、無学ではないのだという自信を持っている。基本的なクルアーン誦読学習は、最終学歴や識字率といった開発援助において用いられる指標において枠外に位置づけられるが、他に教育機会を得られなかったという点においても、ロヒンギャ難民にとっては重要なものとなっている。

ロヒンギャ難民にとって大切なものは、イスラームという宗教とともに、ロヒンギャという民族としてのアイデンティティである。そもそもこれをミャンマー政府が認めないために、ロヒンギャは「不法移民」として国籍と市民権を与えられず、迫害されている。ロヒンギャという言葉を使用するか否かは、ロヒンギャを一つの固有の民族として認めるか否かに関わってくるため、どの政府や機関もそれぞれ独自の見解を取っている。２０１７年8月24日に公開されたアナン報告書ではロヒンギャという言葉は使用されておらず（第7章参照）、日本政府もロヒンギャという言葉の使用を避けている。Ｄキャンプでは、誰もロヒンギャの歴史について知っている人がいなかった。しかし、みなロヒンギャというアイデンティティを共有しているのは確かであり、バングラデシュではなく、ミャンマーに帰属意識を持っている。ロヒンギャという民族的アイデンティティを認めるべきか否かという政治的な問題は別として、ロヒンギャ難民がどのようなアイデンティティを持っているのかということは客観的に記述されるべきである。

難民としてバングラデシュにやってきたロヒンギャは、キャンプという特有の社会空間で非日常を生きているに違いない。しかし、それでもその人々の時は止まらず、日々の生活に足りないものを求めて、そして家族や宗教といった大切なものを守りながら懸命に生きている。ロヒンギャ難民が経験した迫害とそれによる被害は、歴史から抹消されてはならず、記録として残すことは非常に重要である。しかし、「悲惨な難民」という側面を強調するために、キャンプで暮らすロヒンギャ難民のしたたかさや明るさが捨象されてはならないだろう。【杉江あい】

すぎえ あい
京都大学大学院文学研究科講師

私たちが見た難民キャンプ――日本赤十字社スタッフの回想録

第一話　バングラデシュ南部避難民の現場から

■2017年11月緊急事態の続く現場

私たちは毎日、コックスバザールの市内から片道1時間30分をかけて支援を必要とする避難民の滞留するキャンプに向かいます。避難民キャンプが近づくにつれて、厳重となるセキュリティーのチェックポイントや服を着ていない裸足のままの子どもたち、ぬかるんだ泥道の中で食糧配給を求めて溢れかえる人々が目につくようになり、ミャンマーからバングラデシュへ身一つで逃げてきた人々に突きつけられた生々しい現実を知ることになります。キャンプ内に入ると、山を切り開いて土地を開墾しているせいか、谷や斜面という地形に多くのテントが立ち並んでいます。明らかに雨季には洪水や土砂崩れに見舞われ、サイクロンがひとたび来てしまえばひとたまりもないであろう、竹の支柱にビニールを巻き付けたつくりのテントにおびただ

＊国際赤十字では、政治的・民族的背景および避難されている方々の多様性に配慮し、『ロヒンギャ』という表現を使用しないこととしています。

しい数の避難民が暮らしています。

キャンプ内ではたくさんの子どもたちが無邪気な笑顔で縦横無尽に走り回っている姿をよく見かけました。しかし、子どもたちだけで遊んでいる様子を見ると誘拐など危険な目に遭う可能性も高いのではないかと私の脳裏に不安がよぎりました。避難民は真夏の炎天下でも、豪雨の日も何をするわけでもなく暗い簡易テントの中で過ごしていることが多かったように思います。これは避難民にとって、人道支援団体の行なう配給物資を受け取る以外に特にすることもなく、仕事もないからでしょう。彼らの心境を慮ると、いつ故郷に帰れるかもわからない、明日をどう生きて行けばよいのかも分からない、故郷からバングラデシュに避難してくる過程で消息の分からない家族がいる、悲惨な事件に巻き込まれたなど、避難民たちは希望を持つことすら難しい、精神的にも厳しい、狂ってしまうような状況なのかなと、私は避難民キャンプを訪れる度に感じていました。加えて、避難民キャンプに入るとまず感じる独特な匂いもよく覚えています。私が現地にいた10月は夏も終わり、少し涼しくなってきたころですがそれでも日中は汗が噴き出るほど暑くもありました。現地を離れる11月末でも、まだ日中には汗ばむ気温で水分補給のために1･5リットルの水を携行して移動しなければなりませんでした。辺りに無秩序に捨てられた様々な生活ごみと避難民キャンプを流れる汚水、暑さという要素が混じり合い、何とも形容しがたい匂いです。トイレと呼ぶことのできるものは一応あり、現地では今なおトイレの設置が進められていますが、とりわけ子どもたちがトイレを使わずに用を足している姿をよく目にしました。衝撃的だったのは穴を掘って、周りをビニールで囲っただけで、天井は吹き抜けている簡素なトイレの中を覗き込むと、大量のハエが舞い、中の穴には蛆虫が数えきれないほど沸いていたことでした。キャンプ内には人間のほかにも、牛や山羊などの家畜が多く放し飼いされ、その排泄物もあたり一帯の水路や民家のすぐそばに放置されている状態です。そのような環境は、彼らの生命と健康を脅かすだけではなく、人間の享受すべき尊厳すらも奪っているように私の目には映りました。国際社会が注目をする中、その希望的な解決策の模索される華やかな政治の舞台と、いつまで続くか分からない不安の日々を過ごす避難民の日常とのコントラストは、日々、後者に寄り添う現場にいる私たちを、何ともやるせない気持ちにさせます。国際社会の支援の手は未だにこの現場には十分に届いていません。

■避難民の現実

避難生活の中でも、日本人であれば秩序を保ち、防災や共同生活の中での掃除当番など二次災害を防ぐための活動を呼びかける声が挙がることもあるかもしれません。しかし、残念なことに避難民の識字率や教育レベルは低く、それが避難民の生活をさらに厳しいものにしていることに私は気づかされました。ごみを無秩序に捨てることや手を洗わないことによる感染等の危険性を知らないのです。テントのすぐ横の汚い水路で洗濯をする人や食器を洗う人を見て、日本での当たり前が全く通用しない非日常的な光景に違和感を覚えました。そもそもミャンマーでは十分な教育を受ける機会が制限されていたことに加え、女性の社会進出が進んでいない避難民の文化の中では教育を受けた女性や字を読み書きできる女性を探すことは極めて困難でした。自分たち固有の文字は確立されていませんし、英語やビルマ（ミャンマー）語を使える人たちも限られています。避難民の間でも少しばかり流通しているスマートフォンについて、「メールなどではどの言語を使用するか」と問いかけたところ、テキスト（文章）ではなく、ボイスメール（音声）を送信するとのことでした。

現地に着任して早々、私は竹とビニールで作ったテントの中で産婆さんもいない中、お産で亡くなったという赤子と衰弱しきった母親を見ました。日本赤十字社の伊勢赤十字病院から派遣されていた藤田看護師と、合同チームで診療にあたっていたイタリア赤十字社のマウリチオ医師も、その現場を見て、あまりの状況の悲惨さに涙を流していたことを記憶しています。避難民の間では、「伝統的な医者」や「伝統的な産婆」という人たちが存在しています。しかし、「伝統的な医者」は医療に関する知識を学校教育の中で学んだ人ではなく、あくまでも故郷の村で人々の症状を見て、薬やそれに代わるものを探してくるような「少し賢い物知り」的な存在だそうです。一方、「伝統的な産婆」は一定数、キャンプ内に存在していますが、広大なキャンプ地の中では産婆が1人もいないエリアがあるなど組織的な活動をしているわけではありません。頼るべき人もおらず、電気もお湯もない暗い簡易テントの中で子どもを産まざるを得なかった母親の心境と適切な医療さえ届いていれば今も元気に暮らしていたかもしれない赤子のことを思うと、あの経験豊富なマウリチオ医師と診療中は落ち着いていた藤田看護師から涙がこぼれ落ちてきたときの悲しさが蘇ってきます。

多くのリスクにさらされる避難民の中でもとりわけ、妊婦や子ども、障がいを持った人、女

バルクハリのサイト４（巡回診療目的地のひとつ）に向かうがぬかるみのひどい箇所で迂回して進む要員らと裸足で歩く避難民

性、高齢者などは最も弱い立場の人々です。毎日を生きるか、死ぬかという厳しさの中で生きている彼らから苦痛を取り除いて、少しでも安らげる時間をつくることの手助けを私たちはどれだけできるのだろうか、という葛藤の連続でした。

■私の感じたジレンマ

支援を届ける側と支援を受ける側の目に見えない境界線のようなものを、私は毎日のように感じることになりました。日々、片道1時間30分をかけてコックスバザール市内の安全な宿舎から車両で出ていき、毎日遅くとも16時までには避難民キャンプから宿舎に帰らなければなりません。これは安全管理上の配慮で、避難民以外の人間がキャンプ内に夜間まで滞在することも許されていませんでした。日々、活動を終えて車両に乗り込む要員と、一仕事終えて充実感がありながらも複雑な表情でそれを見送る避難民スタッフの姿を私は忘れることはないと思います。私たちが安全な宿舎で残務を行ない、食事をとっている間にも彼らの生活はあの避難民キャンプの中で続いているという気持ちが幾度となく、頭をよぎりました。「同じ赤十字・赤新月の標章とともに働きたい」と互いに言い合った後に、その場を私たちだけが立ち去らなければならないのが現実です。スタッフだろうが日本人だろうが避難民だろうがバングラデシュ人だろうが関係なく、お互い対等な関係でこれからの活動についてともに希望をもって話し合い、それを実践してきた私にとってはとても辛いものでした。できることなら、避難民キャンプでともに生活し、彼らの考え方や文化に深く立ち入り、同じ気持ちを抱いて支援にあたりたいと私は本気で考えていました。

■避難民との別れ

任期終了が近づき、もうあと1週間で帰国するという頃、帰国する日本赤十字社チームに対して避難民スタッフから盛大な送別会を催したいという話がありました。避難民スタッフは送別会をすると決めた日から診療終了後に全員が竹テントに集まり、会合を開くようになりました。そして最終日、業務を終えると、安全管理上の撤収時間までは残り1時間ほどとなっていました。すると、避難民スタッフはどこからともなくお菓子やジュースなど、ありったけの『贅沢品』をテント内に広げ、ゲームの催し物まで企画していてくれていたのです。２０１７年11月28日、最終日の仕事を終えた心地よい疲れと、今日で最終任期を終えること、総勢32名の避難民スタッフに支えられて仮設診療所が立ち上がるなど一通りの成果があったことに思いをはせながら、私は彼らとこのような状況でさえなければ一人ひとりの家を訪問してともにランチを食べたかったことや彼らの言語・文化・風習をもっと教えてほしかったこと、最後まで彼らの友人としてこれからの支援活動を見届けたかったこと、明日には現地入りする第3班にも第2班の時と同じ協力をしてほしいなど、最後の全体挨拶として伝えました。その日の帰り、いつものように車両に乗り込み、見送ってくれた避難民スタッフたちと通いなれたキャンプの風景がだんだんと遠ざかっていく中、私は何度拭ってもこみ上げてくる涙を止めることができませんでした。

【青木裕貴】
あおき ゆうき
日本赤十字社国際部開発協力課主事

第二話　避難民に支えられて

私は２０１７年10月初めから11月下旬まで、バングラデシュ南部のミャンマーからの避難民支援のため日本赤十字社のＥＲＵ（Emergency Response Unit）の一員として活動していました。ＥＲＵとは、緊急事態に被災地に迷惑をかけることなく対応できる人員・資材を保有した、赤十字の有する自立した救援部隊です。私は第２班で、主に赤十字の活動を支えてくれる現地の協力者を募り、関係を構築することを任務としていました。バングラデシュという外国では、日本人はその土地のことを知らない外国人にほかならないため、現地の人々の中から支援活動への協力者を見つけることは必要不可欠です。日本赤十字社もバングラデシュ赤新月社をサポートする形で現地活動を展開しましたが、避難民が話す独自の言語やキャンプ内での安全面の制約などから、バングラデシュ赤新月社だけでなく避難民自身の協力も得ることになりました。当初は荷物運びや英語から避難民の言語への通訳、診療所に並ぶ患者の整列など限定的な形での協力でした。ところが、毎日のように日本赤十字社チームと巡回診療に帯同して支援活動にともに従事し、「より良い支援を届けるためにはどうすればよいのか、明日はどのように活動を展開するか」と話し合って解決していくにつれて「My team（私のチーム）」や「Our team（私たちのチーム）」といった呼び方でＥＲＵチームのことを指す避難民スタッフが次第に増えてきたことを私は鮮明に思い返します。彼らが日本赤十字社の行なう人道支援活動を自分たちの活動として捉え、自らの気づきや考えを他の避難民のために行動に移してくれる「ボランティア」に変わったのはこのころだったと思います。

アブドゥル・ゴニさんは避難民スタッフの一人。日本赤十字社の診療所建設や安全情報の調査、地域への活動のお知らせなどにリーダーとして尽力してくれています。日本赤十字社の一員として活動に参加できることをとても誇りに思っています。「赤十字スタッフはいろいろなことを相談してくれて、自分たちの声をより支援の必要な人に届くために活用してくれる。」と言います。そして「私たちは常に人々からの注目を集めており、私たちの行動が他の避難民に真似されることを私はいつも意識しています。だから避難民であろうとも身なりをきちんとして、地域から尊敬される行ないを常に心がけるように他のスタッフにもよく言っているんです。」と続けました。私はこの言葉を聞いて胸を打たれました。日本人である私たちの支援はあくまでも日本人の経験と知識を頼ってバングラデシュ赤新月社の活動を側面支援しているにすぎませんが、ゴニさんのような避難民の協力者が、実は、誰よりも強く日本赤十字社チームの一員だということ自覚し、状況をより良くすることを最も願っているということに改めて気づかされました。

その後、私は活動のエンブレムである赤十字・赤新月の標章を彼らにも身に着けてもらい、れっきとした赤十字・赤新月ボランティアとして「気づき・考え・実行する」ことを実践してもらえないかと考えるようになりました。日本赤十字社事業地を起点として、地域に拡がる清

日赤診療所で活動のリーダーをとして尽力してくれたゴニさん（右）と現場で労務管理にあたる青木職員

掃活動や自然災害への備えとして防災組織の設置や避難計画の周知など、避難民の中でより脆弱性を軽減するようなコミュニティーをつくっていくことはできないか思考するようになりました。当時、バングラデシュ赤新月社では避難民の中からボランティアを組織することを許されていませんでした。赤十字ボランティアやスタッフはキャンプ内に24時間留まることが安全管理上、許されていなかったことも一因でした。また、避難民との協力関係はあくまでも資材の運び入れや通訳に限定されていたため、赤十字・赤新月標章の使用基準に達していませんでした。赤十字・赤新月の標章は国際人道法にもその使用基準が定められており、命と健康、尊厳が脅かされる状況での「保護」を究極的に保障するものです。したがって、その使用には「誤用」や「不正」、「搾取」等を防ぐためにも慎重を期することが必要なのです。私はバングラデシュ赤新月社の幹部も交えて協議を始めました。赤十字・赤新月運動の中でいかにボランティアがいかに大切なことか、避難民がいつまで続くかも分からない避難生活の中でレジリエンス（脆弱性を自ら軽減し、逆境に立ち向かう力）を高めることがいかに有効なアプローチか、赤十字・赤新月運動の一部を担う気持ちを彼らに抱いてほしいということを伝えました。日本赤十字社には外国において避難民に身分証を付与する権限もないことや、今度はホストコミュニティー（もともとバングラデシュ側に存在していた避難民を受け入れている地元のコミュニティー）に対する差別につながらないかなど厳しい現実があり、バングラデシュ赤新月社との協議プロセスは必要不可欠でした。日本赤十字社チームとしてのこうした打診は2017年11月5日、これを受けてバングラデシュ赤新月社は11月19日に避難民の中から赤十字ボランティアを動員することを認めるなどを規定した、コミュニティーボランティアガイドラインを現地で活動するすべての赤十字・赤新月社に発布しました。避難民のボランティア登録作業は私が帰国する時期に始まりましたが、ボランティアへの登録には、バングラデシュ政府発行の身分証明書番号や、「マジ」と呼ばれる避難民を統率する自治会長の承認、赤十字の行動規範への署名など一定の過程が必要で、日本赤十字社の避難民スタッフにも登録手続きが行なわれました。

帰国した私に後任者からメールが来ました。相変わらず英語のできる女性を探すのが難しいこと、そして「何をするにもゴニさんなくして進めることができないので、引っ張りだこです。早朝から夜遅くまで、お願いしたことは嫌な顔一つせずいつも助けてくれます。」と。ゴニさんのこぎれいな格好が目に浮かびました。

【青木裕貴】

第三話　私が出会った避難民

２０１８年7月から約2カ月間、コックスバザールで「地域保健活動」に携わりました。「看護師」の活動といえば、病院での医療支援をイメージする人が多いかもしれません。しかし、今回の私の役割は、キャンプ内を歩き回り、そこで生活する避難民と直接ふれあい、健康教育を通して彼らの生活習慣や環境を改善することでした。短い期間ではありましたが、たくさんの避難民と出会い、彼らの人柄にふれ、生活を垣間見ることができました。その中でも心に残ったエピソードを紹介しましょう。

■避難民とは、どんなひと？

地域保健活動を現場で支えるのは3名のバングラデシュ赤新月社のスタッフと約30名の避難民ボランティア。ボランティアはキャンプに住む避難民の中から選ばれた方々で、スタッフがボランティアにトレーニングを行ない、それをもとにボランティアが避難民に健康教育を行ないます。しかし、多くのボランティアはこれまで教育を受けたことがなく、自分の名前すら書くことができませんでした。そこで、スタッフがノートに見本を書き、それを見て何度も練習をし、なんとか出席簿にサインが書けるようになりました。一文字一文字慎重に名前を書くボランティアとそれを見守るス

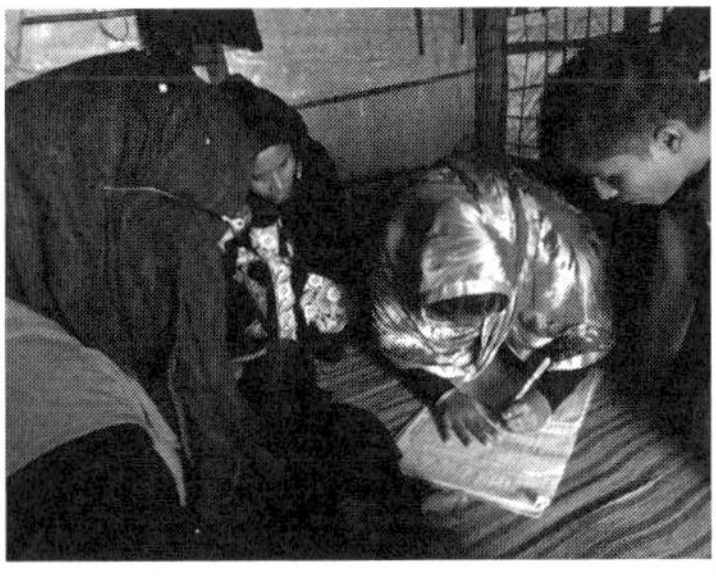

避難民ボランティアが周りに見守られながら名簿にサインをしている様子

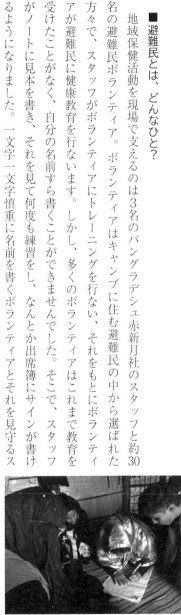

タッフ。うまく書けた時のボランティアの嬉しそうな表情がとても印象的でした。

教育を受けていない避難民ボランティアにとって、ペンを握り、文字を書くことは至難の技です。さらに、健康教育となると、かなりハードルが上がります。しかし、彼らは弱音をはかずに、スタッフの言葉に真剣に耳を傾けます。スタッフは避難民のことをこう話していました。「彼らはとても頭がいい。新しいことを受け入れるキャパシティを持っている。またそこからたくさんのことを学び、次に活かすことができる。」これは事実だと思います。私はこのキャンプを昨年の9月にも訪れたことがありました。10カ月後、当時とは比較にならないくらい、キャンプの様子は変わっていました。キオスクのような売店、熱々のコロッケを揚げる露店、散髪屋などができ、キャンプは一つの町になっていました。彼らの順応性に感銘を受けましたが、その反面、順応せざるを得ない現状を思い返し、彼らに1日でも早く安定した生活を送れる日が来ることを、心から願いました。

キャンプの中には露店が立ち並び日用品やコロッケなどが売られている

■避難民の人柄

調査を行なうため、キャンプを歩いて回っていました。テントのレイアウトはいわゆる1DKで、手前に6畳程度の部屋、奥に小さな台所が続き、そこに家族全員が住んでいます。調査に協力してくれる人を探すため、まずはテントの外から声をかけます。同意が得られた場合、ほとんどの方はテントの中に私たちを招き入れてくれます。テントの中に入ると、土の床に敷物を敷いて埃をはたき、その上に座らせてくれます。プラスチックや木の椅子があるときは、一番きれいな椅子を私たちに出してくれていました。猛暑とひどい湿気に耐えられず、汗を拭っていると、葉っぱで作った扇子で扇いでくれます。ある家では子どもが2本の導線のようなものを繋げてお手製の小さな扇風機を自慢げにつけてくれました。「お父さんが作ってくれたの。こうしたら、ほら、ちゃんと動くでしょ。」天井から紐でぶら下げた籠に乳児をのせ、ゆりかごのように手で揺らしながら話しを聞く母親もよく目にしました。はしゃぎ回ったり、喧嘩を始めたりする子どもたちをなだめる女性。テントの外ではほとんど笑わない女性たち。調査で目にしたのは、子どもや家族を大切にする優しい母親の姿でした。

■子どもの無邪気さと過去の出来事

キャンプを歩いていると、毎日たくさんの子どもに出会います。ある日、活動が終わりテントから出てくると15人くらいの子どもが外で待っていました。ワクワク期待に満ちた表情でこっちを見ています。地面にいくつか円を描き、昔自分がよく遊んだ「けんけんぱ」をして後ろを振り返りました。すると、子どもたちが列を作り、私のゴーサインを待っていました。彼らが住むキャンプは衣食住、どれを取っても恵まれているとは言い難い。でもそういった環境の中でも子どもは元気で、エネルギーに満ちていました。

イスラムのお祭りで子どもたちが手に描いたヘナを嬉しそうに見せにきてくれた

キャンプの子どもたちの様子。エネルギーに満ち溢れている

キャンプで活動を始めて約1カ月。初めて訪問するキャンプで歩いていていると、5歳くらいの子どもが走って逃げ、テントに身を隠していました。しばらく立ち止まって笑いかけると、大声で他の子どもに向かって何かを叫んでいました。スタッフに通訳をお願いすると、「この人は自分たちに悪いことはしない。大丈夫。」と他の子どもに伝えていたとのこと。これを聞いて私はハッとしました。これまでどのようなことがあったのか……過去の出来事は大人だけでなく、上手く言葉にできない子どもたちにも大きな影響を与えています。避難民の背景の複雑さを改めて考えさせられた出来事でした。

【川瀬佐知子】かわせ さちこ
大阪赤十字病院看護係長

第四話　避難民を受け入れている地元の人たち

バングラデシュの南部、コックスバザール県のハキムパラは森林庁が管轄する深い丘陵地帯にあります。２０１７年８月に隣国ミャンマーのラカイン州から多くの人々が国境のナフ川を越えてバングラデシュに避難してきました。人々は国道沿いの国立公園に溢れるほどでした。その年の９月、ハキムパラという農村で丘の上に登ると、近くに見えるミャンマーの山々、その手前から煙が立ち上っています。避難民たちは続々とハキムパラにもやってきました。森林を切り開いて、竹の骨組みにプラスチックシートを掛けて雨露をしのぎ、バングラデシュの人たちが運んできた援助物資の積まれたトラックに群がっています。当初はとても混沌とした状況が続いていました。

それから約10カ月、２０１８年６月に日本のメディアが避難民キャンプを訪問して地元の人たちの声も取材しました。地元の社会や経済はこの避難民の流入をどのように思っているのか、どのような影響を受けたのか。ハキムパラで昔から農業を営むＡさんがそのときを振り返って話してくれました。

「たくさんのムスリムの人たちが軍隊に家を焼かれたり殺されたりして、バングラデシュに逃げてきたというからね。同じムスリムとして、とにかく助けなくてはならない

バングラデシュ各地から救援物資が届き、配布されていた

と思ったんだよ。母屋の下側にある娘夫婦の家とうちの敷地を五つの家族に貸したんだ。住むところがないし、食べ物も。ダッカから支援が届いて、ＮＧＯや外国の機関も来て、いろいろ助けていた。しばらくするとうちに逃げて過ごしていた人たちも次第にハキムパラの丘の上に引っ越していった。いま頃はどうしているかな。」

「いまもロヒンギャの人たちにたくさんの援助が届けられているね。ロヒンギャたちが来て何が変わったかって？　うーん、この人たちが来てからというもの、まず物の値段がとても高くなった。２００タカだった魚が７００タカになり、３００タカだった牛肉が８００タカになった。私らの生活はますます苦しくなったよ。だから国道に近いところにわずかな資金で小さな店を出した。お菓子とか飲み物を売る店で、ロヒンギャの人たちに店番を頼んでいる。田畑を耕して暮らしてきたけれど、生活が大変だからね。」

「ロヒンギャにはたくさん支援が届けられている。けれど、生活が苦しくなった私らには何も支援がない。けっして嫉妬していっているんじゃないよ。彼らは大変だから、これからも支援を届けてほしい。ただ、私らにも支援が必要なんだよ。生活が苦しくなっても、誰も私たちのことなんて顧みてくれない、助けてくれないだろう？　だから言いたいんだよ。」

救援物資の配布を期待して集まってきた人たち

経済学で言えば、財やサービスの価格は需要と供給が均衡するところで決められます。物流が安定していないバングラデシュではその動きがとても顕著です。農村ではこれまで保たれていた均衡が崩れても、急に供給を増やせるわけではありません。物流を急に太くできるほどの資本がないのです。Aさんは土地を所有していますが、廉価な労働力が入ってきた農村では小作料も急激に下がって、貧しい人たちはさらに貧しくなっているといいます。

ハキムパラのある地域は広大な森林でした。森林庁が地元の人たちに管理を委託して、その代わりに森林資源が人々の大切な生活の糧となっていました。しかし、昨年来、こうした入会地もなくなってしまったと、ハキムパラに暮らす一家の女性が語ってくれました。

「夫は長患いしていて働くこともできないでいます。私が子どもたちを育て、一家を支えてきたんです。子どもたちも大きくなり、森に入っては薪や果実を採っていました。ロヒンギャの人たちが来たときは、うちの部屋を貸したり、野良作業を手伝ってもらったりしていました。でも、彼らはキャンプに入って家族や親類たちと近くに住むようになり、たくさんの物をもらって暮らしています。こちらは生活が苦しくなるばかり。負け組ですよね。」

２０１８年２月、バングラデシュ赤新月社が国際赤十字連盟や各国の赤十字社と会議を行ないました。その中でバングラデシュ赤新月社から何度も訴えられたことは、

地元のＡさんと筆者（左）

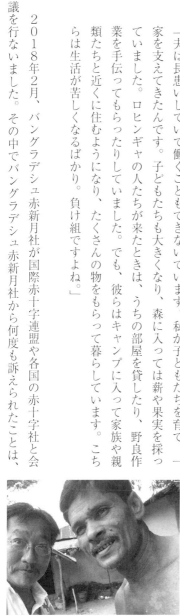

避難民への支援と共に、元々住んでいたコミュニティの人たちも支援の対象としてほしいということでした。避難民だけに支援対象を絞ると地元の人たちとの間に摩擦や亀裂をもたらしかねません。支援プログラムを策定するときは、地元の人たちのことも対象とするよう考慮してほしいという切実な意見が出されていました。避難民を受け入れることは地元の社会や経済に大きな影響を及ぼします。その衝撃を少しでも和らげなくてはなりません。これは難民を受け入れる、あるいは帰還民を受け入れるコミュニティに共通することの多いニーズでもあります。もともと50万人程度の人口の県に90万人ほどの人たちがやってきたのですから、バングラデシュ、コックスバザール県の人たちの多くが直面している厳しい状況です。

【斎藤之弥】

さいとう ゆきや
日本赤十字社国際部参事

第3章　ロヒンギャとはいったい誰なのか

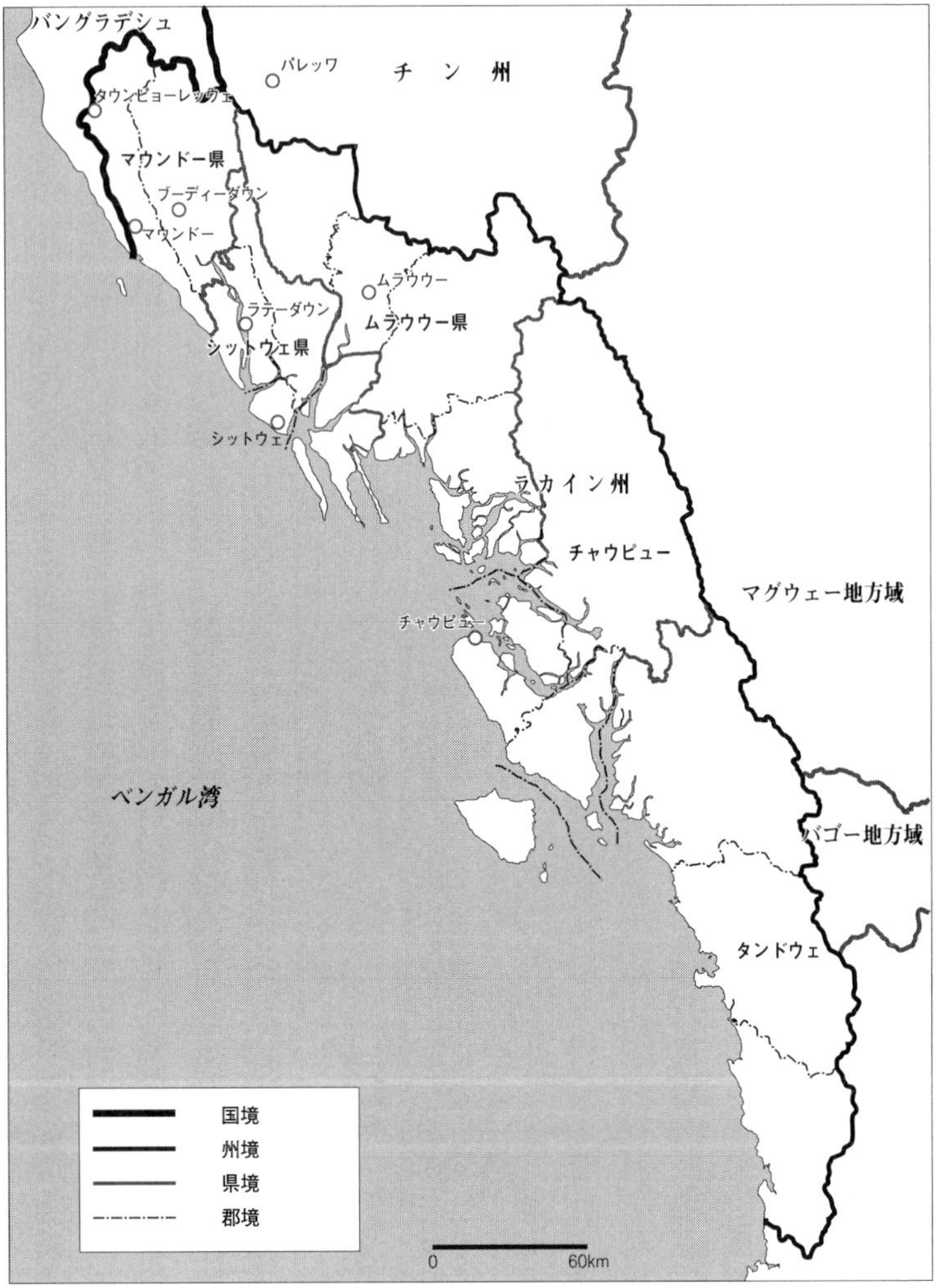

ミャンマー・ラカイン州地図

「複雑な」歴史を考える——ロヒンギャ問題の歴史的背景

はじめに

この章では、ロヒンギャ問題の歴史的背景を整理してみたい。2011年に始まった民主化改革をきっかけに、ミャンマーは海外からの投資ブームに沸き立った。しかし、そうしたブームの陰でロヒンギャ問題は一段と深刻化した。2016年以降、ラカイン州からバングラデシュに脱出する難民の数は急速に増加し約百万人に達している。

ただし、難民の流出は40年以上前から繰り返されている問題でもある。いったいなぜなのだろうか。この問いに答えるには、ミャンマーとバングラデシュという国家が成立する以前の歴史に視野を広げる必要がある。そもそも両国の国境地帯にはどのような人々の暮らしがあり、社会が存在していたのだろうか。それらは、どのような経緯を経て現代国家の枠内に位置付けられたのか。ロヒンギャ問題の「複雑な」歴史を理解するには、こうした点を押さえておく必要があるためだ。

ただし、本章では「正しい」歴史の解説を目的とはしない。理由は二つある。第一に、問題の当事者はそれぞれの歴史認識を持つためだ〔1〕。この問題をめぐる認識は、ミャンマー政府とロヒンギャの間で主張が対立しているだけでなく、それぞれの内部にも多様な見方がある。第二に、ラカイン地域に関する歴史学的・考古学的研究の蓄積がまだ乏しく、多くの歴史的事実が未解明なのが現状だからである。

このような状況では、安易な予断は避けるべきだろう。それよりは、それぞれの歴史認識がいつ、どのような背景のもとで、誰によって、何を目的に主張されてきたのかという「歴史」を把握する姿勢が求められる。当事者の多様な声に深く耳を傾けるためにも、まずは巨視的に地域の歴史をたどってみたい。

〔1〕歴史認識をめぐる対立については、諮問委員会報告書２．歴史的背景も参照。

1 ベンガル湾北東部とラカイン王国

(1) 自然環境

最初に、現在の国境線をひとまず離れて、ベンガル湾北東部の自然環境と人間活動の関わりを眺めておきたい。しかし残念ながら、この地域に関するまとまった情報は非常に少ない。以前から外国人の入域や調査活動が困難だったという事情に加え、研究者の視野に入りにくい地域だったためだ。

地理的に俯瞰すると、ミャンマーとバングラデシュの双方にとって、中央から遠い国境周辺の辺境地となる。この国境線には、さらに「東南アジア」と「南アジア」の境界という意味も重ね合わされている。ミャンマーは東南アジア、バングラデシュは南アジアの枠内でのみ捉えられがちだった。そのため、研究者や実務家にも横断的な視界が持たれにくく、情報の共有や蓄積が不足している。

国内政治的にも研究が難しい地域だった。ミャンマーでは、諸民族の歴史や言語の研究が政府の統制を受けた時期があり、対外的な研究交流の機会も限られていた。

このように個別分断化されがちだった歴史叙述を相対化するには、我々自身が視野を時間的にも空間的にも広げる必要がある。

地形上の最大の特色は山脈だ。ミャンマーはユーラシアプレートとインドプレートの接合部に位置しており、国土の東西で南北方向に走る巨大な褶曲《しゅうきょく》山脈が形成されている。アラカン山脈はその西部を代表する山脈だ。南北の長さは約900キロ、高いところでは標高3000メートル級の山が連なる。山脈の南端部はエーヤーワディー河の河口デルタ西側に達し、バングラデシュのチッタゴン丘陵地帯を西方に臨み、北端部はインド東北部のマニプル州に至る。

インド、バングラデシュとミャンマーの国境地帯であるこの巨大山脈は、大規模な人の移動を妨げる障壁であった。遮られるのは人の移動だけではなく、風や雨も同様だ。ベンガル湾から吹き付ける雨季の南西モンスーンは、この山脈にぶつかり雨となって斜面を下る。山脈の西側は世界的な多雨地帯となるが、東側は乾燥地帯となる。

一年間の気候の変化は、このモンスーンによって生じる。南西モンスーンが吹く毎年5月末から9月末が雨季、それを除く10月から4月頃が乾季だ。雨季の間は膨大な降水量により、突発的な洪水や河川の氾濫が頻発する。さらに、ベンガル湾上では頻繁にサイクロンが発生して沿岸部に甚大な被害をもたらす。

アラカン山脈に降った雨は、無数の河川となりベンガル湾に流れ下る。低地に出た川は、複雑に枝分かれして入り組んだ水路網を形成する。低地といっても、この地域の地形は起伏に富んでいる。プレートの衝突に起因する断層が無数に存在することから、アラカン山脈に並行するように何筋もの丘陵が屹立している。川は、その隙間を縫うように流れていく。川と丘の間に存在する平地で稲作が行なわれ、人口を養っている。

海岸部には長い砂浜が形成されている。バングラデシュ最南端に位置するコックスバザールには世界一の長さを誇るビーチが存在し、観光資源となっている。同様に、ラカイン州南部にもガパリビーチがあり、やはり州内指折りの観光地だ。現地住民の生業という観点では、浜は漁業の拠点となる。

一方で、アラカン山脈などの山岳地帯に暮らす人々もいる。大規模な人口の居住には適さないが、焼き畑農業を営み、独自の生活文化を保つ少数民族が点在している。彼らは広大な山岳地帯を移動しながら生活し、個々の村同士や平地に暮らす人々との間に複雑な関係を築いてきた。しかし、近代的な国境線が山岳地帯に設定されることで、その生活行動圏が各国の領域に分断されることになってしまった。

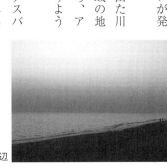

シットウェの浜辺

⑵海上交通と都市の発展

この地域における国家形成の動きは、世界中のほかの地域と同様、大河川の流域で始まった。山と川が織りなす複雑な地形環境における最適の移動手段は舟である。ベンガル湾北東部では、内陸の水路や湾沿岸を航行する水上交通のネットワークが早くから発達した。大河川は山地からの物産をもたらすルートともなり、下流部に広がる平野に遠距離を航海する船舶の寄港地が成長した。海岸部の砂浜は、水深が浅く大型船の入港には向かず、加えて波浪の影響も受けやすい。そのため、ある程度内陸の土地が選好されたのだろう。

バングラデシュ南部を代表する港湾都市チッタゴンは、チッタゴン丘陵地帯に発して西流するカルナフリ川の河口部に立地している。その東南方にあたるラカインでは、アラカン山脈に発する最大の河川、カラダン川の流域を中心に王国の歴史が展開した。この二大河川のほぼ中間に、現在の国境であるナフ川が南流している。

初期の都市遺跡からはインド由来の文物が発見されており、早い時期からインド各地との交流が行なわれていたことを物語っている。カラダン川流域では、4～6世紀頃のダニャワディ、6世紀～8世紀のウェーターリー遺跡が代表例だ。これらの遺跡からは、ヒンドゥーの神像や仏像、インド系文字で刻まれた碑文などが見つかっている。チッタゴンでも同時代の仏教やヒンドゥーの遺物が出土している。

この交流の道は、やがてアラブやペルシアのイスラーム商人の交易路ともなり、10世紀頃以降のチッタゴンはその交易拠点として知られるようになる。海上交易の発展に伴

カラダン川

い、ベンガル湾各地の海港は新しい文化や技術、富を蓄積する場として成長を遂げてゆく。すると、海港の支配権をめぐって王国同士の争いが起きるようになるが、中でもラカイン王国は大規模な勢力圏の構築に成功する。

⑶ラカイン王国の拡大

15～18世紀にかけてのラカイン王国の成長と滅亡は、この地域の歴史における重大な画期となった。王国の歴史は、１４３０年にミンソームン王がカラダン川流域に王都ムラウウーを建設したことに始まる。16世紀前半、ベンガル湾に到来したポルトガル人との交流を開始して先進的な航海・軍事技術を導入すると、強力な海軍を背景に最盛期を迎えた。16世紀末には、西はチッタゴン、東はミャンマー王国の都があった河港都市バゴーを陥落させるまでに至った。しかし17世紀に入ると不調に陥り、１６６６年にムガール帝国に敗れてチッタゴンを失う。そして、１７８４年にはミャンマー王国の遠征軍によってムラウウーが陥落、王国の歴史は終焉を迎える。

ラカイン王国の歴史には二つの点から重要な意義がある。第一に、その勢力圏の広がりだ。最盛期には現在のラカイン州はおろかミャンマーの領域を大きく超え、チッタゴン周辺の地域をも支配下に置いていた。第二に、往時の繁栄を物語る数多くの文化遺産を残したことだ。旧都ムラウウーには今も多くの建造物が現存している。

この二つの点は、ラカイン王国の性格を考える際にポイントとなる。一般的にラカイン王国

ムラウウー王宮跡

が語られるとき、ムラウーの仏教建造物が連想させるミャンマー風の仏教王国が思い浮かべられやすい。ミャンマーや「東南アジア」の枠内でイメージされやすいとも言えるだろう。

だが、ラカイン王国と密接な関係があったチッタゴン地域の独特な歴史をも参照しておく必要がある〔2〕。早くからインド系やアラブ系の公益ネットワークの一翼を担っていたことに加え、16世紀にはポルトガル人の居住地も作られた。ペルシア語を話すイスラーム商人の活動も一段と活況を呈した。こうした多様なコミュニティの重層性の上に、チッタゴンの歴史がある。ロヒンギャの言語はチッタゴン方言とよく似ていると言われるが、そのチッタゴン方言の特徴の一つとは、アラビア語やペルシア語、ポルトガル語からの借用語彙の多さである。

言い換えれば、ラカイン王国の歴史は多様な文化が混交するネットワークの中で展開してきたという側面も持つ。ラカイン王が鋳造させた貨幣は、そうした背景を考える手がかりとなるだろう。そこには、イスラーム文化に即した王の称号がペルシア語で刻まれている。

しかしながら、ラカイン王国時代の文化交流や地方統治の実態については、まだ研究が十分に進んでいない。ミャンマー側だけを見ても、史料の捜索や分析、考古学的な発掘調査はまだごく限られた分野にしか及んでいない。さらにバングラデシュ側にも視野を広げ、それらを総合するには時間がかかるだろう。

ところが、現在の政治情勢の下では、ラカイン王国の位置づけが深刻な論点となる。ラカイン族の見方からすると、繁栄と強盛を誇った独立した仏教王国であり、それが

〔2〕 Syed Murtaza Ali. 1964. History of Chittagong. Dacca: Standard Publishers.

ムラウウー、トウッカンテインパゴダ

ミャンマー王国の侵攻によって滅亡した歴史となる。古くからのベンガル地域やムスリムとの交流があったことは認めるが、それとロヒンギャを名乗る運動は区別して考える〔3〕。一方でロヒンギャの歴史観では、早い時期からラカインでイスラーム商人が定着を始め、それがロヒンギャの祖先になったこと、ラカイン王国内ではムスリムが多数派であったと考える〔4〕。ラカイン王国の歴史が持つ多元的な要素のうち、それぞれの集団の主張を補強する要素が選択的に強調されているのである。

域内に暮らす他の民族集団の歴史にもラカイン王国は関係している。ミャンマー政府が公認しているラカイン州内の「土着民族」はそれぞれ王国時代に遡る起源伝承を持つとされている。ダインネッ族〔5〕は武芸・工芸への熟達で古くから知られ、カマン族は宮廷護衛兵に由来するという。バングラデシュのチッタゴン丘陵地帯の少数民族も、ラカイン王国時代に移住してきたという歴史伝承を持つ場合がある。

現時点で確からしいと言えるのは、ベンガル湾北東部沿岸は海上交易がもたらす多彩な文化の重層性に基づく地域だということだ。チッタゴンはその中心地のひとつであり、ラカイン王国の歴史もこの交易圏の中で展開した。それは現在のミャンマー国家の枠を超えて広がるもので、今も各地に痕跡を残している。このような王国史の解明と成果の共有は、この地域全体にとって重要な課題なのである。

〔3〕日本語で読めるラカインの歴史については、エーチャン、2011「ラカイン世界」伊東利勝編『ミャンマー概説』めこん、など。

〔4〕Mohammed Yunus. 1994. A History of Arakan (Past & Present), など。

〔5〕ダインネッという呼称はミャンマー側から他称であるとして、近年では自称である「テッカマ（チャクマ）」の使用を主張している。

2 コンバウン朝とイギリス東インド会社

(1)ラカイン王国の滅亡

18世紀に入ると、ベンガル湾北東部をめぐる国際情勢が大きく動き出す。きっかけは、地域の東西で二つの勢力が新たに勃興したことだった。東では、ミャンマーに新王朝コンバウン朝が成立して強大化を始めていた。西では、イギリス東インド会社がベンガル地域に地歩を固め、植民地統治を始めていた。東西の二大勢力からの圧力に挟まれたラカインは、困難な状況に直面する。

17世紀後半のチッタゴン失陥後、ラカイン王国では内紛が相次ぎ、統治能力が急速に衰えていた。コンバウン朝は、この機に乗じて1784年にラカイン攻略の軍勢を起こした。かつて堅守を誇った王都ムラウウーは陥落し、様々な文物、多彩な技能を持った職人などがコンバウン朝の都アマラプラに持ち出された。現在もマンダレーに鎮座するマハームニ大仏は、この時にラカインからもたらされたものである。

ミャンマー王国にとっては輝かしい戦勝の記憶として語り継がれているが、敗戦した側であるラカイン族の歴史観からすれば、王国が独立を失った痛恨の記憶となる。ムラウウー陥落の日はラカイン王国が失われた日として記憶されており、2018年1月にはムラウウーで記念式典の開催をめぐり、政府と住民が衝突する事件があった〔6〕。

ただし、コンバウン朝がラカイン王国遠征に踏み切った経緯は、単純な民族間関係という構図で収まるものではないようだ〔7〕。18世紀初頭にラカイン王国の政治が混乱していた頃、ラ

〔6〕2018年1月16日にムラウウーの旧王宮跡地での式典開催が企画されたが、当局が中止を指示したことから群衆が反発した。

カイン南部のラムレー島に基盤を持つガ・タンデーという高官が、密かにコンバウン朝に連絡し、弱体化したラカイン王に代わって支配を行なうよう要請していたという。

(2) 難民問題と国境紛争

コンバウン朝のラカイン進出は、地域の情勢の新たな不安定要因となった。イギリス東インド会社の支配領域と対峙する格好となったためだ。両者の境界線はナフ川に設定されたが、それだけで事態は安定しなかった。この国境を超える避難民の移動が相次いだためである。

ムラウウーの陥落後、コンバウン朝の支配や戦乱後の飢饉を避けるため、旧ラカイン王国の住民が英領側に移動し始めた。その波は１７９０年代にピークとなり、ラカイン人口の３分の２が土地を離れたとも言われている。現代のロヒンギャ問題を思わせる話だが、当時と今では大きな違いがある。この頃、ナフ川を越えた先のチッタゴン南部は未開の土地だった。一帯は深い森林に覆われ、ゾウなどの危険な野生動物も数多く生息していた。

東インド会社は、開拓への有益性を考慮して、避難民を受け入れる姿勢を示した。しかし、数が増えすぎて土地が限界に達すると、難民が密林中で行き場を失うようになった。そこで、難民の定住支援に踏み切った。１７９６年、会社の士官であるハイラム・コックス*が現地に派遣され、密林を切り開いて整地し、町の整備を始めた。これが現在のコックスバザールの起源である。こうして、コックスバザール周辺には多数のラカイン族が定着するようになった。今もこの地域にはバングラデシュ国籍を持つラカイン族が少なからず存在している。

〔7〕この時期のラカイン情勢については、B.R. Pearn. 1933. "King-Bering" Journal Of Burma Research Society Vol.26 Pt2 に詳しい。

*ハイラム・コックス（Captain Hiram Cox、１７６０〜１７９９）

ナフ川を逆に渡る者たちもいた。コンバウン朝に対するゲリラ的な攻撃を続けた人々である。繰り返される越境攻撃に耐えかねたコンバウン朝の現地軍は、１７９４年にナフ川を越え、会社政府に対して首謀者の引き渡しを迫った。チッタゴンの執政官はこれに応え、３人を捉えて引き渡した。このうち２人が処刑され、執政官の対応は批判を浴びた。

これに続くチンビャンの乱は、両国関係の深刻な問題となった。ラカインにミャンマー王国軍を呼び込んだとされるガ・タンデーは、コンバウン朝の統治下で名目上の統治者の地位を与えられた。しかし、１７９４年にコンバウン朝がシャムへの遠征を企て、兵員提供の要請が課せられたとき、その要求に応えることができなかった。王の怒りを買ったガ・タンデーとその一族は、ラカインを離れチッタゴンへと逃れた。

乱の首謀者であるチンビャンは、ガ・タンデーの息子である。英領でガ・タンデーが死亡すると、遺領の相続問題が生じた。ガ・タンデーはナフ川の流域に自領を保有していたので、チンビャンはその相続権を主張した。しかし、そこにはすでにミャンマー王国の官吏が入ってしまっていた。チンビャンは武装した手勢を集めてナフ川を渡り土地に入った。この行為は、ミャンマー側から見れば不法な越境攻撃に映った。

チンビャンの行動はそれに留まらず大規模化した。１８１１年5月にナフ川東岸のマウンドーを占領すると、そこを拠点にラカイン地内へと勢力圏を拡大していく。同年の雨季までに、旧王都のムラウウーを抑え、ラカイン全土を掌握してしまった。

コンバウン朝とイギリス東インド会社の関係は緊迫した。チンビャンは勢力拡大のためにイギリスからの支援を示唆する宣伝を行なっていた。しかし、実際にはチンビャンからの一方的要請にとどまっていた。この時点では、イギリス側にコンバウン朝と衝突する意図はなく、コンバウン朝には外交使節を派遣して、乱と無関係であることを説明した。しかし、疑いを解くことはできなかった。

雨季が明けるとコンバウン朝は大軍を派遣し、チンビャンを撃退した。チンビャンは再び英領に逃走したが、イギリスも情勢の悪化を恐れてチンビャンの討伐に着手した。最終的に、１８１５年に籠城戦の最中にチンビャンは死亡し、乱は終結した。

この頃、イギリス人の地理・植物学者であるフランシス・ブキャナン＊がチッタゴン南部で調査を行ない、記録を残した〔8〕。その中で、「ロインガ」を自称する人々のことが記されている。これが、「ロヒンギャ」という民族名の歴史資料における最古の事例とされている。

⑶第一次英緬戦争

乱が無秩序に拡大してしまった経緯が物語るように、ナフ川で国境線を引いたとはいえ、各々の領域内での実効支配が確立していたわけではなかった。ミャンマー側にとってはアラカン山脈がラカインへの天然の障壁となっていたように、イギリス側からはチッタゴン南方の密林地帯が同様の障害となっていたわけである。こうして形成された権力の空白地帯はチンビャンらが活動する空間ともなったが、乱の終結後は、両国の争奪の対象になっていく。

国境周辺での領土争いは、１８２４年に第一次英緬戦争として実際の武力衝突に至る。きっ

＊フランシス・ブキャナン＝ハミルトン（Francis Buchanan-Hamilton、１７６２〜１８２９）

〔8〕旅行記はWillem van Schendel ed. 1992. Francis Buchanan in Southeast Bengal. に収録。また "A Comparative Vocabulary of Some of the Languages Spoken in the Burma Empire" Asiatic Researches Vol.5に「ロインガ」の語が見られる。

かけはナフ川河口の沖合に位置するシンマビュー島の帰属争いだった。ミャンマー軍はナフ川を渡って進軍し、ラムー近郊で大規模な戦闘となり、ミャンマー軍が優勢となった。ところが、英軍は海路から艦隊を派遣してヤンゴンに奇襲上陸をかけて占領し、そのまま北上を開始した。ラカイン戦線から引き上げてきたミャンマー軍の主力部隊は、ダヌビューの要塞で迎撃したが大敗を喫した。イギリス軍はエーヤーワディー河を北上して王都に迫った。

一方、ラカイン戦線でもイギリス軍が優勢に転じる。チッタゴンから発したイギリス軍は、ナフ川を越えてラカイン各地に進出した。相次いでムラウウーなどの主要拠点が落ち、ラカインはイギリス軍が制圧した。

こうした戦況を受けて、コンバウン朝は講和を決断する。1826年のヤンダボー条約で両者の講和が成立した。この条約により、ラカインおよびミャンマー東南部のタニンダーイーは英領に割譲されることとなった。

ロヒンギャ問題に関連して1982年の国籍法がよく言及される。完全な国籍の対象である「土着民族」の条件を定めているためだ〔9〕。それによると、「1823年以前からミャンマー領内に居住」した民族がその条件であるという。1823年は第一次英緬戦争の開戦前年である。コンバウン朝が初めて自国領を奪われたこの戦争は、植民地支配の第一幕として記憶されている。ミャンマー王国を滅ぼすに至る植民地時代は、ナフ川での紛争から始まったのである。

〔9〕第三条。

3 植民地時代と第二次世界大戦

(1) ラカインの植民地時代

ミャンマーの歴史を概観するとき、一般的に「植民地時代」とされるのは、１８８５年の第三次英緬戦争の敗戦から１９４８年の独立までの時期だ。ところが、前節で触れたように、ラカインは１８２６年のヤンダボー条約によっていち早く英領に編入されている。ミャンマー本土を基準に見れば合計約60年間だが、ラカインではその倍の１２０年間になる。

この間の近代化政策を経て、ラカインでは目まぐるしい社会・経済構造の変化が起きた。とはいえ、この時期についても歴史研究の蓄積はまだ少なく、その全容が十分に解明されているわけではない。ただし、植民地政府が作成した地誌などの行政資料は残されている。本章ではそれを手がかりに、植民地時代のラカインで起きた変化の概略をたどりたい〔10〕。

割譲直後、ラカインはまず英領ベンガル管区の一部となり、その行政制度が適用された。その後、１８５０年代のミャンマー南部割譲を経て、英領ビルマ州の一部に再編される。英領下では新たな行政中心地としてアキャブの町が建設された。従来の中心地だった旧都ムラウーは、カラダン河の河口から90キロ以上も上流に位置しており、近代的な船舶が使用するには不便だった。そこで、河口に位置するアキャブ漁村の立地が注目されたわけである。現在のラカイン州の州都シットウェは、アキャブを改称したものだ。

植民地統治は、開始当初から数々の困難に直面していた。第一に、政情がなお不安定だった。『地誌』には数々の叛乱が記録されている。チンビャンの関係者らが主導して旧王国体制の復

〔10〕以下はMr. R.B. Smart, 1917. Burma Gazetter, Akyab District Volume A. Rangoon: Super-intendent, Government Printing を参照した。本文中では『地誌』と表記する。

興を目指した叛乱が、ムラウウー周辺で相次いだという。第二に、人口の過少である。前述のとおり、長期に及んだ戦乱から逃れて、住民の大半が遠隔地に移住してしまっていた。農業を立て直し、新たな都市を建設するには、治安の安定化と人口の回復が喫緊の課題となっていた。

(2) 人口構造の変化

ミャンマー本土では、植民地時代に生じた人口構造の変化が重大な影響を残した。ヤンゴン周辺やエーヤーワディー河下流域では、コメの輸出産業化や都市建設に伴う旺盛な労働力需要が生じ、インドや中国から大量の労働者を受け入れた。それまで国内の多数派であったビルマ系住民はその政治的・経済的実権を脅かされ、代わって植民地政府に近い新来の外国人等が優位に立つようになった。こうして溜め込まれた不満の中から、反植民地運動や強力な民族主義が起こってゆく。

ラカインでもよく似た構造の変化が生じたが、地域性に基づく独自の要素が見られる。第一に、避難者の帰還という人の流れだ。１８４０年にイギリスの行政官がその様子を書き留めている〔11〕。それによると、ラカインの治安回復を受けて、チッタゴン南部や沿海部の島々などに難を逃れていた人々が、舟に乗って続々と帰還するようになった。

第二に、膨張する農村人口を抱える隣国と直接に国境を接していたことだ。これにより、多数の農業労働者がラカインに移動してくる状況が生じた。『地誌』は１９１０年代の様子を記録しており、チッタゴン方面からの移動者を「チッタゴン人」と総称している。この頃、英領

〔11〕『地誌』Volume A pp.84-86。

ベンガルでは農村部での人口増加が続き、農民は遠方に新たな農地を開拓することで生計を維持していた。開拓の流れはチッタゴン南部にも及び始めていた。『地誌』はラカインにおける「チッタゴン人」の人口が急増ぶりを記しているが、すべてが永住者だったわけではなく、農繁期にだけ移動してくる季節労働者が多かったともいう。

第三に、人口の移動はラカイン南部とミャンマー本土との間でも起きたということだ。ラムレー島やタンドウェ県が位置する南部は、沿岸航路を活用したエーヤーワディー河デルタ地域との交通がより容易である。英領ビルマ州成立後には人の相互移動はより活発化し、アキャブ以北とは異なる、よりミャンマー本土との繋がりが強い社会構造が形成されていく。

このような人口移動の流れが複合して、ラカインの人口は急速な回復を遂げていく。１８３０年代には10万人を切る程度だった人口は、それから80年後の１９１１年には、５倍の約53万人となった。ラカインとベンガルとの直結が主要因とは言えるが、その社会的影響を評価するには様々な観点からの検討が必要だ。

一例をあげれば、文化的交流の活発化が起きている。ミャンマー民族主義の先駆者とも称される僧侶ウー・オウッタマ*の事績はその好例と言えるだろう。彼は１８７９年にアキャブで生まれ、のちに英領ベンガルの首府コルカタで仏教教学を学んだ。当時のコルカタは近代的な仏教研究の中心地だったためだが、反植民地闘争の根源地でもあった。ベンガルにおける反英闘争やアジア各地の植民地支配をつぶさに目撃することで、彼はミャンマーの独立運動の指導者

ラカイン州の農村

*ウー・オウッタマ（U Ottama、１８７８～１９３９）

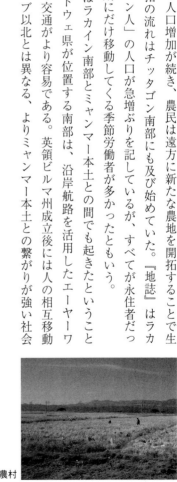

となっていく。

地域経済についても一考を要する。沿岸航路を通じてコルカタやチッタゴン、ヤンゴンとの間に構築された商業路は、ラカインの地域経済にも成長のきっかけを与えた。『地誌』には、ラカイン人がチッタゴン人に労賃を払って農作業をさせる事例が増加していることが記されている。植民地期のラカイン経済が、住民の生活にどのような恩恵や不利益を与えたのか、慎重に検討する余地は残されている。

(3) 民族間分断の形成

このように、植民地時代のラカインでは稲作とコメ貿易が誘因となって、域内各地で人口構成が大きく変動した。ナフ川を挟んでベンガルと接する北部では、「チッタゴン人」の人口増加率が特に大きく、ラカイン族と拮抗した。一方で南部では、ビルマ族の移入が多く、エーヤーワディー河下流域との一体化を強めた。問題は、このような民族集団相互の関係性である。後の歴史を困難なものとした最大の理由は、これらを一つにまとめあげる政治主体が形成されなかったことにある〔12〕。

ラカイン王国時代には、村落内の相互互助に基づく人間関係が社会の基盤を構成していたと考えられている。しかし、戦乱による住民の移動と植民地政府による行政制度の導入により、それらは断絶してしまっていた。再構成された住民集団の関係は、農地の開発と生産の増加が続く状況下では大きな問題とならなかったが、開発が頭打ちをする段階に至ると、逆に限られ

〔12〕この問題については、Michael W. Charney 1999. Where Jambudipa and Islomdom Converged: Religious Change and the Emergence of Buddist Communalism in Early Modern Arakan (Fifteenth to Nineteenth Centuries) に詳しい。

た資源をめぐる競合に転じてしまう。その時、言語や宗教の相違が、社会的な分断と対立をもたらす要因となってしまった。

20世紀前半を通じて、特にラカイン北部では、仏教を連帯の軸とするラカイン族と、イスラームによる「チッタゴン人」とが並立する状況となっていった。両者の関係は、第二次世界大戦の勃発をきっかけに、直接的な暴力の応酬に発展した。

1941年、タイからミャンマーに侵入した日本軍は、相次いでイギリス軍を破りヤンゴンを占領した。1942年5月、日本軍はアキャブに進出し、同地にあった飛行場を占領した。これより先、イギリス軍はインドに向けて撤退しており、日本軍のラカイン進出までの間は権力の空白期間が生じた。42年後半以降、イギリス軍はラカインへの反攻を計画し、この地は最前線の一つとなっていく。

権力が不在となり政情が不安定化すると、機会に乗じて競合集団への攻撃を企てる者も現れた。住民は極度の緊張状態の中で自衛の必要に迫られることになる。これに加えて日・英両軍は地元住民の軍事利用を図った。在地の有力者をスパイや敵軍への破壊活動を行なう諜報機関の一部に組み込んだのである。これを利用して競合集団への暴力行為に走る者も現れた。こうした事件の正確な把握は、史料に現れないため非常に困難である。しかし、被害者となった側の痛みを伴う記憶は世代をこえて語り継がれる。現在も、双方の集団を批判する言説として、この時期の抗争が持ち出されることは少なくない。

こうして、終戦までの間に二つのコミュニティの亀裂は深まり、深刻化な衝突すら経験してしまう。不安定な状況のままに、この地域はミャンマーとパキスタンの国家形成に翻弄されてゆくこととなる。

4 ミャンマーとバングラデシュの独立

(1) 独立国家と民族問題

第二次世界大戦の終結後、それまでミャンマーからインドに至る広大な地域を統治していたイギリスは、植民地支配から手を引くこととなった。これらの地域は、新しい国々の領域に再編されてゆく。旧英領インドは、１９４７年にインドとパキスタンという二つの国に分離独立を果たした。旧英領ビルマは、１９４８年にミャンマー連邦として独立した。ナフ川はミャンマーと東パキスタンの国境となり、その流域は両国の国境地域としての環境に置かれることとなる。

この状況は、ナフ川をまたいで暮らす人々に重大な影響を与えた。ラカイン王国時代やその後の避難民の移住などにより、ラカイン族系の人々がナフ川以西にも暮らしていた。一方で、植民地時代に一体の経済圏が形成されていたことで、両地域をまたいで活動するベンガル系の住民や、ラカイン族の経済事業家も存在した。両国の独立はこうした人々の活動を分断することになった。

さらに事情を複雑化させた要因は、新国家の構成原理であった。インドとパキスタンの分離独立は、宗教別人口が基準となったものである。ヒンドゥー教徒の多住地域はインド、ムスリムの多住地域がパキスタンとされた。では、新たに東パキスタンとなる地域のラカイン系仏教徒はどうなるのか、またラカイン地内にいるムスリム人口はどうするのか。非常に難しい問題を短時間のうちに処理しなければならなくなった。

パキスタン側のラカイン系住民は、１９４６年に複数回にわたり住民代表による協議を行ない、ミャンマー側への移住を意思決定したという。新国家の指導者となるはずであったアウン*サン将軍へもその旨を伝えたが、１９４７年の将軍暗殺の結果、この件はうやむやとなり、小規模なコミュニティ単位での移住が散発的に行なわれるだけに終わった〔13〕。一方、ミャンマー側となるムスリム住民の意向も複雑だった。パキスタンの指導者であるジンナー*に打診したところ、ジンナーは彼らに対し、ミャンマー側にとどまるよう返答したという。結局のところ、双方ともに大多数の人口は新国家の国民となる道を選択した。

ところが、両国の国家運営は当初から困難に直面することになった。国家の建前と現実の間に大きな隔たりがあったためである。ミャンマーの場合は、国内に抱える様々な民族間の合意形成に苦しんだ。これは、英領時代の統治体制に原因があった。イギリスは民族や地域を細かく区分し、それぞれに異なる社会条件での統治を行なっていた。ビルマ族の多住地域は「管区ビルマ」として直轄統治する一方、東北部の山岳地帯ではシャン族やカチン族などの首長による伝統的統治権が名目上残され、間接統治が行なわれた。伝統的な王国体制が解体された管区ビルマでは、ヤンゴンに集まった新興の中間層が独立運動を主導し、そのまま新国家の指導部を形成した。

＊アウンサン（Aung San、１９１５〜１９４７）

〔13〕ゾーリン、２０１８『遠方に至ったラカイン族』サーペーベーマン（ミャンマー語書）による。

＊ムハマド・アリー・ジンナー（Muhammad Ali Jinnah、１８７６〜１９４８）

独立直後のミャンマーはまず、二つの異なる政治文化間での合意を形成しなければならなかった。この調整を試みたのが、独立前年の１９４７年に開催されたパンロン会議である。アウンサンをはじめ双方の代表が出席したこの会議では、妥協策として山岳諸民族には自治州の設定を認めた。州設定の条件は、独自の領域、言語、文化、歴史、一定の人口などであった⒁。この合意内容は、その後のミャンマーの政治文化の根幹を規定していくこととなる。すなわち、地方自治の問題が、民族の自治権の問題として表現され、認識されることになる。

この発想に基づくと、地方自治を要求するにはビルマ族とは異なる民族であることを主張しなければならない。そこで問題となったのが、ビルマ族多住地域とされた「管区ビルマ」の地方自治である。ここには、かつて独自の王国を有した歴史を持つモン族やラカイン族が居住している。彼らが自治権を主張しようとすれば、いきおい民族性と一体の主張とならざるをえない。しかし、新政府を率いたウー・ヌ*首相の政権は、「管区」の分断を避けるためその主張を否定した。すなわち、彼らはビルマ族の一派であり、その言語はビルマ語の方言に過ぎないとする。今日では当たり前のように使われる「ラカイン族」という民族概念も、このような政治的論争を経て確立されていった。

一方、ムスリムの国として独立したパキスタンも、国内の地域的、民族的統合に苦慮することとなった。パキスタン領はインド領を挟んで東西に分断される格好となっており、現在のバングラデシュとなる地域は「東パキスタン」であった。東西では文化的背景が大きく異なり、言語も西ではウルドゥー語、東ではベンガル語が主要言語だった。このような状況にもかかわ

⒁ Ministry of Culture. 2011. Myanmar Politics 1958-1962 Vol.3, p.116.

*ウー・ヌ（U Nu、１９０７〜１９９５）

らず、建国当初のパキスタンでは西側が政治的・経済的な主導権を持つ体制が続いた。そのため、東パキスタンでは、ベンガル文化を基底とする民族主義的な反発が蓄積されていくことになる。

⑵ラカイン州設立問題

1950年代、ミャンマー議会で新州の設立問題が議題となる。ラカイン族の議員が独自の領域と民族性を根拠に、ラカイン州の設置を要求し始めた。このことは、ラカイン地域内の政情を動揺させた。民族性に基づく州設立要求には、地域内に存在する他の宗教・民族集団への配慮が欠けていたためである。ラカイン北部に多いムスリムの存在は視野に含まれていない。また、ラカイン南部はミャンマー本土との歴史的関係性が強かったことから、州設立の動きに賛同を示さなかった。北部のムスリムや南部のラカイン族は州設立に反対し、本土との一体性を求めていた〔15〕。

ムスリムの立場としては、州設立は非常に困難な状況を招きかねなかった。ラカイン民族主義に基づく州が設立された場合、彼らは少数派となり、不利な待遇におかれかねないからだ。ただでさえ、戦時下で数々の暴力的抗争を経験した記憶が残っていた。そこで、ムスリムの政治家は中央政府の管轄下にとどまることを主張した。これは中央政府の思惑にも合致するものだった。ラカイン族政治家の要求を封じ込めるため、政府はムスリムの存在を積極的に肯定した。

50年代には、ムジャヒディンを名乗り、ラカイン州北部で政府に対する武装闘争を選択するムスリムも存在した。しかし長期的な戦闘を継続することはできず、50年代末には国軍の掃討

〔15〕前掲 Myanmar Politics 1958-1962 Vol.3. 参照。

作戦に抑え込まれて投降する。１９６１年には投降式典が挙行され、この際の国軍士官による演説では、投降を受け入れ将来の民族共存に向けた取り組みを行なっていくことへの抱負が述べられている。

だが、このような反対論を押し切るかたちで、１９６０年にはラカイン州およびモン州の設立要求が議会で承認を受ける。ただし、ラカインではムスリムの多住地域への配慮もなされた。この地域を「マユ辺疆地域」として分割し、独自の自治権を認めるという妥協案である。

(3)民族問題への「解決策」

しかし、ラカイン州の設立は実現を見ずに頓挫した。１９６２年にミャンマー国軍のネ・ウィン*将軍がクーデターを起こし、政治の実権を掌握したためである。各少数民族の自治権要求が過熱するなかで、国家の分裂を阻止するためだったと言われている。新州の新設計画は凍結され、かわって軍が主導する形での国家の再編が本格化してゆく。それは、紛糾していた民族問題への一つの「解決策」であった。

軍政による国造りは、１９７４年に制定された新憲法で完成を見る。憲法の序文においては、ミャンマー連邦に暮らすすべての土着民族は、歴史を通じて共存し、イギリスによる植民地支配と独立闘争など共通の経験を有することが述べられる。第二条では、国家はすべての土着民族からなると規定し、第21条ではそれら諸民族の協調に国家が責任を負うとする。つまり、土着の諸民族の総体がミャンマーという国家であるとされた。

＊ネ・ウィン（Ne Win、１９１０〜２００２）

では、「土着民族」とは何なのか。この時期に独裁体制をとっていたビルマ社会主義計画党は、1960年代後半から国内主要民族の概要をまとめた本を刊行している。その序文では、土着民族はモンゴロイドに属する人種だとされている〔16〕。これらは、チベット・ビルマ族、モン・クメール族、そしてタイ族という三大族群としてミャンマーの地に到達し、そして各地で生活するようになったとする。したがって、「土着民族」とは第一にこのいずれかの族群に属するモンゴロイド系民族として想定されるのである。

１９７４年憲法では、この三大族群に含まれる八つの主要民族が改めて強調されている。すなわち、ビルマ、カチン、シャン、カヤー、チン、カレン、モン、そしてラカインである。この憲法により、ビルマ族以外の7大民族にはそれぞれの州が設定された。さらに、これら主要民族の枠内に、より細分化された個々の民族の存在が想定された。

国民国家の形成というと、単一の国民概念への同化を意味する場合が多いが、ミャンマーの場合は国が定める諸民族の体系の中に、それぞれの民族集団を位置づけることで国民国家を形成しようとした。これがミャンマー国家の特質であるし、「民族」という単語には非常に強い政治的ニュアンスも含むことになる。

ロヒンギャ問題の原因の説明として、１９８２年国籍法によるミャンマー国籍の剝奪がよく取り上げられる。ただ、同法に規定される土着民族の概念は、それ以前に形成された国民国家観、土着民族観と無関係ではないと考えられる。１９７６年に刊行された民族概要のラカインの巻〔17〕では、ラカイン州内の民族として7民族が紹介されている。中にはマラマージー等

〔16〕ビルマ社会主義計画党中央委員会、１９６７、『土着民族文化・伝統慣習　カチン』より。

〔17〕ミャンマー社

ベンガル語を話すという民族も収録されているが、ロヒンギャという民族名は全く登場しない。

　こうして１９７０〜８０年代にかけて再編された諸民族の体系の中には、ロヒンギャは含まれなかった。そのままでは非土着民族として国籍認定に不利な立場となる。ここに、ロヒンギャ民族概念の強調が必要となる背景が生じた。ロヒンギャ民族意識の表明は１９６０年代以降に強まっていくことが指摘されているが〔18〕、これはミャンマーの政治状況に対応するために生じた現象であることに注意を要する。こうした環境下で、１９７８年に最初のロヒンギャ危機が生じることになる。

　１９７０年代には、パキスタンでも国内問題を「解決」するために東パキスタンが独立する。１９７１年に成立したバングラデシュは、ベンガル語を国語とし、ベンガル民族主義に立脚した国家となった。建国後のバングラデシュでは軍事政権が繰り返し登場し、ベンガル民族主義あるいはイスラーム主義を掲げる強権的な体制が続いた。こうした環境下で、チッタゴン丘陵地帯や南部に暮らすラカイン族や仏教系の少数民族は苦境に直面することとなる。彼らは、中央政府が推進する同化政策への対応を余儀なくされ、武力に訴えた反政府闘争に至ってしまう。

　ロヒンギャ問題とはこのように、ミャンマーとバングラデシュの国家形成および国民統合の動きに起因する問題だと捉えられる。そのため、チッタゴン丘陵地帯の問題にも同様の構図が見てとれ、視野を広げれば、ミャンマー国内の他の民族問題・宗教問題にも共通の根がある。

　当事者間で認識が食い違い、事実認定すら容易ではない問題に外部の人間がアプローチするには、それぞれの主張を解釈する際にいくつかの注意が必要となる。第一に、「民族」という

会主義計画党中央委員会、１９７６、『土着民族文化・伝統慣習　ラカイン』（ミャンマー語書）。

〔18〕Jacques Leider, Rohingya: The History of a Muslim Identity in Myanmar. Oxford Research Encyclopedia of Asian History.

集合概念と個々人とを混同しないということだ。報道などで民族を主語とした説明がなされることは多い。しかし、実際には民族という概念が意思決定や行為の主体となるわけではない。第二に、「民族」の内実は必ずしも均質ではないということだ。実際の個々人が持つ自己認識や言語、信仰にはそれぞれに個人差がある。第三に、「民族」は歴史的な産物であるということだ。その時々の状況により、自らの民族性を主張する動機や相手は絶えず変化する。

問題の解決に向けた貢献のあり方を考えるには、背景知識を絶えず刷新しつつ、認識と行為の主体である個々人の声や感情に耳を傾ける姿勢が求められるのである。

国境地域に暮らす人々は、２００年以上にわたり隣接する巨大勢力に翻弄され続けてきたと捉えることができるだろう。前近代国家による人的資源の収奪、植民地権力による経済成長を主眼とした人口管理政策、そして近代国家による国家形成の論理というように、時代ごとに大きな波が地域を脅かした。

絶えず続く不安定な政情下で、個々の集団は様々な対抗策を試みてきたが、その一方で地域の全住民を包括するような地域アイデンティティの形成、信頼関係の構築、政治主体の形成は後手にまわってしまった。

長きにわたり蓄積された矛盾の噴出が現在のロヒンギャ問題なのだとすれば、問題の解決とは、そうした矛盾を一つずつ解消していく長期的なプロセスに他ならない。そのプロセスへの貢献の方法を考えるには、問題の背景知識を絶えず更新しつつ、地域の人々の声や感情に耳を傾け続ける姿勢が求められるのである。

【石川和雅】

いしかわ　かずまさ
上智大学大学院博士後期課程退学

バングラデシュ、チッタゴン丘陵地帯から見たロヒンギャ

はじめに

２０１６年10月から始まったロヒンギャ難民のバングラデシュへの大量流入は、バングラデシュに大きな影響を与え続けている。その中でもバングラデシュの仏教徒の多くが住むチッタゴン丘陵地帯（以下、チッタゴン丘陵）にも、これまでにない影響を与え続けている。この論考の中では、今回のロヒンギャ難民流入がチッタゴン丘陵に与えた動向と影響を考察していく。以下の四つの視点に注目して整理してみたい。

①国内ムスリムからの報復行為の増加
②ロヒンギャの流入によるチッタゴン丘陵内のイスラーム勢力の拡大
③チッタゴン丘陵の仏教徒のミャンマーのラカイン州への移住
④ミャンマーの民族・宗教保護協会（マバタ）のイスラーム・ヘイト運動への感化

考察の前に、チッタゴン丘陵のこれまでの歴史を簡単に整理しておきたい。

1 チッタゴン丘陵の歴史

チッタゴン丘陵は、バングラデシュの南東部に位置し、インドとミャンマーの国境に接するなだらかな丘陵地帯である。ここには、古くから北東インドやミャンマーに起源を持つモンゴロイド系の人々が暮らしてきた。しかし、20世紀に入りベンガル人の流入が増え、植民地の分割統治を是としていたイギリス政府が、ベンガル人の入域を制限し、勝手に居住できない法律「チッタゴン丘陵地帯統治法」を１９００年に制定した。その結果、１９４７年に東パキスタンとして独立するまでは、チッタゴン丘陵の人々は独自の生活、習慣を維持し、平野のベンガル人とは異なった文化を維持してきた。当時は13の民族〔1〕が住んでいたと言われ、それぞれ異なる言葉を使っていた。しかし多くが焼畑農業を生業とし、仏教徒（全体の８割強）、ヒンドゥー教徒、キリスト教徒のみで、ムスリムはほとんどいなかった。ここでは便宜的にこれらの先住民族の人々の総称をジュマ〔2〕（ベンガル語で焼畑をする人の意）としておきたい。

しかし、東パキスタン時代に入ると、平野部のベンガル人と文化、宗教、言語、また政治的志向の異なる彼らの権限を狭める動きが徐々に始まって行った。さらに１９６２年にはアメリカの援助でチャクマ民族が多く住むランマガティ盆地にカプタイダムが建設され、約10万人にも及ぶ立ち退きが強行された。代替地の土地が提供されたのは、約４万人程で、残りの約６万はインドに流れ出て、インド北部のアルナチャールプラディーシュ州に流れ着き、定住するこ

〔1〕現在は11民族と言われている。

〔2〕11の民族はそれぞれ違う言語、アイデンティティを有しており、ジュマという自覚を必ずしも持っているわけではない。しかし、紛争状態に入ってからはベンガル人に対抗する集団グループと

とになった。

　１９７１年、バングラデシュが東パキスタンから独立する。チッタゴン丘陵の人々は自らの権利回復に期待をかけたがそれは叶えられず、１９７３年にジュマの人々による独自の政党「バングラデシュ丘陵人民連隊協会（ＰＣＪＳＳ）」が設立されると同時に、陰では地下武装組織「シャンティ・バヒニ（平和部隊）」が組織された。抑圧的な政策を続けるバングラデシュ政府に対して、シャンティ・バヒニが１９７７年に最初の攻撃を仕掛け、その後深刻な紛争状態に陥った。大量の軍隊がここに投入され、１９７９年から１９８２年にかけて、平野部から貧しいベンガル人ムスリムを入植させる政策を開始した。約40万人のベンガル人がチッタゴン丘陵各地に住み込むようになり、ジュマの人口とほぼ拮抗する状態になった。ゲリラ戦で抵抗するシャンティ・バニヒに対して、政府軍は掃討作戦を繰り返し、多くの市民の犠牲が出た。和平協定が結ばれた１９９７年までに、ジュマの人々が多数殺される事件がたびたび発生し、大きなものだけでも13回近くになった。日常的にも不当逮捕、拷問、レイプが多発していた。

　20年後の１９９７年に、政府とＰＣＪＳＳの間で和平協定が結ばれた。和平協定は、シャンティ・バヒニの武装解除、インドに逃れた約６万人のジュマの難民の帰還と復興支援、ジュマへの自治権の付与、国内避難民への生活支援、政治犯の釈放、軍の撤退などを包括的にまとめた内容であった。しかし、それらの多くは実施されておらず〔３〕、ジュマ独自の自治ための選挙も一度も実施されていない。

　片方で、武器を手放したため、ジュマ側の政治交渉力が圧倒的に低下し、日常的に軍や警察

してジュマの政治的グループらが「ジュマ」という名称を次第に使うようになっていった。

〔３〕バングラデシュ政府は２０１５年に、協定72項目中、48項目が終了、15項目は実施中、９項目は未着手と発表しているが、ＰＣＪＳＳは、25項目は実施済み、13項目は実施中、34項目は全く実施されていないと、その主張は異なっている。

関係者のハラスメント、レイプ被害が増加している。また、土地の収奪が日常化しており、それを巡って数百名のベンガル人入植者が集団でジュマ住民の家を放火し、暴力をふるう襲撃事件が１９９７年以後たびたび発生し、大きいものだけでも８回以上になる。このような過酷で抑圧的な状態にジュマの人々は日々に置かれている。まさに、ミャンマー、ラカイン州のロヒンギャと、バングラデシュ、チッタゴン丘陵のジュマは対照的に見えるが、民族に基づく弾圧という構造としては同じで、カードの表と裏の関係にある。

２国内ムスリムからの報復的行為は増加しているか？

「ミャンマーの仏教徒は罪のないムスリムであるロヒンギャを弾圧している。チッタゴン丘陵に住む仏教徒も同類で、同じリスクがある」といった短絡的な発想から、バングラデシュ在住のムスリムらによるジュマの人々への嫌がらせ、ハラスメント、暴力的行為の増加がまず心配される。長い間仏教徒とムスリムの間の対立感情が渦巻いていたチッタゴン丘陵だからこそ、ロヒンギャ難民の問題はこの地域にとってはセンシティブな反応を生み出す可能性がある。

ロヒンギャ難民が発生した２０１６年10月以後、私は３回チッタゴン丘陵を訪問する機会があった。中でも２０１７年９月のロヒンギャの大量流入の際、偶然チッタゴン丘陵のランガマティ県に滞在しており、その時の仏教僧たちの様子をよく覚えている。

数名の僧侶が集まって心配そうに話しているのでどうしたのかと問いかけると、仏教僧の一人が、「１週間前、ランガマティ県内の、路上で数名のムスリムが仏教僧を捉まえて『仏教徒はロヒンギャをなぜ弾圧するのか』と言いがかりをつけ、暴行を加えたとニュースが流れている。被害が広がらないか心配だ」と伝えてきた。「仏教徒がムスリムを襲う」と言ったフェイクニュースの影響もあると言う。もしそうならばこれからどうするのかと聞くと、「警察に依頼して寺を24時間体制で警護をしてもらう」「ロヒンギャ弾圧に対するミャンマー政府への抗議声明を私たちも出す」「実際にロヒンギャ難民に支援活動を行なうことを検討している」と伝えてきた。確かに近隣の寺に行くと、銃を携えた5、6名の警察官が警護している。政府側も、国内のムスリムの反応を警戒しているのがよく分かった。この時期にもし相互の不信感を大きくするような事件がもしあったならば、深刻な事態に陥った可能性は大きかった。しかし政府の冷静で抑制的な対応もあり、大きな事件には今のところ発展はしていない。

3 ロヒンギャ難民の流入によりチッタゴン丘陵内のイスラーム勢力が拡大しているのか?

チッタゴン丘陵のベンガル人の人口はおよそ60万人と言われ、チッタゴン丘陵のジュマの人口とほぼ拮抗している。多くのベンガル人は平野部からバングラデシュ政府に誘導されて入植した者で、土地を持たない貧しい世帯が多い。そのため、チッタゴン丘陵内では、そういったベンガル人らによる強引な土地収奪が毎日のように起きている。ロヒンギャ難民がさらにこの流れに加われば、ジュマの人々にとっては死活問題である。これまでロヒンギャのバングラデシュへの流入は大きく過去3回あった。1978年、1991年の流入の際には、一部のロヒンギャがチッタゴン丘陵にも流入し、ベンガル人社会に溶け込んでいると言われているが、その数は明確でない。そのことが非常に大きな影響を与えたという印象は、誰からも聞いていない。

今回の流入ではミャンマー国境隣接部から、チッタゴン丘陵のバンダルバン県へのロヒンギャ難民の流入が続いていた。バングラデシュ政府は２０１７年10月にチッタゴン丘陵に留まっていた1万5千人のロヒンギャ難民を移動させる対応をし、その後もチッタゴン丘陵にロヒンギャ難民が流入するのを抑え、不安材料を増やさないようにしている。もちろんジュマ社会からの強い反発も予測してということもあるが、チッタゴン丘陵内部の統制は軍によってほぼコントロールされており、むしろ、政府はロヒンギャ難民がチッタゴン丘陵に入ることで難民管理が難しくなり、一部がまた武装グループと連動して活発になることを嫌がり、彼らを集中的に管理したいからではないかと考える。

４チッタゴン丘陵の仏教徒がミャンマーのラカイン州に移住しているのか？

ミャンマー仏教僧がチッタゴン丘陵のジュマを連れて、無人化したロヒンギャの村に定住させたという情報が新聞のあちこちに見られる。例えば「15年ほどの間にチッタゴン丘陵の仏教徒２５００世帯がミャンマーに移住している」「過去3年間で１００世帯が移動している」〔4〕、「最近約50世帯のチッタゴン丘陵のジュマが、ミャンマーへ移住」「過去3年間で１００世帯が移住」〔5〕といった具合である。今回記事に見られる移住した民族名の中にはバンダルバン県に多い、マルマ、ムロ、ラカインらが目立つが、同じ民族がミャンマー側にもおり、親族や知り合いとの間で以前から行き来があるのが通常である。また、彼らはチッタゴン丘陵で抑圧

〔4〕毎日新聞「ミャンマー、ロヒンギャの地に仏教徒　移住促す」、２０１８年９月１日、https://mainichi.jp/articles/20180902/k00/00m/030/099000c

的な状態に置かれており、軍や警察からのハラスメント、土地の収奪の圧力下で生活している。こうした状態から逃れ、ミャンマー側に移住するという選択は十分起こり得ると考えられる。これがミャンマーやバングラデシュ政府の意図的な操作であるというにはその数があまりにも少なく、スローすぎる。政府による組織的なものというより、これまであった従来の自然流出の状態ではないだろうか。ただし、今回のロヒンギャ難民の流出で、そういった行為が容易になってきている可能性はあるのではないだろうか。

ただ、ロヒンギャ人口増加を懸念する一部のミャンマー政府関係者にしてみれば、出来るだけ仏教徒をこの地域に居住させたいという隠れた意図が存在することは事実だろう。そういった意図が何らかの政策に姿を変えたとき、こうした自然流出が加速化する可能性はもちろんありえる。

5 民族・宗教保護協会（マバタ）のイスラーム・ヘイト運動への感化が進んでいるか？

今ミャンマーではムスリムへのヘイト感情が急速に広がっている。2011年の民主化後に、*ウィラトゥ師という僧侶をリーダーとするグループが過激なイスラーム・ヘイト発言を始め、SNSを通じて急速にミャンマーに急速に広まっている。彼らはムスリムを「狂犬」「共に住むことはできない人々」「仏教徒をレイプ、殺害している」「ミャンマーがいつかムスリムに乗っ取られる」といったヘイトスピーチを続け、国内に支持者を広げた。2012年6月に発生したラカイン州のムスリムと仏教徒の衝突事件も、このグループによる扇動が大きかった。これ

〔5〕The Straits Times.「Myanmar lures Bangladesh Buddhists to take over Rohingya land: Officials」、2018年4月2日、https://www.straitstimes.com/asia/se-asia/myanmar-lures-bangladesh-buddhists-to-take-over-rohingya-land-officials

*ウィラトゥ（Ashin Wirathu、1968〜）

らの活動は「９６９運動」という名称で活発に展開されて行ったが、２０１３年８月に、国家サンガ大長老会議はこうした反イスラーム団体を禁止した。しかし、テインセイン*大統領など、政府要人はこれらを擁護する声明を出し、アウンサンスーチーも９６９運動を積極的に批判してこなかった。

２０１３年には９６９運動は民族・宗教保護協会（マバタ）という名称に変わり、積極的に国政に関与するようになって行った。民族・宗教保護協会は「人口調整法」「仏教徒女性特別婚姻法」「改宗法」「一夫一妻法」の四つの法案を２０１４年に国会に請願し、２０１５年に国会で成立した。これらは、イスラーム教への改宗、ムスリムとの結婚に制約を設け、さらに人口調整や一夫多妻を制約または禁止し、ムスリムを封じ込めるねらいが背後にあった。

こうした仏教僧を中心としたイスラーム・ヘイト活動が、チッタゴン丘陵の仏教僧に影響を与えていないかという懸念がある。ウェブを見ると「チッタゴン丘陵内で、９６９運動グループのリーダーが特別なトレーニングを実施している」「現地ジュマ政党のＵＰＤＦ〔6〕、ＰＣＪＳＳにもトレーニングを実施しており、治安関係者がその対策に乗り出している」といったもっともらしい内容の記事もある〔7〕。長くベンガル人ムスリムからの偏見、弾圧に苦しんできたジュマにとって、こうしたヘイト感覚に感染しやすいことは事実だ。また、仏教僧はジュマ社会の中では信頼が高く、影響力も強いので、ジュマ社会に与える影響は大きい。

こうした四つの懸念事項が本当に発生しているのか、またウェブの情報はどこまで信憑性があるのか、現地の経験豊富なジュマ活動家に聞いてみた。「これらの心配はあるが、チッタゴ

*テインセイン（Thein Sein、１９４４?〜）

〔6〕人民民主統一戦線。ジュマの政党の一つで、ＰＣＪＳＳと和平協定への不満から設立された団体で、互いに対立している。

〔7〕The Daily Observer, ２０１８年10月25日、http://www.observerbd.com/details.php?id=164996

ン丘陵内部はそこまで深刻な状態になっていない。これは危険をあえて煽るイエロー・ジャーナリズムだと思う」とはっきりとした答えが返ってきた。

緊迫したロヒンギャ難民、元紛争地域でいまだに民族弾圧が残っているチッタゴン丘陵、この二つの構図に、多くの懸念事項が頭に浮かんでくるのは当然かもしれない。しかし、まだ事態はそこまで深刻になっていないと考える方が妥当そうだ。もちろん、今後どうなるかの保証はない。

6 バングラデシュ政府とミャンマー政府の意図とは

難民流出があった1978年、1991年、そして今回と、両国がすぐにとった措置は「帰還のための協定」であった。一方的に片方を非難し、政治的に激しい発言をすることはほとんどなかった。

今回、バングラデシュ政府が一番配慮しているのは、「ミャンマー政府に対して帰還の意欲を低下させるような不用意な発言、威嚇的な態度を取らないこと」「ロヒンギャ武装グループを難民キャンプや国内で活性化させないようしっかり監視すること」「国内や国際社会から批判を受けないようバランスよく立ち回ること」ではないだろうか。チッタゴン丘陵は、政府関係者から見れば軍の支配地域で、軍に完全に掌握されているため、改めてロヒンギャ難民を利用して、軍のチッタゴン丘陵内の政治力を高める必要はないだろう。むしろ、不用意な対応をすることで、ミャンマー政府や国際社会から誤解を受けることに用心しているとも言える。

ミャンマー政府は、国際社会の動向を見ながらロヒンギャ難民の帰還対応とその在り方をめぐる駆け引きに集中しており、いままでの観察からは、市民権などを前提とした積極的なロヒンギャ難民の受け入れは難しい状況である。国際的に厳しい立場に置かれている今、バングラデシュから仏教徒を受け入れるという誤解を招くような政策をすぐに実施することは考えにくい。

しかし、ここまでの見解は２０１８年11月時点までの観察でしかない。バングラデシュのチッタゴン丘陵、ミャンマーのラカイン州の社会構造から考えて、政治的磁力が突然発生し、急激な変化がないとは言えない。今後も注視していく必要がある。

【下澤　嶽】

しもざわ　たかし
静岡文化芸術大学
文化政策学部教授

【参考文献】
下澤嶽　２０１２『バングラデシュ、チッタゴン丘陵で何が起こっているか』ジュマ・ネット
ジュマ・ネット
　２００６『チッタゴン丘陵白書　紛争・人権・開発・土地問題　２００３〜２００６』
　２０１５『チッタゴン丘陵白書　紛争・人権・内紛・土地問題　２００７〜２０１３』
ＰＣＪＳＳ
2011 "Report on the Status of Implementation of the CHT Accord"
2013 "Report on the Status of Implementation of the CHT Accord"
2015 "On Implementation of the CHT Accord"

ラカイン州の経済——貧困と資源開発

1 深刻な貧困

ミャンマーは後発発展途上国に分類される貧困国である。そのミャンマーの中でも、ラカイン州の貧困は群を抜いて深刻である。2014年の世界銀行の推計によると、2010年のミャンマー全体の貧困率（全人口に占める貧困線以下の人口の比率）は37・5％であるのに対して、ラカイン州の貧困率は78％と平均値の倍以上であり、ミャンマーの州・地域で最も高い。人口分布を合わせて考えると、ミャンマーの貧困層の14・9％がラカイン州にいることになる。

また、ラカイン州の南部と北部の間でも経済格差が存在する。2012年のラカイン族とムスリム系（主にロヒンギャ）間の住民衝突後に実施されたミャンマー政府による社会経済状況調査（2013年）では、北部の住民の平均所得は南部の42％〜84％相当であることが報告されている。この地域間格差は実は民族間の経済格差も表している。ラカイン州の人口の約6割がラカイン族、3割がムスリム系住民（主にロヒンギャ）とされるが、ムスリム系は主に北部に居住しており、先にあげた世界銀行の推計によれば、ムスリム系のほうがラカイン族の1・3倍相当の貧困状況にあるとされる。

こうした貧困下にあって、ラカイン州には食をはじめとするベーシックニーズが満たされていない住民が多い。例えば、国連開発計画（ＵＮＤＰ）の２０１０年のデータによると栄養不足人口が州人口の53％を占め、これはミャンマーの中で最も高い水準である。国連食糧計画（ＷＦＰ）の２０１４年の調査でも、「食料貧困」（最低限のカロリー摂取に必要な食料を確保できない状況を指す）の状態にあるのは全国では全人口の４・８％であるのに対し、ラカイン州は10％とほぼ倍である。２０１７年にラカイン州北部の最も住民衝突の影響があったとされる二つの郡（マウンドー及びブーディーダウン）で実施されたＷＦＰの調査では、２０１６年時に比べて十分な食事がとれていない世帯の比率が43％から62％と20％も増加したことが報告されている。

住民をとりまく衛生状況も芳しくなく、ＵＮＤＰとミャンマー政府が２０１７年に実施した調査によるとラカイン州の人口の約半分近くが安全な水にアクセスできていない。また、トイレ設備がない世帯の割合も、全国の農村部の平均が約９％であるのに対して、ラカイン州では46％と著しく高く、不衛生な状況のもとで生活している住民が多いことがうかがえる。

住民の教育水準も全国平均よりも低い。上述のＵＮＤＰ・政府の２０１７年の調査によると、識字率は全国平均よりも低く、特にそれは女性に顕著である。就学率も小学校、中学校、高校レベルでそれぞれ90％、57％、31％（全国平均はそれぞれ94％、71％、44％）と低い。ムスリム系だけに焦点をあてれば就学率はもっと低くなるはずである。ラカイン族の場合、約９割が政府系の学校へのアクセスがあるのに対し、ムスリム系は6割で、コミュニティ・スクールに依存している住民も2割近くいるからである。

②農業・水産業中心の経済

こうした深刻な貧困な背景には、ラカイン州では就業機会がそもそもかなり限られているということがある。ラカイン州の人口の85%が農村部に居住しながら、零細農業や漁業に従事したり、またはそれらの日雇い労働をしたりしながら生計をたてている。日雇い労働には主に土地を持たない層（土地なし層）が従事するが、２０１０年のデータによるとこの土地なし層が州の全世帯の26%を占め、一部地域ではその比率は50%を超える。土地なし層はラカイン州北部ほど多く、世帯の6割が土地なし層という地域もある。これはミャンマーの他の地域でも同じであるが、土地なし層は就業機会の不安定さや賃金水準の低さから最も経済的に脆弱な層であり、この層の多さが直接的に州全体の貧困につながっているのである。

③２０１２年の住民衝突の経済的影響

２０１２年の住民衝突の勃発以後、ラカイン州、とりわけ北部の住民の経済的困窮はいっそう深刻化したと言われる。住民衝突発生以前は、ラカイン族とムスリム系住民は居住する村は別であっても生計活動を通じた接点は少なくなかった。ところが、住民衝突の勃発後、ムスリム系住民の多くはキャンプでの生活を余儀なくされ、移動の自由を奪われた。一方で安全な場所を求めて国内避難民が一部の地域に押し寄せた。住民間の衝突後の民族間の相互不信、地域社会の緊張は地域全体の治安の悪化にもつながり、それまでのように農作業や漁労活動しようにも身の安全が必ずしも保証されなくなってしまったのである。それがラカイン州の人々の生計活動をいっそう困難にさせていくこととなった。

例えば、川の上流に住むムスリム系の漁民は日常的に川を下り海まで行き漁労活動を行なっていた。しかし、住民衝突以後、川の下流のラカイン族コミュニティが上流に住むムスリム系漁民の移動を嫌うようになり、身の安全を考えると容易に漁場に出られなくなってしまったという。たとえ、漁獲ができたとしてもそれを売るためシットウェなどの市場に行くことも同じ理由で躊躇することが増えた。こうした中で、漁民によっては住民衝突後の収入がそれ以前に比べて極端に落ち込むこととなったのである。

住民衝突後に経済状況が悪化したのはムスリム系住民だけではなく、ラカイン族も同様である。例えば、あるラカイン族の農家の住む村はムスリム系の村と隣接していた。彼は2・4ヘクタールの水田を耕作し、衝突以前はその農作業のために隣村のムスリム系の労働者を7人ほど日雇として雇い、相応の収入を得ることができていた。しかし、住民衝突後、こうした日雇い労働者の確保がままならなくなり、これまでのような耕作ができなくなってしまったという。ラカイン州、特に北部では、このような理由で耕作放棄された農地が住民衝突後に一気に増加していった。むろんこれには、労働力確保の問題だけでなく、農地に出向くことそのものが治安的に難しくなったこともあるだろう。２０１３年の国連食糧農業機関（ＦＡＯ）の調査によると、ラカイン州の農地のうち実際に耕作されているのは全体の30～35％にしか過ぎなくなってしまった。

４ 移民の増加

こうした住民衝突後のラカイン州の貧困と生活環境のいっそうの悪化は住民の出稼ぎを加速化させていった。

ムスリム系の住民は市民権が与えられる見込みはなく、かつ移動の自由が制限され、また雇用機会も激しく限られているため、どれだけ劣悪な条件での移動となろうとも、ミャンマー国外への脱出に希望を求める人が後をたたなかった。２０１５年には多くのムスリム系住民が船でタイ、マレーシアなどの東南アジア諸国に「ボートピープル」として向かったものの、入国が拒否されたため、６０００人以上が海上で漂流するという事態にまでなったのである。２０１５年に難民化し流出するムスリム系住民が急増した背景には、困窮をきわめるムスリム系住民に対象を絞った人身売買組織による「密航ビジネス」があるとも指摘されている。

とはいえ、出稼ぎに活路を見いだそうとしたのはムスリム系住民に限ったことではない。ラカイン州北部に居住するラカイン族も、不安定な日雇い労働中心の雇用機会では食べていけず、若年層が雇用機会をもとめて国内あるいは海外へ移動するようになった。就業機会が限りなく少なく、近い将来に明るい展望が持てない状況の中で、いやおうなしに出稼ぎで生計を維持しなくてはならなくなっていったのである。

先に触れたＷＦＰによるマウンドーとブーディーダウンの２０１７年の調査では、それぞれの郡の世帯の24％、17％が女性のみの世帯となっていたという。成人男性が出稼ぎにいかなければ生計が維持できなくなっている証左とされている。

5 ラカイン州での中国のプレゼンスの増大

こうしたラカイン州住民の経済的困窮が深刻化していくのとは対照的に、ラカイン州は２０００年代後半以降、ミャンマーと中国の経済関係の中で大きな意味を持つ地域となっていった。具体的には天然ガス資源及びそれらの中国への輸出起点としてまた経済特区（Special Economic Zone）を中心とする投資の対象としてである。これらの一連の動きは中国が２０１３年以降に提唱し始めた広域経済圏構想、いわゆる「一帯一路政策」の一環と位置づけられるようになる。２０１８年９月にはミャンマー・中国の首脳会談では、「人字型」中国ミャンマー経済回廊の構築（中国国境の町ムセ、マンダレー、ネーピードー、チャウピューを結ぶルートと、ネーピードーとヤンゴンを結ぶルートを設定し、それを経済協力の柱とする）が合意された。加えて、インド洋に面するチャウピューを中心とする地域は、インド洋へのアクセスを確保することを狙う中国にとって、経済面のみでなく安全保障の観点からも重要な意味を持つものとなっている。

6 天然ガスの確保とパイプライン建設

１９８８年の軍事政権成立後、ミャンマーに対する国際的な批判が高まる中で、一部の人道的援助を除いてミャンマーに対する政府開発援助は停止された。それはミャンマーに深刻な外貨不足をもたらし経済成長の大きなハードルとなっていった。しかし、それにもかかわらず２０００年代に入ってもミャンマー経済が決定的に破綻しなかった理由は、１９９０年後半よりマルタバン沖に天然ガス田（ヤダナ及びイェタガン）から主にタイに向けて天然ガスの輸出が始まったからである。天然ガスは２００４／０５年度には全輸出額の35％を占めるミャンマー最大の輸出品目となっていく（図１）。

そのような中、２００４年にラカイン北部沖に天然ガス鉱区が新たに発見されたのである。チャウピューから西に約１００キロメートル沖合のガス田開発は「シュエ・ガス・プロジェクト」と呼ばれ、ミャンマー最大の天然ガス田開発プロジェクトとなった。同プロジェクトは当初韓国企業主導（後にインド、中国企業なども参加）によって始められ、２００４年に大きな埋蔵量が見込まれるガス田が発見された。ここから産出されるガスには、中国、インド、タイがパイプラインを通じた輸入を、韓国、日本が液化天然ガスでの輸入を目指していたとされる。しかし、世界各地で資源の確保を急ぐ中国がミャンマー政府に強力に働きかける中、ミャンマーも国際的孤立が進むなか中国との関係緊密化を進めたい思惑も働き、中国が30年にわたって購入する契約が２００８年に締結された。シュエ・ガス田からはミャンマー国内向けにも供給されるが、それは全体の供給量の２割にとどまる。

天然ガスをシュエ・ガス田から中国に輸出するためのパイプラインの敷設契

図１　ミャンマーの輸出額の推移

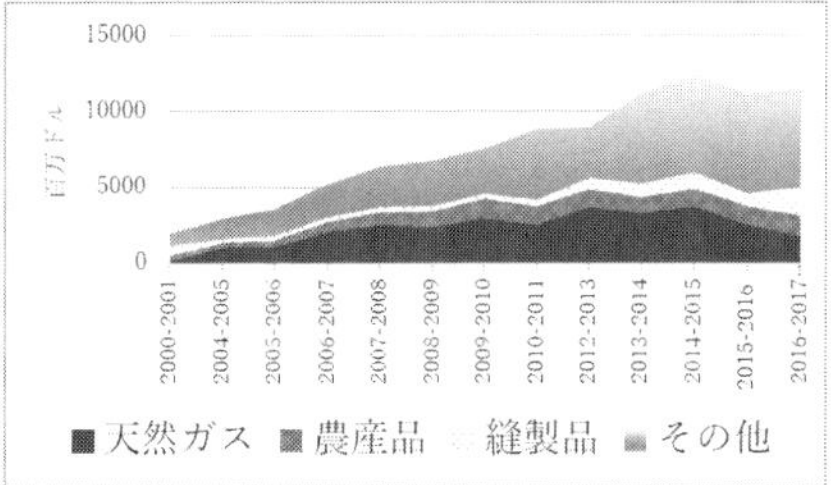

出所：Statistical Yearbook 2011 及び 2017

約も中国とミャンマーの間で結ばれた。ラカイン州チャウピューからマグウェ、マンダレー地域、シャン州から雲南省に至る全長２４００キロメートル（ミャンマー国内分は約８００キロメートル）にも及ぶ長大なパイプラインである（図２および写真）。２００９年から開始された建設工事は中国石油天然気集団公司（ＣＮＰＣ）が実施し、資材、建設機材、労働力はすべて同企業が調達する形で進められた。この計画には中東・アフリカからマラッカ海峡を避けて（現在中国のエネルギー輸入の８割はマラッカ海峡を通る経路が利用されている）原油を運ぶためのルート確保を目指す原油パイプライン敷設も含まれている。天然ガスと原油のパイプラインを合わせた総事業費は25億ドルと言われる。天然ガス用パイプラインは２０１３年半ばから稼働し始めたものの、原油用パイプラインの稼働は２０１７年まで遅れた。その遅れの背景には、カチン州の銅山開発問題を契機とする中国の資源開発に対するミャンマー国内での反発の高まり、それを受けたＮＬＤ政権の対中関係の見直しの動き、またパイプライン建設そのものに反対する住民の反対運動の影響があった。

天然ガス・石油のパイプライン建設にあたっては、敷設対象地域でしばしば

図２　パイプラインの経路

出所：South China Morning Post 08 August, 2017, https://www.scmp.com/news/china/economy/article/2099973/belt-and-road-projects-china-doesnt-want-anyone-talking-about

写真　パイプライン（2012 年 6 月、筆者撮影）

強引な土地接収、不十分な補償額の支払い、周辺コミュニティからの無償での労働徴用、漁場や農地へのダメージを含む環境被害が起きたことが国内外の複数の人権団体によって報告されている。パイプライン建設プロセスで農地など生計手段を失った住民は全国で20万人にものぼるとされている。パイプラインの起点となるラカイン州チャウピューでも地元住民や活動家による抗議活動が活発化し、事態に対する抗議活動として、原油貯蔵施設の建設予定地のマデイ島でデモを行なった活動家複数名が２０１３年４月に無許可でのデモを事由として逮捕される事態にまで至った。

7 経済特区（Special Economic Zone）

２０１１年に成立したテインセイン政権は、経済の対外開放及び海外直接投資をテコとする工業化戦略の推進の柱のひとつとして経済特区の設置を推進した。具体的には、ヤンゴン近郊のティラワ経済特区、タニンダーイ地域のダウェイ経済特区、そしてチャウピュー経済特区である。ティラワの開発は日本中心、ダウェイはタイ中心と棲み分けがなされるなか、チャウピューに関しては２０１４年に中国と官民連携（ＰＰＰ）方式で工業団地や深水港湾を整備する方針が固められた。２００９年にすでにパイプライン建設事業の一環としてミャンマー・中国間で深海港および鉄道の建設に関する合意が結ばれていたこともあり（後に鉄道建設は撤回）、チャウピュー経済特区開発の受注は中国企業グループというのが既定路線であるように見られていたが、一方でＮＬＤ政権の成立後に契約条件を精査すべきなどの声もあり最終決定は遅れた。ようやく２０１５年末になって中国の国有企業（中国中信集団（ＣＩＴＩＣ））、インフラ大手の中国港湾工程（ＣＨＥＣ）、タイ最大財閥グループなどの6社からなる企業コンソーシアムが落札することとなる。

チャウピュー経済特区は総面積７５００ヘクタールとティラワ経済特区の３倍ほどの大きさである。大型タンカーが着岸可能な深海港と工業団地が建設される予定である。ＣＩＴＩＣが建設、運営し、その期間は50年間（25年の延長可能性有り）という条件である。当初の計画段階の総事業費は深海港が73億ドル、工業団地が27億ドルとされ、中国側が85％、ミャンマー側が15％を出資する予定だった。しかし、ＮＬＤ政権成立後、中国側の権益が大きくなりすぎることが懸念され、２０１７年に中国側が70％、ミャンマー側が30％という負担配分で合意した。さらに、２０１８年にはミャンマーがこの資金の調達のために中国に膨大な負債を抱えることになる可能性、いわゆる「債務の罠」に陥る懸念が拡がった。スリランカが中国主導の深海港建設への出資のために多額の負債を抱え、結局返済が困難になった結果、中国の港の使用権を99年に延長せざるを得なかったという例が引き合いに出され、同じ轍を踏むのではないかとの見方が強まったのである。交渉の末、２０１８年9月に深海港の事業費を13億米ドルに大幅に縮小してまず着工し、その後採算を検討した上で拡張が必要と判断された場合に順次工事を進める形で決着した。

しかし、この経済特区開発が果たしてチャウピュー、そしてラカイン州の住民に十分な経済的恩恵を与え得るものになるかどうかには懸念が残る。まず、この経済特区プロジェクトがラカイン州住民の安定的な雇用を生むのかという点である。中国側、またミャンマー政府も経済特区は将来的に10万人の雇用創出効果があると説明している。しかし、天然ガス・石油基地である以上資源利用型の企業が多く立地することが想定されるなか、労働集約的な産業に対する投資がどこまで入ってくるかにその成否は依存するだろう。そもそも経済改革が想定されていたよりも進まないことに加え、ムスリム系問題が影を落とす形で欧米を中心にミャンマー全体への投資意欲は減退しつつあり、ラカイン州に労働集約的な産業への投資がどれだけ期待できるかは未知数である。また、仮に労働集約的な産業が増えたとしても、先に見たようにラカイン州の教育水準が低さなどを考えるとどの程度の労働者がそこに吸収され得るのかも不透明である。

また、経済特区開発そのものが生み出す負の影響への懸念も依然として根強い。工業団地・港湾施設の建設計画によれば、およそ40カ村が移転を余儀なくされ、また多くの農地が接収されることになる。パイプライン建設時から強引な土地接収や不十分な補償が問題になっていたが、そうしたことが今後も続くのではと不安視する住民が多い。また、深海港と工業団地の建設は、立地的に小規模漁業に従事する漁民に深刻なダメージを与えることも想定される。大型タンカーの頻繁な往来は小規模漁民の操業には危険である。また船舶や石油化学・金属工場からの排水による水質汚染の可能性も否定はできない。実際、すでにシュエ・ガス田の掘削や海底のパイプライン建設が水産資源の減少を招いたとする報告もなされている。ミャンマー政府が設置したラカイン州諮問委員会が２０１７年にまとめた最終報告書でも、経済特区の地域社会・経済へのインパクト、そしてその期待される効果を明確にする「戦略的環境アセスメント」や「労働市場アセスメント」の実施が勧告されている。しかし、政府はその実施に前向きではないといわれている。

おわりに

ラカイン州は長年にわたってミャンマー政府による積極的な経済・社会開発の対象から外れてきた地域と言える。そのため住民の多くが貧困に喘ぎながら、農業や漁業でかろうじて生計をたててきた。インフラ整備も進まず、教育も十分に受けられない。その中で、農業・漁業だけでは生計が維持できなくなった世帯から、民族にかかわらず国内あるいは海外へ出稼ぎ民として地域を離れていく状況にあった。２０１２年のラカイン族とムスリム系住民間の衝突は、その状況をいっそう深刻化、加速化させていった。ちょうど同時期に中国主導の経済開発が本格的にラカイン州で始まっていく。しかし、それは中国の安全保障的観点も伴う資源確保の意図が色濃い開発である。ラカイン州の教育水準あるいは熟練度からすると地元の労働者が多く雇用されるのは大きくは期待できない。ラカイン州の地域経済にどれだけのプラスの影響をもたらすかは未知数だと言わざるを得ない。加えて、２０１９年１月以降のラカイン族の反政府武装組織であるアラカン・アーミー（ＡＡ）とミャンマー国軍の間の衝突の激化は、同州の社会的・経済的不安定さを増幅させている。

【岡本郁子】

おかもと いくこ
東洋大学国際学部
国際地域学科教授

第４章　世界のロヒンギャ

東南アジアのロヒンギャ難民

1 インドネシア・アチェ州のロヒンギャキャンプ

インドネシア最西端に位置するアチェ州は、自由アチェ運動（ＧＡＭ）が率いる分離独立運動により武装闘争を続け政府と争ってきた紛争地であった。２００４年12月のスマトラ沖地震で大津波に襲われ最大の被害を出した地域でもある。２００５年の和平対話を経てようやく紛争も終結し、強い自治権を持った地元政府の主導の下、多数の問題を抱えながらも少しずつ復興を遂げている。そんなアチェ州に、２０１５年5月、子どもも女性も乗せたボロボロの木造船で漂流していたロヒンギャ約2千人が救助されたというニュースは、地元政府だけではなく、インドネシアそしてその周辺のＡＳＥＡＮ諸国に大きな衝撃を与えた。アチェの漁師が、アンダマン海を漂流していたロヒンギャを救助し、アチェに連れて帰ってきたのである。最大1万人が漂流していたと言われている。助けられた人々の中には、ミャンマーに

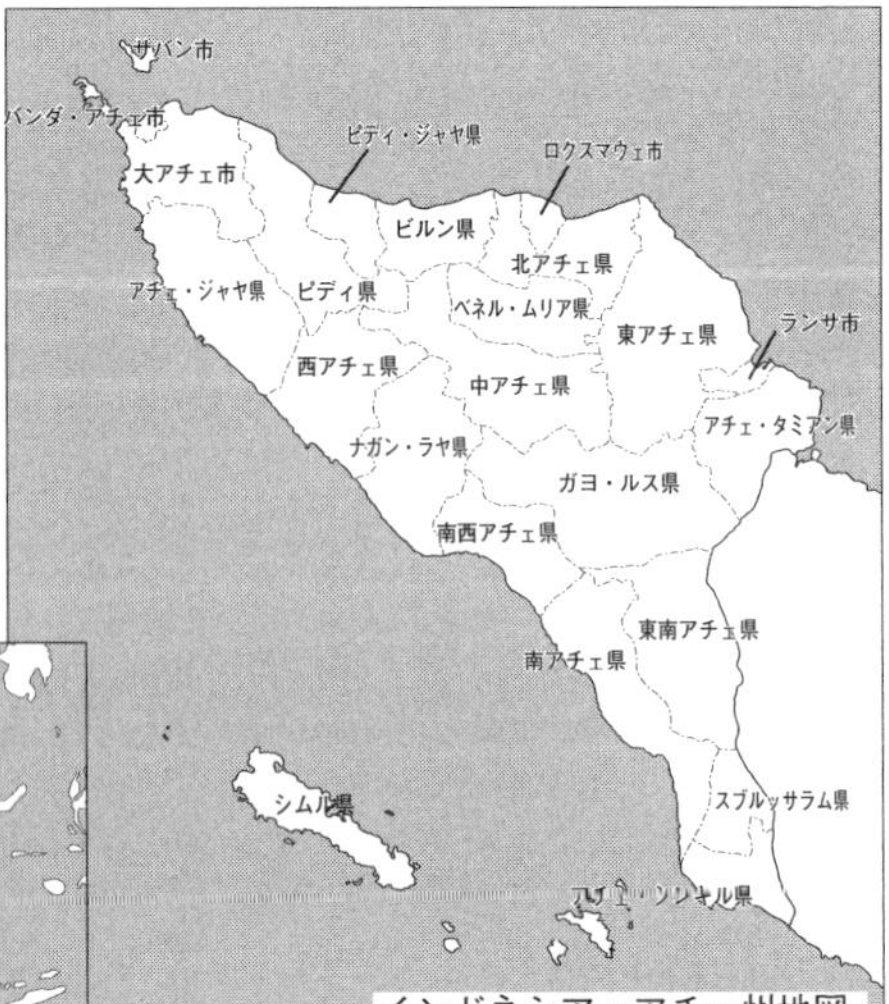

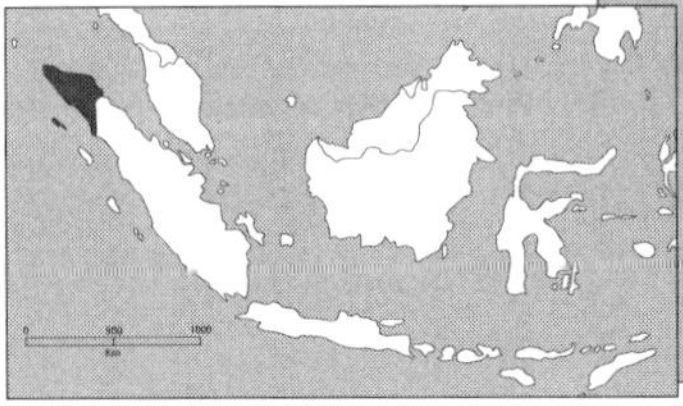

インドネシア・アチェ州地図

住むロヒンギャに紛れて一緒にマレーシアを目指したバングラデシュ人もいたが、最終的にロヒンギャだけがアチェ州の中にあるいくつかのキャンプに分かれて収容された。

その中の一つ、北アチェ県ブラン・アド村のキャンプを、筆者は２０１６年2月に訪れた。その段階では、88人のロヒンギャが生活していた。当初は３３３人が収容されていたが、夜になると一人、また一人とキャンプを出てマレーシアに渡っているようだと、ACT（Aksi Cepat Tanggap: Fast Action Response）というインドネシアの人道支援NGOスタッフは言う。キャンプの中には、仮設の住居だけではなく、共同トイレ、クリニックや小規模の学習の場、職業訓練場などが備わった建物、そしてモスクなども併設されていた。また、それらの施設は近隣の村人にもオープンにしていた。さらに、仮設住居の前には野菜を育てられるような小さな畑や、まだ導入されてはいなかったが、牛舎や魚を養殖する場所なども作られており、彼らが生活の糧を自ら稼げるような工夫も施されていた。ミャンマー国内のロヒンギャへの迫害の実態を知っているACTのスタッフは、ミャンマーに長期にわたって帰ることはできないとして、ブラン・アド村のキャンプを長期滞在もできるような場所にしようとしていたのだ。さらに、北アチェ県の市長は、もし、ロヒンギャ難民が望むなら、中央政府の意向はともかく、アチェの市民として受け入れてもいいとまで発言していた。アチェは、紛争が長く続いていた地域であったため、政府からの迫害を受けているロヒンギャへの深い同情心を持っているという。また、同じムスリムであること、そしてアチェには「プムリアジャメー Pemulia Jamee」つまり「ゲストを大切する」という意味のアチェの格言があり、伝統的にお客様を温かく受け入れる習慣が備わっていることも、近隣の村人との大きな摩擦もなく、同胞を助けなければとロヒンギャ難民を受け入れている一因であるという。

一方で、アチェにたどり着いたロヒンギャ難民は、マレーシア行きを望んでいた。それは、１９９０年代のネーウィン政権下の迫害でマレーシアに逃げたロヒンギャがそのまま生活を続けていることもあり、親戚や友人を頼ることができるからである。もちろん、イスラーム教が国教であるという宗教上の理由も、インドネシアよりも経済的に豊かであるという点もマレーシアへ渡る大きな理由である。しかし、多くが人身売買組織にお金を払って船に乗りミャンマーを出てきたため、ブローカーの指示に従わざるを得ないという状況もある。

筆者が直接話を聞いたロヒンギャの男性は、少しインドネシア語を話した。彼は「マレーシア・リンギットの方がインドネシア・ルピアよりも高い。稼いだお金をまだミャンマーに残っている家族に送金したい」という。ブラン・アド村のキャンプにいるロヒンギャは、仮設住宅に入れていたマットレス、枕、扇風機なども近隣の村で売り、携帯電話を購入していた。さらに、国連難民高等弁務官事務所（ＵＮＨＣＲ）から支援物資として配られるパンと牛乳を近くの村で売り、そのお金をためてプリペードカードを購入しミャンマーやマレーシアの家族に連絡を取っているという。多くのロヒンギャは、読み書きができない。文字でメッセージを送ることができないため、常に通話しているという。よって電話代がかさむため、支援物資の代わりにプリペードカードが欲しいと言っていた。マレーシアにすでに渡った親戚や友人、もし

ブラン・アド村のキャンプ

くはブローカーの手引きによって、キャンプからマレーシアへ渡っているのだ。

アチェからマレーシアに渡る方法は、様々あるようだ。インドネシアのハビビセンターの調査によると、すでにマレーシアに逃げた家族に密かに渡る方法を聞いて自ら渡っていく場合もあるが、北スマトラ州メダンにいるロヒンギャとのネットワークを持つブローカーに3千リンギット（約US$700）を払えば非正規のルートでマレーシアに渡れる方法、さらに、紛争中にGAMの戦闘員が使っていたルートも使われているという。2017年8月にACTのスタッフに確認したところ、筆者が訪れた2016年2月時点で88人いたロヒンギャは、ほとんどが非正規ルートでマレーシアへ、そして、UNHCRによってアメリカ行きを決めたロヒンギャが20人ほど、ブラン・アド村のキャンプを出て、メダンの収容所で手続きを待っているという。現在、ブラン・アド村のキャンプでは誰も生活しておらず、モスクなどそのままの状態で放置されているという。

漂流したロヒンギャがアチェにたどり着く少し前の2015年5月初め、マレーシアとタイの国境近くでロヒンギャと見られる大量の遺体が見つかった。人身売買組織に捕らえられ、身代金が親族から支払われない者が、虐待を受け衰弱死し埋められていた集団墓地だったのではないかと言われている。それにより、タイ政府が徹底した取り締まりを始めたため、人身売買組織がロヒンギャやバングラデシュ人を乗せた密航船をタイに上陸させることができず放置していた。また、周辺国も受け入れを拒否したため、多くの船がアンダマン海を漂流していたのである。中には9カ月にわたって漂流を余儀なくされた船もあったという。最終的に、彼らを救助したのが、アチェ州の漁師たちだったというわけだ。

２０１１年にミャンマーが民主化してからもロヒンギャへの迫害は収まることはなく、２０１２年6月に起きたラカイン州での大規模衝突事件以降、反ロヒンギャ・反ムスリムの動きがミャンマー中で広がっている中で、ラカイン州の一角で隔離されて生活している状況から脱出し、陸路、海路で逃げているロヒンギャが増加していた。そんな中で起きた２０１５年のロヒンギャをめぐる一連の問題は、ＡＳＥＡＮ諸国に大きな課題を突き付けたのであった。

ミャンマーの状況を見ると、ＡＳＥＡＮ諸国に逃げてきたロヒンギャは「難民」として庇護される対象になると考えるのが普通であろう。しかし、ＡＳＥＡＮに加盟している10カ国の内、カンボジアとフィリピン以外は、難民条約に加盟していないため、難民に対応するための国内法は整備されていない。ロヒンギャが多く住むマレーシア、タイ、インドネシアにおいてロヒンギャは不法入国者であり取り締まりの対象として扱われているのが現実である。

マレーシアやインドネシアでは、アンダマン海を漂流し救助されたロヒンギャのことを、それぞれプラリハン Peralihan、プグンシ Pengungsi、つまり、逃げてきた人、避難民という意味の言葉で表現している。例えばインドネシアでは、難民条約には加盟していないものの、１９４８年の世界人権宣言と拷問等禁止条約は批准しているため、ノン・ルフールマンの原則と言われる迫害を受ける危険のある国へ難民を追放、送還してはならないという原則を守り、ロヒンギャをミャンマーに送り返すことはしていない。しかし、難民の定義も、難民にどのように対応すべきかという法的枠組みも政策も存在しない。今回のロヒンギャの漂流問題をうけて2016年の末に大統領令が新たに発表されたが、実際の難民の扱いについては現場レベルに任されている。マレーシアやタイも、難民に対応する国内法は定まっていないため、不法労働者として取り締まるか、ロヒンギャがいても見て見ぬふりし、事実上働くことを容認しているような状況だ。

多くのロヒンギャは、仕事を求めマレーシアもしくはオーストラリア行きを望んでいるという。ASEANの他の諸国はトランジット、つまり一時的に滞在する場所という位置づけだ。アチェ州のブラン・アド村のキャンプで見たように、キャンプ内で安全は確保され、生きていく糧は得られる状況で過ごすより、ミャンマーの家族に仕送りしようと働ける場所を求めているのである。ここで大きな問題は、文字が読めないこともあり情報が非常に限られており、人身売買組織に騙され、マレーシアに渡ってもひどい人権侵害を受けている場合があるということだ。ロヒンギャは人身売買組織に多額の借金をして非正規ルートでマレーシアに渡らせてもらうが、借金を返すだけではなく、約束と違い賃金も支払われず半奴隷のような状況で働かされているケースもあるという。パームプランテーションや建築現場など3Ds（Dirty, Dangerous and Demanding/Difficult）と呼ばれる仕事を請け負っているロヒンギャは、マレーシアを中心にASEAN各国に数多く存在するのだ。ASEAN各国に住むロヒンギャの子どもたちも増えている。例えば、マレーシアでは、2016年6月の段階でUNHCRが把握しているだけで13万7000人のロヒンギャがいるとされているが、マレーシアのNGOスタッフの話ではその倍の数か、それ以上のロヒンギャがマレーシアで生活しているという。また、多くのＮＧＯがロヒンギャの子どもたちが学べる環境を作っているが、政府が認めた学校ではないため、大学には行けず、また身分を証明するものもないため再び３Ｄｓと言われる職業にしかつけないという。人権侵害のケースに対応し、子どもたちへの教育を支援するなど様々な支援をＮＧＯが行なっているが、国も、ＡＳＥＡＮのような地域組織も一体となって今回のロヒンギャ問題にどのように対応するのか、さらなる検討が必要である。

このように、ミャンマーにおいて根本的な問題が解決しなければロヒンギャが隣国バングラデシュに難民化するだけではなく、ＡＳＥＡＮ諸国に低賃金労働者として今後も様々なルートで渡ってくる。２０１８年末にも、木造船に乗って漂流しているロヒンギャ20名がインドネシアのアチェの漁師に保護されている。ミャンマーでの反ロヒンギャ感情は止むことはなく、ミャンマーでの問題解決には時間がかかりそうだ。ＡＳＥＡＮ諸国の国々で生活するロヒンギャの多くは、自らを証明するための書類すら保有しておらず、非常に脆弱な状況で低賃金労働者として働き生活している。人身売買組織の取り締まりの強化も急務だ。ミャンマーでも迫害され、周辺国でも招かれざる者として生活しているロヒンギャの人々を、どのように受けいれ、人間らしい生活を送れるよう守っていくべきなのか課題は尽きない。

【堀場明子】

ほりば　あきこ
笹川平和財団アジアの平和と安定化事業グループ主任研究員

アチェのキャンプで生まれたロヒンギャの子ども

タイのロヒンギャ——国軍・人身売買・メディア

＊注：本稿は、国士舘大学政経学部紀要『政経論叢』第185号（平成30年第4号および令和元年第1号合併号）に掲載された拙著「タイにおけるロヒンギャ人身売買問題」を抜粋したものである。

1 軍部関与の衝撃

２０１７年７月19日、タイの刑事裁判所（第一審）で重大な判決が下った。ロヒンギャなどの人身売買に関与したとして、元陸軍中将を含む62人の有罪が確定したのである。軍事暫定政権下のタイだからというわけではなく、文民統制が働いているときにおいても軍の将官クラスの人間が公に断罪されることは珍しい。地方で政治的影響力を持つ実力者とブローカーとの間で莫大な金銭が動いていた事実は世間の耳目を集める結果となった。

ロヒンギャ問題で、タイ軍部が最初に注目を浴びたのは２００９年のことである。同年１月26日にＣＮＮが報道した、ロヒンギャを乗せた老朽化した船を「タイ国軍（Thai armyとしているが海軍を意図する記述）」の船が曳航する光景をおさめた写真は、世界に衝撃を与えた（CNN 2009/01/26）。曳航したあと海上でロープを切り離し、ロヒンギャを乗せた船を見棄てたからである。この「海上置き去り事件」は２００８年12月に起きた。ロヒンギャが乗船するマレーシアを目指す船が、タイの海軍（水上警察とも言われる）に拿捕されたことに始まる。ロヒンギャたちはタイ沿岸部で拘束された後に、銃口で脅され船に乗せられ、最終的には沖に押し出されたというのである。放置される前に渡された水と食料は少量であり、10日間海上を漂流して生き延びたロヒンギャが後日明らかにした。

この事件が明るみに出た後、国内外のメディアがタイの軍と警察の動向を注視し始めた。また国際ＮＧＯは、不法入国者に対する人権を軽視した、タイ政府の難民（タイでは避難民扱い）管理体制について疑義を呈するようになった。国際社会の目がタイの軍、警察、政界に注がれるようになり、結果として２０１７年の判決に至ったわけである。国軍の重要役職に就く人物が、人身売買という違法かつ非人道的な所業に直接的に関与していた事実が発覚することになったのは、そのような背景がある。

有罪判決を下された元陸軍中将の名はマナット・コンペン（Manas Khongpaen）といい、かつて陸軍第42軍管区（ソンクラー県、パッタルン県、サトゥーン県）の司令官を務め、そして国内治安維持部隊（Internal Security Operations Command）第4管区（チュンポーン県、ラノーン県、ソンクラー県、サトゥーン県、ヤラー県、パッタニー県、ナラティワート県）の第1特殊部隊（ラノーン県）を率いていた。管区に属するいずれの県もタイ南部であり、とりわけマレーシア国境およびミャンマー国境と接する地域で権力を握っていたことになる。その他、軍人以外にも元県自治体長など複数名の役人や警察官がロヒンギャの人身売買

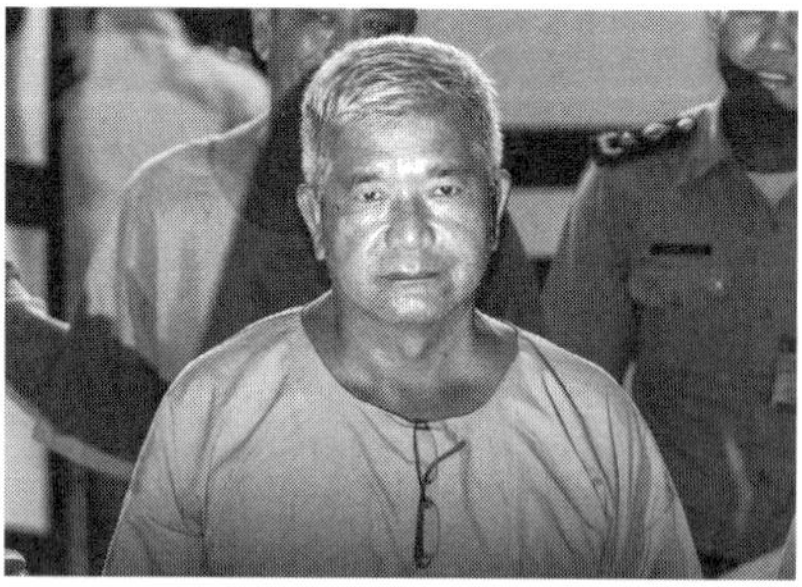

マナット・コンペン（写真提供：ロイター/アフロ、記事：2017年7月19日、撮影：2015年11月10日）

に関わっていた事実はタイ市民を震撼させた。彼らの悪事が白日のもとにさらされる大きな契機となったのは、ジャーナリストたちによる記事であった。

本稿では、タイのロヒンギャ難民について、マレーシアを目指す途上で捕まった人々を中心に取り上げる。主にジャーナリストと人権団体が発表した記事に基づき、タイの水上警察や海軍によって逮捕されたロヒンギャが、どのような扱いを受けてきたのかを明らかにする。そして、プーケットのウェブサイト上から発信され続けたロヒンギャ情報が、いかにして国際社会の目にとまり、国軍による人身売買関与の露呈に結びついたのか、その過程を描く。最後に、タイにおけるロヒンギャ問題について、軍事暫定政権下の言論統制の動きと絡めて若干の考察を加える。

2 インド洋の南下

船に乗ったロヒンギャがインド洋で頻繁に「発見」されるようになったのは、２００６年の年末ごろからである。アンダマン海を渡りタイ経由でマレーシアを目指すロヒンギャが急増したためである。人権ＮＧＯアラカン・プロジェクトのクリス・レワ（Chris Lewa）氏は、その背景について次の三点を指摘する。(1)長らくロヒンギャの主要な渡航（密入国）先であったサウジアラビアにおける入国規制が厳しくなったこと。(2)それまでサウジアラビアへ渡航するためにブローカーを介してバングラデシュ人パスポートを違法調達していたが、２００５年を境にそれが困難になったこと。(3)２００６年８月にマレーシアがロヒンギャの居住や労働許可の登録手続きを開始したこと（Chris Lewa. 2008. Asia's New Boat People *Forced Migration Review* (30), pp. 40-42）。

なお２００５年は、イギリス・ロンドンとインドネシア・バリ島でイスラーム過激派による爆破事件が起きている。世界規模でムスリムに対する査証発行や入国に関する規制が強化されるなかで⑴と⑵の出来事が生じたととらえられる。⑶の手続きは詐欺疑惑が発生したためすぐに停止となったが、この噂はラカイン州北部とバングラデシュにいるロヒンギャの中で瞬く間に広まった。中東への「逃げ道」を絶たれた閉塞的な状況の中、⑶の知らせはロヒンギャの目に、生存のための一筋の光明として差し込んだに違いない。マレーシアが経済面で比較的豊かであり、不法就労であれ高い賃金を望めたこと、またムスリムが多数を占める「イスラーム国家」であることも、ロヒンギャの移動の動機付けとなった。

２０１１年に発表されたデンマーク入国管理局の報告書によると、ロヒンギャが不法越境する際、ミャンマー・ラカイン州からバングラデシュまでの移動に50から１００米ドル――高い場合でも３００米ドル以下――がブローカーに要求されるという。また、マレーシアへ渡るには５００米ドルが必要となる。その他にも、密航ルート通過中に各所の役人に支払う賄賂まで用意しなければならない。ロヒンギャの中には、土地や家畜を売り払うことで多額の現金を捻出し、息子を１人だけ密航させる家庭も見られる（Danish Immigration Service 2011 *Rohingya Refugees in Bangladesh and Thailand*, pp. 42-44）。前出のクリス・レワ氏によると、ラカイン州北部やバングラデシュからタイ南部沿岸までの密航に３００米ドル未満が、最終目的地であるマレーシアまでの密航に７００米ドルから１千米ドルがブローカーに求められるという。ともあれ、ミャンマーで公的な身分を確保できないロヒンギャが支払うには大きすぎる額と言える。全財産を叩いてでも一縷の望みにかけて、安住の地を求めて南を目指すのである。

アラカン・プロジェクトの推計によると、２００６年10月から２００８年３月中旬までの約1年半の間に、８０００人を超すロヒンギャが主にバングラデシュからタイへ、そしてマレーシアへ向かったという。特に11月から4月までの北東モンスーン期はアンダマン海が穏やかとなり、航海に適した季節となる。いわゆる乾季である。タイ海軍のスポークスマンが、２００８年12月5日から13日までの約１週間に、５７６人のロヒンギャを乗せた５隻の船を拿捕したと伝えたことからも、インド洋の南下が乾季に集中しているのが分かる（Chutima Sidasathian. 2008 'Starving' Boatloads: Phuket Call for UN Action *Phuketwan*（2008/12/17）。この時期に多くのロヒンギャがブローカーを介して船に乗り込み、南方へ旅立つ。とはいえ、アンダマン海はインド洋の一部となる大海である。乾季でも急な天候の変化で海が荒れることもある。しかも、ロヒンギャが乗る船は沖に出るにはあまりにも小さく、経年劣化が著しいものも多い。

２００７年12月25日には、およそ２４０人のロヒンギャをマレーシアへと運ぶ密航船（トロール漁船1隻と乗合船２隻）がベンガル湾で沈み、およそ１６０人が溺死したと見られている。その翌週には、ミャンマー海軍によって船が沈められ、１５０人が命を落とした。２００８年３月3日には、エンジン故障のためインド洋を22日間漂流していた船がスリランカ海軍によって救出されている。助かった71人のうち多くはロヒンギャであった。こうしたロヒンギャを乗せた船の事故件数が目立つようになったことからも、マレーシアを目指す者が後を絶たなかったと想像できる。２００５年末までに国連難民高等弁務官事務所（ＵＮＨＣＲ）の駐マレーシア・クアラルンプール事務所で仮保護登録されたロヒンギャは1万1千人に過ぎなかったが、２００６年の終わりから劇的に増えたことからもマレーシアへの渡航希望者が多く存在したのがわかる（Sophie Ansel et al., 2013. *Stateless Rohingya: Running on Empty*, p. 66）。

２００８年からは、マレーシアに到達したロヒンギャの中には、タミル人、クルド人、アフガン人の先例にならってオーストラリアまで移動する者もあらわれるようになった。彼らはまずクアラルンプール、ペナン、またはジョホールバルを出発して、インドネシアのスマトラ島メダンに渡る。そこから西ティモールへ向かうのだが、二つのルートがある。一つはジャワ島経由で主に陸路を用いるルート。もう一つはスラウェシ島経由で海路を辿るルートである。西ティモールからはブローカーが用意した小船に乗ってアシュモア・カルティエ諸島に南下し、オーストラリア軍に逮捕された後にクリスマス島の仮収容所

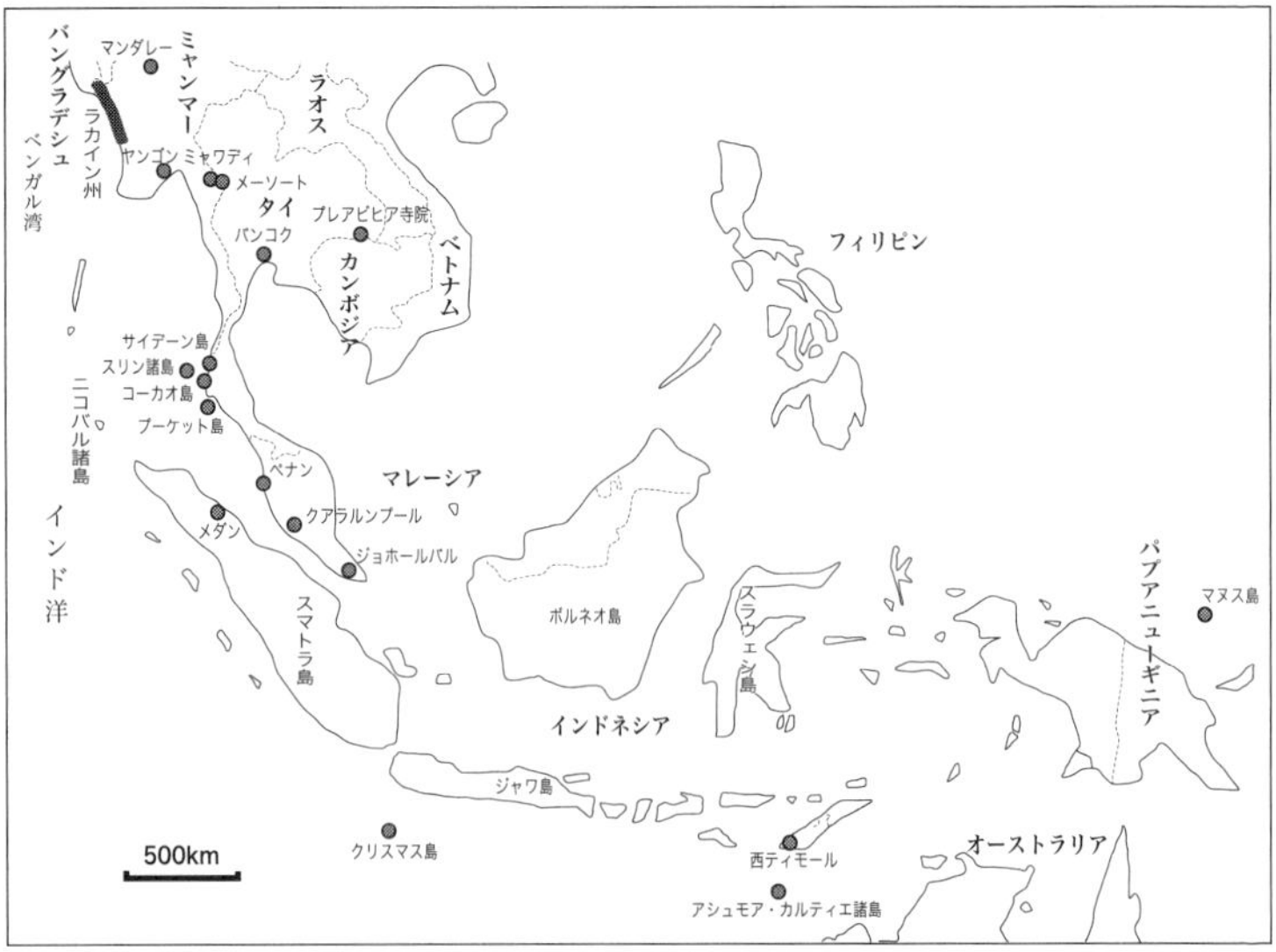

ロヒンギャ関連地図（本稿に登場する主な地名）

へ移送される（Sophie et al., *op. cit*., p. 31）。一部のロヒンギャはクリスマス島で抑留されてからパプアニューギニアのマヌス島にある仮収容所に運ばれるという（BBC 2017/09/20）。いずれにせよ、ロヒンギャのインド洋南下の避難路ネットワークにおいて、マレーシアが重要な結節点の一つになっている。

３急増するロヒンギャへの対応

運よくマレーシアまでたどり着いたロヒンギャもいるが、道半ばにして断念せざるを得ない者も多い。海を越えてつながるバングラデシュとマレーシア、あるいはミャンマーとマレーシアの間に位置するタイで足止めを食うロヒンギャが多数いるのである。

タイ当局によるロヒンギャへの対応は、⑴ヘルプ・オン政策と⑵プッシュ・バック政策の二つに大きく分かれる。⑴ヘルプ・オン政策とは、海上で船を一旦停止させた後、タイ本土に上陸しないことを条件として、必要とあれば水や食料、それにガソリンも与えてインド洋南下を黙認するというものである。タイ政府が対外的な反応を気にかけた、極力波風を立てないための方策である。その一方で、⑵プッシュ・バック政策とは、海上で拿捕した後に仮収容所に入れ、最終的にはミャンマーへ帰すというものである。

⑵は陸路と海路が存在する。陸路の場合、ロヒンギャをタイ南部からタイ北部ターク県のメーソート郡へ移送させた後、国境を接するミャンマー側の街ミャワディへ追放する。ところが実際には、ブローカーを介して入国係官に賄賂を渡すことでメーソートに滞在し続けたり、自力

でタイに戻ったりするロヒンギャがほとんどである（山田美和２００９「アンダマン海を南下するロヒンギャ――移民・難民・人身取引・無国籍」『アジ研ワールドトレンド』16(1)。ミャンマーへの「プッシュ・バック」がすすまないのは、メーソートが従来からロヒンギャによって使用されてきた避難ルートの途上に位置するため、ロヒンギャ・コミュニティがすでに形成されていることも影響している。１９９０年代にメーソートへやって来た当時14歳のある少年は、ミャンマーからバングラデシュへ逃避した後にインドへ、さらにミャンマーのマンダレーへ渡ったという。そこでブローカーを通じてマンダレーからヤンゴン、そしてメーソートへ運ばれた。そうしてメーソートにたどり着いたロヒンギャの中には、さらにバンコクへ移動し、ロティ（甘いクレープ菓子）売りで生計をたてる者もいる（Equal Rights Trust and Institute of Human Rights and Peace Studies, Mahidol University 2014 *Equal Only in Name: The Human Rights of Stateless Rohingya in Thailand*, pp. 40-41）。

海路は冒頭で紹介したように、拿捕後は特定の島（ラノーン県のサイデーン島といわれている）で拘留し、わずかばかりの食料を持たせてエンジンなしの船に乗せて海上で棄て去るというものである。このタイ当局による非人道的な政策はしばしば「柔らかな国外追放（soft deportation）」と言及される。２００９年（事件は２００８年発生）に海外メディアによって広く知られるようになった海路の「プッシュ・バック」は、その後も続けられたことが分かっている。２０１０年１月には、91名のロヒンギャを乗せた船がインドのニコバル諸島で、１２９名のロヒンギャ

2008年12月、スリン諸島にて撮影　タイ王国海軍がChutima氏に提供した写真

を乗せた船がインドネシア領海で漂流しているところを両国の当局に発見された。いずれの船もタイ国軍の「プッシュ・バック」によって海上を彷徨していた。

こうしたプッシュ・バック行為は、過去のタイ国軍の姿とそっくり重なる。例えば１９７９年6月、タイ陸軍は40万人以上のカンボジア人避難民を、地雷原広がるカンボジアへ追い返したことがある。この結果、３０００人以上が犠牲になったと言われている。ちょうどカンボジアが、ベトナムと中国を巻き込んで政情不安定な状況にあった時期である。１９７０年代後半はタイ国境に避難キャンプが設けられ、多くのカンボジア人が避難していたのである。この事件が起きた場所は、断崖絶壁に建てられたプレアビヒア寺院（タイ側の呼称はカオプラウィハーン）であった。数十万人のカンボジア人が否応なくこの崖から降ることを強要され、そして地雷によって命を落としたと言われている。この時もタイ国軍は国際世論から叩かれることになった。

主に国際機関によってプッシュ・バック政策が徐々に暴露されるようになる２０１２年ごろ、から、タイ当局は新たな政策へと舵を切るようになる。単に国際的な監視の目がタイに注ぎこまれるようになったからではない。政策見直しの背景には、２０１２年6月にロヒンギャ住民と仏教徒住民との間で発生した大規模な衝突後に、インド洋南下を試みるロヒンギャが急増したことがある。２０１２年6月から２０１４年4月の間だけでも、ロヒンギャを主とするおよそ8万6千人――２０１２年6月から12月にかけて1万6千人以上、２０１３年に5万5千人、２０１４年1月から4月にかけて1万5千人近く――がマレーシアを目指して船に乗り込んだと見られている（Charlie Campbell 2014 U.N.: 86,000 Rohingya Have Fled Burmese Pogroms by Boat, *Time*）

(2014/06/12)。また、２０１２年6月から２０１４年6月までの2年間で9万4千人という推計もある（Equal Rights Trust and Institute of Human Rights and Peace Studies, Mahidol University *op. cit.*, p. 37）。つまり、タイ領海域で遭遇する膨大な数のロヒンギャに対して、ヘルプ・オン政策も大胆なプッシュ・バック政策もとりにくい状況に陥ったと考えられる。

新たな政策は２０１３年の初めに開始された。海上で捕らえたロヒンギャに対して、６カ月間の一時的な人道的支援と保護を保障し、その間に彼らの受入先確保を含めた対応策を練るというものである。ところが実際には、構想どおりにロヒンギャを守ることはできなかった。まず、家族離散という状況をもたらした。ロヒンギャ男性はタイ警察によって仮収容所に入れられる一方、ロヒンギャ女性と子どもは社会開発・人間安全保障省によって避難施設に収容された。また、間断なくタイへ流入するロヒンギャに対して、彼ら全員を保護できるだけの十分な施設は用意できず、結果として国家権力によるプッシュ・バック政策も同時並行で実行されていた。２０１４年2月にも、タイの警察中将がメディア関係者に対して「（タイ領海で拘束したロヒンギャを）一度につき１００人から２００人を追放している」と語っている。同月にタイ当局がプッシュ・バック政策によってミャンマーへ追放したロヒンギャの数はおよそ１３００人にのぼると見られる（Charlie Campbell. 2014 Thailand Sends 1,300 Rohingya Back to Hell *Time*）（2014/02/14）。

4 ジャーナリズムの危機

タイ当局の強権的な対処法がもたらす家族離散や国外追放という事態は、国内外のメディアによって盛んに報道されるようになる。最終的には、国軍のロヒンギャに対する暴力や人身売買、さらには殺人への関与までも指摘する報告がなされるようになった。特に大きなきっかけをつくったのが、オーストラリア人男性とタイ人女性のジャーナリスト２名によってウェブ上で発信され続けた、ロヒンギャの英文記事である。オーストラリア人ジャーナリストの名はモリソン氏（Alan Morison）、タイ人ジャーナリストの名はチュティマー氏（Chutima Sidasathian）である。モリソン氏はオーストラリア、イギリス、香港でジャーナリストとしてのキャリアを積み上げた後、２００２年にプーケットへ移住して『プーケット・ガゼット（Phuket Gazette）』という地方新聞を発行する会社で働き始めた。そして２００８年1月1日に編集長として、「プーケット・ワン（Phuket Wan）」というプーケット県の観光促進を目的としたウェブサイトを立ち上げた。そこでは観光客にとって有益なレストラン情報から在留外国人のための求人情報まで得られる、幅広いコンテンツが用意されている。そしてプーケットとその周辺地域で発生した出来事を掘り下げるなかで、チュティマー氏の精力的な調査に基づいてロヒンギャ関連のニュースが取り上げられるようになった。

「プーケット・ワン」上で初めてロヒンギャが取り上げられたのは、２００８年3月28日である。パンガー県タクアパー郡のコーカオ島に上陸したロヒンギャが、住民の通報によってタイ警察に捕らえられたことを伝えた。タイ側の通常の手続きは、ミャンマーからの不法入国者を国境まで送り返すことだが、ロヒンギャは国籍を与えられていないため、ミャンマー側から受け入れが拒否される点を指摘している。それ以降も、冷凍魚を運ぶためのコンテナの中からロヒンギャが54人の死体とともに発見された事件（2008/4/10）、「缶詰の鰯」のようなすし詰め状態でタイ海軍に発見された船上のロヒンギャの話（2008/12/19）、香港の英字新聞に掲載された、在タイ歴25年のロヒンギャ男性がブローカーに金を払いタイで囚われの身になった同胞を助けているという記事の紹介（2009/2/4）、ヘルプ・オン政策実行をめぐるタイ海軍と外務省の相異なる証言（2010/3/22）、トラン県とサトゥーン県で相次いで拿捕されたロヒンギャ船の知らせ（2011/1/22, 2011/1/24）、プーケット県最南端に位置するナイハンビーチでタイ警察に捕らえられた約90名のロヒンギャが、その24時間後には行方不明となったこと（2012/2/27）など、次々と外部に情報を伝えていった。

ロヒンギャ問題を発信し続けた結果、ある日突然タイ海軍の大佐がモリソン氏のオフィスにやって来る。２０１３年12月のことである。その約半年前の7月17日に「プーケット・ワン」上で取り上げたロヒンギャ関連の記事が、タイ刑法第３２８条の「名誉毀損」および２００７年６月にタイで公布された「コンピューター関連犯罪法」第14条第1項に抵触すると伝えられたのである。その記事内容は、「ロヒンギャ避難民の急増に目をつけたタイの海上当局者が、ブローカーと手を組んで組織的に利益を得ていることが、密売業者たちと20数人以上の航海生存者への、ロイターによる聞き取り調査から明らかとなった」というものである（Jason Szep and Stuart Grudgings. 2013 Special Report: Thai Authorities Implicated in Rohingya Muslim Smuggling Network *Reuters*）。また、ブローカーに手を貸すかわりとして、海上当局者はロヒンギャ１人につき2千バーツ（約7千円）を、警察はロヒンギャ１人につき5千バーツ（約1万7千円）ないし1隻（１００人乗船）

に対し50万バーツ（約170万円）を要求するという、具体的な記述まで含まれていた。この7月17日の記事内容は、同日にロイターの記者2名がスペシャル・リポートとしてインターネット上で公開した文章を紹介したものだった。ロイターによるロヒンギャ関連の記事の中でも衝撃的な記事内容であり、記者の1人であるジェイソン氏（Jason Szep）はその他の一連のロヒンギャ報道も評価されて2014年のピューリッツァー賞（海外報道部門）を受賞している。タイ海軍は「プーケット・ワン」で紹介された記事内容は事実無根だと主張し、虚偽報道をインターネット上で発信した2人を罪に問うたわけである。そして2013年12月16日、タイ海軍はモリソン氏とチュティマー氏の2人、そして「プーケット・ワン」サイトを運営するビッグ・アイスランド社を告訴した。この時、モリソン氏は65歳、チュティマー氏は31歳であった。

それまで「プーケット・ワン」ではタイ海軍の協力のもと、ロヒンギャにまつわる数多くの写真や情報を入手してきた。とりわけチュティマー氏には懇意にする海軍関係者がいたこともあり、寝耳に水の出来事だったようである。しかも、記事発信の大本であるロイターは告訴されることのない一方で、それほど規模が大きいわけでもない地方発の一介のウェブサイトが海軍の標的にされたのである。世界的に見れば極小のウェブサイトであるにもかかわらず、この出来事は世界中のメディア機関と人権団体の目にとまった。2013年12月19日には東南アジア報道連合（SEAPA）から、同月27日には国連人権高等弁務官事務所（OHCHR）から異議申し立てがなされた。今般の海軍による告訴は無知蒙昧の徒がなす行為であり、報道の自由を妨げる国家権力からの脅威である。そのためタイ政府は一国も早く海軍による起訴を取り下げるよう注意喚起したのだった。その後も、２０１５年6月30日に国際ペンクラブ（ＰＥＮ）が、軍事暫定政権下におけるプーケット在住ジャーナリストに対する不当な扱いを危惧する声明を出している。同年7月9日には、国際人権連盟（ＦＩＤＨ）、ヒューマン・ライツ・ウォッチ、アムネスティ・インターナショナル、国際人権連盟（ＦＩＤＨ）、東南アジア報道連合、人権と発展のためのアジア・フォーラム（FORUM-ASIA）、人権のためのアセアン議員連盟（ＡＰＨＲ）、国際法律家委員会（ＩＣＪ）、世界拷問防止機構（ＯＭＣＴ）の八団体が共同でプラユット首相に書状を送り、起訴取り下げを要求した。

これら外部からの圧力が奏功したかどうかは不明だが、２０１５年9月1日の判決は公訴棄却となり、２人の無罪が言い渡された。この時の判決で要となったのは、ロイターが書き「プーケット・ワン」が引用した「タイの海上当局者（Thai naval security forces）」の解釈だった。海軍はこの記述を自らのことだと認識して裁判を起こした。ところが裁判所の判断によると、海軍は「Naval Forces」の一つではあるが、本来は「Royal Thai Navy」であり、記事に書かれた当局者は必ずしも海軍を名指ししたものではないとのことだった。

「プーケット・ワン」をめぐる訴訟は一旦これで終焉に向かうのだが、この国際社会を巻き込んだ立て続けの出来事は思わぬところで波及効果を見せた。それは、タイ政府による本格的な内部調査が開始されたことである。２人のジャーナリストがロヒンギャ問題を発信し続け、海

2015年9月1日撮影、左がチュティマー氏、右がモリソン氏（Chutima氏提供）

外のジャーナリストも関与することで国軍による人身売買問題が「露見」し、人権団体による強力な圧力がタイ政府にかかった結果である。裁判がすすめられている時期にもブローカーの摘発が実施され、タイ南部の森の中からロヒンギャと見られる数十人の死体が掘り出され、原因究明のため軍部にもメスが入ることになった。そして２０１５年６月以降、冒頭で紹介した元陸軍中将マナット・コンペンを含む人身売買関与者に対して逮捕状が発付され、２０１７年７月の裁判結果へとつながっていった。

5 強まる言論統制の中で

２０１８年9月10日、外国人ジャーナリスト主催のロヒンギャに関するパネル討論がバンコクにて開催される予定であった。しかし、突如警察が会場に現れて中止に追い込まれる事態となった。この討論のテーマは、「ミャンマーの軍部高官ははたして国際法の裁きを受けるのか（Will Myanmar's General Ever Face Justice for International Crimes）」であり、前月の国連による「ミャンマー軍高官はロヒンギャ大虐殺の罪に問われるべき」との指摘を受けて設けられたものである。より正確には、国連人権理事会が設置した国際調査団が発表した報告書に記載された指摘で、ミャンマー国軍最高司令官を含む幹部６名を名指しして国際法廷で裁くよう求めるものであった。

２０１４年のクーデターによりプラユット*首相を議長とする国家平和秩序評議会（The National Council for Peace and Order: NCPO、いわゆる軍事暫定政権の名称）が樹立してからというものの、タイでは言論統制の動きが強まってきている。メディアに対する規制は如実であり、国際人権

＊プラユット・チャンオチャ（Prayuth Chan-ocha、1954〜）

ＮＧＯヒューマンライツナウ（ＨＲＮ）は「ＮＣＰＯはタイ国内での人権侵害を直ちに停止すべき」との声明文を出している。そこでは、すべてのメディアによる表現の自由が著しく制限されている点が指摘されたり、５人以上の政治的な集会を禁止する宣告に対して懸念が示されたりしている。

実際、２０１７年７月に筆者も参加した第13回タイ研究国際会議（The 13th International Conference on Thai Studies）後には、同会議の学術委員会議長を務めたチャヤン氏（Dr. Chayan Vaddhanaphuti）をはじめとする５名の出頭命令が下された。「５人以上の政治的な集会」を組織した罪を問うためである。チェンマイで開催されたこの会議には国内外から１２２４人が参加しており、パネルの数も１７４にのぼった。発表の中にはＮＣＰＯに触れるものも含まれており、批判的な見解も見られた。会議最終日にマスコミの前で行なった、ＮＣＰＯに対する自由な学術活動の回復を求める共同声明は、翌日の新聞でも大きく取り上げられた。そのためＮＣＰＯは、学術活動においても言論統制を敷こうと試みたと考えられる。

上記したロヒンギャに関するパネル討論は、タイ軍部の責任を問うものではない。それにもかかわらず、開催中止に追い込んだ理由は何だったのだろうか。大きな理由として、プラユット軍事暫定政権下で順調に進むミャンマーとの経済的紐帯関係に亀裂を入れたくないという思いがあるだろう。２０１８年６月14日には、ミャンマーのウィン・ミン大統領*がタイを訪問し、両国を結ぶ「東西経済回廊」と「南部経済回廊」という国際幹線道路の整備を推進し、両国の経済発展を促進させることで合意している。また、国軍が政治権力を握る点で両国は似たもの

*ウィン・ミン（Win Myint、１９５１〜）

同士であり、両政府は国際的な居心地の悪さを共有している。できるかぎり内政不干渉を貫き、タイ政府として不用意な対立は避けたい考えもあるだろう。

しかし「プーケット・ワン」をめぐる出来事の一通りの経過を知るにつけ、それだけが理由ではないように見える。つまり、市井の民の声を恐れているのではないだろうか。その声を代表するものの一つが学者であり、そして何よりもジャーナリストである。メディアを通じて発信される情報は、インターネット上に載せられた時点で、（多くの場合）国境を越えて伝播し拡散し続ける。特定の情報が国際社会を動かし、タイ政治を揺り動かす可能性がある。タイ国軍関与のロヒンギャ人身売買問題は、「言論は武力に勝る」余地がタイに残されていることを思いがけずわれわれに教えてくれたのである。そうではあるが、楽観を許さない状況にあることは変わらない。最後に、２０１８年10月４日にチュティマー氏から筆者に送られてきたメールの一文を紹介し、本稿を閉じることにしたい。

> タイでは、ロヒンギャ問題解決に向けて真剣に取り組む人々がいますが、彼らは国軍の影響力を強く受けています。軍人は法律に則した制裁はもちろんのこと、超法規的措置を駆使して脅迫し、恐怖を植えつけてきます。（中略）（軍をめぐる）問題はいまだ解決できないままなのです。

【鈴木佑記】

すずき　ゆうき
国士舘大学政経学部准教授

パキスタンのロヒンギャ——ムスリム同胞から孤立化へ

はじめに

ミャンマーにおいてロヒンギャに対する迫害が強化される度に、隣国バングラデシュを中心に東南アジア諸国をはじめとする周辺諸国へ大量の難民が発生し、域内のみならず国際的にも大きな問題として取り上げられてきた。ロヒンギャ難民の数は常に変化しているが、実はパキスタンにもミャンマー、バングラデシュに次ぐ数のロヒンギャの人々が暮らしていることはあまり知られていない。１９４７年８月に南アジアにおけるイスラーム教徒、すなわちムスリム国家としてイギリスから独立し成立したパキスタンは、インドを挟む形で東パキスタンと西パキスタンという領域が離れる形で構成されていた。しかし、東西両パキスタン間では民族・言語問題を中心とした政治対立が激化し、東パキスタンの独立運動とこれにインドが介入する形で生じた第三次印パ戦争の結果、１９７１年にバングラデシュが独立し、元々の西パキスタンが現在のパキスタンとして存続し、現在に至っている。

パキスタン自体がムスリム国家を国是として成立したこと、およびロヒンギャの居住するミャンマー北西部と隣接するバングラデシュ、すなわち東パキスタンを含んでいたことという歴史的経緯などから、同国内にロヒンギャたちが多く居住していることは必然とも言える。ただ、居住者数の多さに比してその実態はほとんどよく分かっていない。ここでは、パキスタン国内で発行されたウルドゥー語・英語の新聞記事や、関連する論考の分析を通じて、パキスタンとロヒンギャの関係について考察し、ロヒンギャについての多面的理解を深める一助としたい。

1パキスタンとロヒンギャ関係小史

ロヒンギャとパキスタンとの関係は、パキスタン成立以前の段階に遡ることができる。そもそも、イギリス統治下のいわゆる英領インド期には、ロヒンギャに限らず現在のミャンマーのムスリムたちの大多数にとってウルドゥー語がイスラームを学ぶ媒介言語であった。したがって、ウルドゥー語を学んだ上で、さらにインド北部のデーオバンド学院やラクナウなどのイスラーム学院、すなわちマドラサでイスラームについて深く学ぶという状況が見られた。カラチに移住したロヒンギャたちに対する聞き取り調査を行なった研究によると、幼少の頃よりウルドゥー語を学ぶとともに、パキスタン建設運動が高揚した時期には、自らの領域がパキスタンに包摂されることを望んでいたとする人々も存在していたという。実際に、ロヒンギャのウラマーの一部は、パキスタン成立直前の１９４６年に全インド・ムスリム連盟の指導者で、現在もパキスタンでは「偉大な指導者」との称号で呼ばれるムハンマド・アリー・ジンナーと接触した上で、「北部アラカン・ムスリム連盟」を結成し、東パキスタンにロヒンギャの居住する地域を併合するように打診している。この提案をジンナー側が明確に拒否したことで、併合構想は実現することはなかったが、少なくとも当時パキスタンへの併合を計画したロヒンギャ指導層が、イギリス統治下に置かれたという共通の歴史的経験とともに、ウルドゥー語を通じた広域的な南アジアのイスラーム圏の中に、自らを位置付けて捉えていたことは疑いない。

１９６２年にビルマにネ・ウィン軍事政権が成立すると、ロヒンギャは公職へ就くことが困難となり教育機会についても門戸が閉ざされるなど、厳しい状況に直面した。その後、１９７６年から軍事政権によるさらなる弾圧を受けたことで、数十万人ものロヒンギャの人々が難民化し、隣接するバングラデシュやマレーシア、さらにはインドネシアなどを経由する形でビルマ国外に逃れる人々が出始めた。この１９６０～70年代を通じて、パキスタンにも多くのロヒンギャの人々が難民として流入し、東パキスタン（のちにはバングラデシュ）を経由してパキスタン最大の都市である南部のカラチに多くの人々が定住することとなり、現在では25万人以上のロヒンギャがカラチに暮らしていると推定されている。カラチは元々小さな漁村であったが、イギリス統治期に中心地が整備され、パキスタン成立前後にインドから大量のムスリム避難民などが流入するなどしたことで、現在では２０００万人以上が生活するメガシティとし

ムハンマド・アリー・ジンナーの廟（カーエデ・アーザム廟）

て飛躍的に人口の増加した「移民」の都市である。そのカラチに居住するロヒンギャたちも工業地区に隣接するいくつかの地区を中心に集住している。また、パキスタンの初代陸軍総参謀長であり、１９５８年のクーデターで権力を掌握して大統領となったアイユーブ・ハーン*は、パキスタン成立前、英領インド軍の軍人として第二次世界大戦中にビルマに配属され日本軍と戦った経験を有していた。このビルマとのつながりに基づき、アイユーブ・ハーンはロヒンギャ受け入れに積極的であったということも、この時期にロヒンギャの人々がパキスタンに数多く流入した一因であったと考えられる。

カラチに移住したロヒンギャの人々に対する聞き取り調査によると、教育を受けたロヒンギャの人々は当初移住を、イスラームの預言者ムハンマドによる布教活動の原点とも言えるヒジュラ（聖遷）になぞらえていたようである。そのため、自分たちはヒジュラによって移住したムハージル（避難民・移住者）であると考えており、まさにムスリム国家としてのパキスタンにムスリムであるロヒンギャの人々が移住することで、新たな生活に踏み出すという、ある種の希望的観測が存在していた。また、ズィヤーウル・ハック期*（１９７８〜88年）にパキスタンへ移住したロヒンギャに対するインタビュー調査によると、当時の入国過程や受け入れの雰囲気についての状況が確認できる。ズィヤーウル・ハックは陸軍総参謀長であったが、１９７８年の軍事クーデターにより実権を握り、その後大統領に就任した人物である。ズィヤーウル・ハック期は、パキスタンにおける社会・制度の「イスラーム化」政策が推進された時期であった。また、１９７９年にアフガニスタンの共産政権とそれを支えるソ連軍と、ムジャーヒディー

＊アイユーブ・ハーン（Ayub Khan、１９０７〜１９７４）

＊ズィヤーウル・ハック（Muhammad Zia-ul-Haq、１９２４〜１９８８）

ンと呼ばれるイスラーム諸勢力との間での戦争が始まると、パキスタンは対ソ連戦争の前線基地として位置づけられ、アメリカを中心とする西側諸国から大量の支援が流れ込んだ。加えて、対ソ戦争の当初パキスタンはムスリム同胞として、アフガニスタンから大量の避難民受け入れを歓迎していた。このような事情と国内のイスラーム化政策の影響もあり、バングラデシュやミャンマーからのムスリム移民は、パスポートや身分証明書類を提示することなく、単に「ムスリムである」ということを国境で告げるだけで、パキスタンへの入国を許可されたという証言もある。このように、当時のパキスタンが置かれていた国内外の時代環境が、大量のロヒンギャ難民受け入れということにつながった。ただ、バングラデシュと異なり、旧東パキスタン領域外からのロヒンギャ難民の流入は、後述するＩＤカード取得問題に直結し、世代を超えて現在に至るまで長期間にわたって続く、ロヒンギャの人々が直面する問題の源泉となった。

②パキスタンのロヒンギャたちの直面する問題

現在カラチを中心にパキスタンに定住しているロヒンギャたちは、すでに故郷からの「移民」から50年以上が経過したことで、パキスタンで生まれ育った世代がその大半となっている。しかし、パキスタンに居住するロヒンギャの多くは法的保護を得るためのパキスタン市民権取得ができず、身分証明ができないことにより教育機会や医療や福祉などへのアクセスが制限されるなど、極めて困難な立場に置かれている。これは、ロヒンギャの人々を社会インフラから除外するとともに、パキスタン社会からの孤立化を深めることにもつながっている。具体的には、パキスタンでは自らの身分証明を行なうためのＩＤカードを提示することが様々な場で必要となるが、特に２０００年以降にＩＤカードが国立データベース登録局National Database Registration Authority（ＮＡＤＲＡ）により電子化され、その重要性が飛躍的に高まると、ロヒンギャたちは深刻な問題に直面することとなった。パキスタン市民権法では、⑴１９５１年までに旧英領インド領内から移民した者、もしくは、⑵バングラデシュ独立が決した１９７１年12月16日以前に東パキスタンを含む旧パキスタン領内から移民した者、または、⑶旧東パキスタン出身であるが１９７１年12月16日までに帰還することができず、同日以降１９７８年３月18日までにパキスタンに移民した者、以上三種に分類される移住者に対し市民権が付与されると規定されている。そのため、旧東パキスタン出身のベンガル人と異なり、パキスタン域外出身のロヒンギャは市民権付与の対象外であり、自らの出自を偽る形でなければＩＤカードは取得できず、官吏への賄賂などの非合法手段にてＩＤカードを取得していた。しかし、ＩＤカードの電子化により、現状では新規ＩＤカード取得や更新は不可能である。したがって、ＮＡＤＲＡによりＩＤカードを発行されない状況が子どもや孫など世代を超えて引き継がれることで、ロヒンギャの人々は高等教育・医療機関へのアクセスを遮断されると同時に、公職を含め教育・福祉・専門職などに就く機会が極度に制限される状況が固定化されてしまっている。推計では、パキスタン国籍を有しているロヒンギャは全体の５％程度であり、圧倒的多数が市民権を持たずＩＤカード保有資格がないという深刻な状況である。

ロヒンギャの人々は故郷では「バングラデシュから来た不法移民ムスリム」と規定されて迫

害を受けたが、「移民」先のパキスタンにおいても当初はウルドゥー語を話すことができないなどの言語の問題に直面した。さらに、世代を経た現在でも他者として社会システムから除外され続けている。そのため、パキスタンに居住しているロヒンギャたちは全体として、現在も経済的に困窮し、社会的にも低い地位に止まらざるを得ない状況に置かれている。当然、劣悪な居住環境や水へのアクセスの悪さなどから、様々な病気への罹患率も高く、必然的に子どもの死亡率も高くなっている。また、学校に通えないことや経済的困窮のため、児童労働が常態化しており、カラチのストリートチルドレンの２割がロヒンギャの子どもたちであるとする調査もある。

カラチの工業地帯の中でも安い賃金で働く人々が多いことで知られる地区にロヒンギャの人々の居住地域が位置している。これは、上述のように、ＩＤカードが発行されないことにより自らの身元を保証することができず、待遇の良い仕事の確保が困難であり、同様の理由により、専門知識を身につけるために必要な高等教育機関での学びの機会を得ることができないという理由に拠る。したがって、安い賃金による単純労働や稼ぎの少ない漁業などに従事しつつ生計を立てているロヒンギャの人々が大半である。身分証明ができないという理由から、警察からの厳しい取り締まり対象となることもあり、漁業活動が禁止されるなどの事例も確認されている。

このように、ロヒンギャはパキスタン社会において孤立した状況にあり、数的にも他の移民たちと比較した場合に過少であった。さらに、バングラデシュ成立に伴い旧東パキスタンから大量の「移民」がカラチに流入した結果、その言語的・文化的類似性もあり、カラチのロヒンギャたちは自らを「ベンガル人」と名乗ることも多い。そのような厳しい状況の中、ロヒンギャ団結機構などがロヒンギャとしてのアイデンティティとコミュニティの維持に努める動きも見られる。

③苦境から過激派・武装闘争へ

このように非常に厳しい経済・社会状況に置かれているパキスタンのロヒンギャたち、特に若者たちの中には、自らの苦境から脱するために、いわゆる「テロ組織」や過激な社会改革思想を唱える団体に参加する者たちもいる。これは、教育機会がイスラームのマドラサに限定されざるを得ないという教育環境とともに、パキスタンが置かれた国際環境の変化とも連動している。１９８０年代には対ソ戦争の前線基地として西側諸国やイスラーム諸国から多額の支援を受けたパキスタンであったが、その後のソ連軍のアフガニスタン撤退により、支援も当然中止されることとなった。さらに、ソ連自体が崩壊するという事態に至り、アメリカをはじめとする西側諸国にとってのパキスタンの重要性は一時的に著しく低下した。巨額の援助停止はパキスタン経済にとって打撃となった上、国内に大量に残された難民は大きな負担と見なされるようになった。また同時に、当初は同胞として難民受け入れを歓迎していた一般市民たちの間でも、次第に長期にわたって自国に滞在し続ける難民を疎ましく思う社会的風潮が醸成されていった。このような国内外の状況変化により、パキスタンに流入した避難民に対する対応は一変し、社会的排除の対象となりつつあった。

加えて、共産主義に対するイスラームの防衛戦争という題目が唱えられた対ソ戦争の際には、サウジアラビアなどアラブ諸国からの「義勇軍」と同様、ロヒンギャの一部もこの戦争に参戦した。このように、パキスタン社会における「異物」として差別・排除された難民としての側面と、戦争による経験、さらにはミャンマー政府によるロヒンギャに対するさらなる弾圧は、故郷のロヒンギャ解放のための武装闘争組織設立の土壌となった。

こうして、ロヒンギャの故郷であるミャンマーのラカイン州解放のための武装闘争組織、アラカン・ロヒンギャ救世軍（ＡＲＳＡ）（旧名は「信仰運動」）が結成された。創設者はパキスタン・カラチ出身のロヒンギャである、アターウッラー・アブー・アンマル・ジュヌーニーである。彼の父親がカラチに移住し、アターウッラーも同地で生まれたが、一家はその後サウジアラビアに移住し、イスラームの聖地メッカで成長した。さらにメッカのマドラサでイスラーム教育を受けたことで、アターウッラーはアラビア語を流暢に話すことができる。ＡＲＳＡの主要メンバーは彼のようにサウジアラビア在住のロヒンギャと考えられおり、アフガニスタンやパキスタンでの「実戦」経験を通じて、戦いの知見を獲得したと言われている。このような経緯から、アルカイダや「ＩＳ（イスラーム国）」などとの関係を強く疑われているが、２０１７年９月にＡＲＳＡが発したビデオメッセージにおいては、一切の関係を否定している。また、ＡＲＳＡの活動を物質的に支えているのは、サウジアラビアをはじめとする中東諸国からの寄付であると言われており、この支援構造はアフガニスタンにおける対ソ戦争時の状況と非常に似通っている。

　このように、故郷を離れ世界各地に散ったロヒンギャ・ディアスポラの中から、ＡＲＳＡのような武装闘争・ロヒンギャ解放組織が誕生したが、その中でもパキスタンは一定の役割を担っていると言える。

４ パキスタン社会におけるロヒンギャ

　２０１７年８月に生じたミャンマー政府によるロヒンギャに対する大規模弾圧については、パキスタン正義運動党のイムラーン・ハーン*党首（２０１８年に首相に就任）が国連やミャンマー政府を非難する声明を発している。また、パキスタン最大の非ウラマー系宗教政党であるジャマーアテ・イスラーミーは全土での大規模な抗議デモを呼びかけるとともに、実際にカラチにおいては数千人規模の大規模抗議デモを指導部が参加する形で実施している。さらに、ロヒンギャ問題に関して議論するセミナーを開催するなど、国内外においてロヒンギャの置かれた窮状を訴えかける活動を展開した。さらに、ウラマー系政党であるイスラーム・ウラマー党も地盤である北西部で抗議デモを実施し、政府も外務省がミャンマーの駐在大使に対して抗議をしている。このように、パキスタンにおいてはミャンマー政府によるロヒンギャ弾圧に対して、他のイスラーム諸国と同様に非常に同情的な姿勢が顕著に見られた。その一方で、自国内に居住するロヒンギャの待遇改善についても、様々な意見が提示され、内務省においても議論が実施されている。さらに、ジャマーアテ・イスラーミーなどの宗教政党は、パキスタン国内のロ

*イムラーン・ハーン（Imran Khan Niazi、１９５２〜）

ヒンギャ救済のため「市民権」付与という具体的対応を要求するなどしている。しかし、問題の根本的解決には至っておらず、進展はあまり見られていない。これは、アフガニスタン難民に対する姿勢にも共通していることから、将来的なロヒンギャのパキスタン社会への統合についても非常に多くの困難が立ちはだかっていると言えよう。

【登利谷正人】

とりや　まさと
東京外国語大学世界言語社会教育センター講師

中東のロヒンギャ

２０１７年９月、世界中でロヒンギャ問題がにわかに注目を集めるようになったころ、ツイッターやフェイスブック上には多くのロヒンギャ問題に関する投稿が見られた。中東からも、アラビア語で「#ロヒンギャ」「#ミャンマー・ムスリム」といったハッシュタグが付けられた投稿が目立つようになり、ニュースの転送やミャンマー政府への批判、ロヒンギャへの連帯の表明が増えたのである。なかには、目を覆いたくなるような凄惨な写真まで投稿されていたが、それらは中東に住むムスリムを感情的に刺激し、次第に虐げられた同胞を救うべきであるとの声が、ＳＮＳのタイムラインに溢れていった。

このようにロヒンギャ問題とは、宗教人口においてムスリムが多数派を占める中東にとって、決して見過ごすことのできない問題である。それでは、中東諸国はロヒンギャ問題とどのように関わってきたのであろうか。本稿では、主にサウディアラビアを中心とする湾岸諸国とロヒンギャの関係について見ていきたい。

1 中東にとってのロヒンギャ問題

中東にとって、ロヒンギャ問題とはウンマ（イスラーム共同体）に属する同胞が迫害されている問題である。それはちょうど、イスラエルの建国によって難民化したパレスチナ人の問題と重なるところがあるため、一般市民の関心も高いと言える。

例えば中東現地紙の風刺画を見てみよう。図1は、アラブ首長国連邦（ＵＡＥ）現地紙に掲載された風刺画で、「人種差別」というタイトルがつけられている。左側では「ユダヤ人国家」と書かれたプラカードを持つイスラエル人がパレスチナ人を襲っており、右側ではナイフを持ったビルマ（ミャンマー）人がナイフでロヒンギャ民族を襲う絵が描かれている。そして、その中央には米国のオバマ*大統領と見られる人物が立っており、両方の問題から目を背けていると批判しているのであろう。図2は、サウディアラビア現地紙に掲載された風刺画である。ロヒンギャの人々が船上で助けを求めている時には誰も手を差し伸べないのに、船が多数の死者で満杯になった時にようやく国連が救命具を差し出すが、時すでに遅し。国際社会の対応の遅さを批判していると言える。ロヒンギャが置かれている状況は、市民だけでなくテロ組織も注目している。アル＝カーイダ総司令部は２０１７年９月に声明を発出し、アラーカーンにおいて迫害を受けているムスリム同胞への支援を呼びか

*バラク・オバマ（Barack Hussein Obama II、１９６１～）第四四代アメリカ合衆国大統領。

図１　パレスチナとロヒンギャ

出所：*al-Ittihad* 14 June, 2014.

図２　ロヒンギャ難民船

出所：*al-Okaz* 8 May, 2018.

けた。また「イスラーム国」も同様の声明を出しており、ミャンマーに対する抵抗が呼びかけられている〔1〕。

そもそも、湾岸諸国はミャンマーとどのような関係を有しているのであろうか。湾岸諸国とミャンマーが外交関係を結んだのは、比較的最近のことである。１９９８年にクウェートがミャンマーと国交を樹立して以降、サウディアラビア（２００４年）、カタル（２００５年）、バハレーン（２００９年）、オマーン（２０１０年）、そしてＵＡＥ（２０２０年）と続いた。これまで目立った外交関係はなかったが、ミャンマーが２０１１年に民主化してからは、経済協力を通じて二国間関係が発展している。近年、湾岸諸国は投資先や対東南アジアビジネスの窓口として、ミャンマーの可能性を高く評価している。インフラやサービス産業で事業を展開しているほか、食料安全保障分野での協力や労働力の送り出し国としての期待も高い。例えば、サウディアラビアはミャンマーのマデ島から中国雲南省の瑞麗市まで繋がる「ミャンマー・中国パイプライン」を通じて中国へ原油を輸出している〔2〕。また国営カタル航空は２０１２年にドーハ・ヤンゴン路線に就航し、同じくカタルの通信会社であるオーレドー（Ooredoo）は、２０１４年からミャンマーで通信事業を開始した〔3〕。

湾岸諸国はこれまでも、アラブ連盟やイスラーム協力会議（ＯＩＣ）、国連などの国際機関の場で、ロヒンギャ問題をアピールしてきた。例えば２０１８年４月にサウディアラビアで開催された第29回アラブ連盟首脳会議では、最終声明の中でロヒンギャに

〔1〕 Zachary Abusa, "Al-Qaida and Islamic State claim to be defending the Rohingya," *AsiaNews.it* 14 September, 2017. <http://www.asianews.it/news-en/Al-Qaida-and-Islamic-State-claim-to-be-defending-the-Rohingya-41783.html>

〔2〕 Florence Tan, Chen Aizhu, and Rania El Gamal, "Contender: Saudi Arabia nabs new China oil demand, challenges Russia's top spot," *Reuters* 28 November, 2018. <https://www.reuters.com/article/us-saudi-china-oil-analysis/contender-saudi-arabia-nabs-new-china-oil-demand-challenges-russias-top-spot-idUSKCN1NX0Y8?feedType=RSS&feedName=topNews>

〔3〕 Nafeez Ahmed, "West, Gulf complicity in oil-fuelled genocide of Myanmar's Rohingya," *Middle East Eye*, 11 November, 2015. <https://www.middleeasteye.net/opinion/west-gulf-complicity-oil-fuelled-genocide-myanmars-rohingya>

対するテロ、暴力、人権侵害の行為について非難し、国際社会に対して問題の解決を訴えている。また、湾岸諸国は長年にわたり、ロヒンギャ難民の支援も続けてきた。豊富な石油収入を背景に、湾岸諸国は１９７０年代からアジア・アフリカ諸国への水平的な援助を盛んに行なってきたことで知られている。２０１７年９月にロヒンギャ難民が国際的な注目を集めるようになると、サウディアラビアは直ちに２０００万ドル（約22億３７００万円）、ＵＡＥは７００万ドル（約7億８３００万円）の支援を表明した〔4〕。またバングラデシュやマレーシアなど、ミャンマー周辺のロヒンギャ難民受入国に対する支援も続けている。

このような一連の動きは、国際社会やイスラーム世界に向けた単なるアピールではない。しかしながら、湾岸諸国が主体的にロヒンギャ問題に介入したり、積極的に当事者間の仲介を行なう様子が見られないのもまた事実である。例えば、湾岸諸国はミャンマーだけでなく、同国を支援する中国とも良好な政治・経済関係の維持を望むために、ロヒンギャ問題の解決に踏み込み切れないのではないかという事情も指摘されている〔5〕。

②中東に住むロヒンギャ

中東に住むロヒンギャに関しては、正確な情報は少なく、人口規模や生活実態などあまり明らかになっていない。一説によると、サウディアラビアにはイスラームの聖

〔4〕"Saudi, UAE pledge millions of dollars to Rohingya refugees," ***Gulf Business*** 20 September, 2017. <https://gulfbusiness.com/saudi-pledges-20m-rohingya-refugees/>

〔5〕Daniel Wagner and Jesse Schatz, "Saudi Arabia's Colliding Interests in Myanmar," ***Fair Observer***, 18 April, 2017. <https://www.fairobserver.com/region/asia_pacific/saudi-arabia-myanmar-burma-rohingya-human-rights-ethnic-cleansing-world-news-34043/>

地であるマッカとマディーナを中心に25万人を超えるロヒンギャが住んでおり、またアラブ首長国連邦（UAE）には1万人程度のロヒンギャが住んでいると言われている〔6〕。イスラーム世界における「二聖モスクの守護者」を自任するサウディアラビアは、長年にわたり同胞ムスリムであるロヒンギャを支援してきた。ファイサル国王時代（1964～75年）には、サウジ国内でロヒンギャの受け入れと庇護を始め、居住・就労許可と移動の自由を認めた〔7〕。またアブドゥッラー国王時代（2005～15年）には、在住ロヒンギャの生活や教育、保健を整備するためのプログラムが実施されている〔8〕。

　ただし、サウディアラビアをはじめとする湾岸諸国は国連難民条約を批准していないため、ロヒンギャは公式に「難民」として受け入れられ、庇護されていない。なぜなら、同条約が湾岸諸国の移民・帰化政策と対立するため、批准が難しいからである。そのため湾岸諸国では、ロヒンギャだけでなく、同じムスリムでアラブの同胞であるパレスチナ人やシリア人も、難民としてはほとんど受け入れていない。したがって、サウディアラビアに住むロヒンギャの地位も、必ずしも安定したものではないのだ。

　また湾岸諸国は外国人労働者を大量に受け入れている国として知られているが、ロヒンギャのなかにはミャンマー人労働者として入国している者もいると見られている。近年では、バングラデシュやインドなどの偽造旅券を用いて密入国する者や、小巡礼（ウムラ）用のビザを使って入国後に不法滞在する者もいる〔9〕。サウディアラビアのムハンマド・ビン・サルマーン皇太子が、2016年に経済改革政策「サウジビジョン

〔6〕Areeb Ullah, "Trapped: The Rohingya who flee to Saudi Arabia," ***Middle East Eye***, 24 December, 2018. <https://www.stories.middleeasteye.net/trapped-rohingya-flee-saudi-arabia>

〔7〕Areeb Ullah, "Trapped: The Rohingya who flee to Saudi Arabia," ***Middle East Eye***, 24 December, 2018. <https://www.stories.middleeasteye.net/trapped-rohingya-flee-saudi-arabia>

〔8〕The Royal Embassy of Saudi Arabia in Rome. 2018. ***Saudi Arabia Support to Rohingya Muslims: The Humanitarian Assistance Provided by the King Salman Center for Humanitarian Relief.***

〔9〕Areeb Ullah, "Saudi to deport scores of Rohingya refugees 'against will' to Bangladesh," ***Middle East Eye***. 7 November, 2018. <https://www.middleeasteye.net/news/saudi-deport-scores-rohingya-refugees-against-will-bangladesh>

２０３０」を発表すると、サウジ人労働者の就労推進の観点から国内に住む多くの不法滞在・就労の外国人労働者が摘発され、国外追放処分を受けることになった。ロヒンギャも多数拘束され、施設に収容されている。２０１９年１月には13人のロヒンギャがサウディアラビアからバングラデシュへ国外追放されており、国連関係者も懸念を表明する事態になった〔10〕。

このように、ロヒンギャにとって湾岸諸国は、同胞ムスリムが多数を占める土地であれ、決して安住の地ではない。とはいえ、彼らにとって再びミャンマーへ戻るという選択肢もほとんどないのである。サウディアラビアの「ハッジ・ウムラ研究のための二聖モスク守護者機関」が２００７年に実施した調査によると、同国に住むロヒンギャの74％はいかなる状況でもミャンマーへの帰還を拒否していることが明らかになった。つまり、サウディアラビア国内で生まれ育ったロヒンギャにとって、迫害の恐れのあるミャンマーはもはや遠い祖国でしかないのだ〔11〕。

【堀拔功二】

〔10〕"UN asks Saudi Arabia not to deport Rohingya," ***Middle East Monitor*** 25 January, 2019. <https://www.middleeastmonitor.com/20190125-un-asks-saudi-arabia-not-to-deport-rohingya/>

〔11〕Wael Mahdi, "The Rohingya's lives in limbo," ***The National*** 9 June, 2009. <https://www.thenational.ae/world/mena/the-rohingya-s-lives-in-limbo-1.490350>

ほりぬき こうじ
一般財団法人日本エネルギー経済研究所中東研究センター主任研究員

第５章　難民支援とロヒンギャ

バングラデシュ政府によるミャンマーからの避難民への対応

1 はじめに

２０１７年9月21日、バングラデシュのシェイク・ハシナ首相は、ニューヨークで開催された第72回国連総会の壇上において、①「ミャンマー政府は無条件に直ちにそして永久にラカイン州における民族浄化や暴力をやめること」、②「国連事務総長は直ちに真実を明らかにするための調査団をミャンマーに派遣すること」、③「ミャンマーに居住するすべての市民が宗教や民族に関係なく守られるべきであり、そのために国連の監督下でミャンマー国内に安全地帯を構築すべき」であること、④「バングラデシュ国内に強制的に避難せざるを得ないすべての〝ロヒンギャ〟の人々の母国への持続的な帰還を保証すること」、⑤「コフィ・アナンレポートで提言されている項目の迅速、無条件、且つ完全な実施」の五つの緊急提言を行なった。

この時、すでに新たに30万もの人々が、ミャンマーのラカイン州から大量にバングラデシュ領内に流入し、食糧や水、安全な避難場所の提供などの緊急対応が待ったなしという状況の中、バングラデシュ政府は、あくまでも人道的な観点から、可能な限りの支援を行ない、ミャンマー政府に対しても外交努力で平和裏に事態の解決を図る方針であることを全世界に明確に示した。ミャンマーからの避難民へのバングラデシュ政府の対応は、２０１８年11月の本稿執筆時点でもこの方針に沿って進められている。

本稿では主に２０１７年８月25日以降に発生したミャンマーからの避難民の大量流入に対するバングラデシュ政府の初期の対応につき、主にバングラデシュ政府側の記録に基づき記述する。そのため、他章で触れられている内容、解釈等と齟齬が見られる場合もあるが、それらはあくまでも「バングラデシュ政府」というフィルターを通じて見た本問題への取り組み、ということでご理解いただきたい。また後に詳述するが、バングラデシュ政府としては「ロヒンギャ」、「難民」ではなく、「ミャンマーからの避難民」という用語を用いているため、本稿も基本的にそれに倣うものとする。

２ バングラデシュ政府の初動対応（２０１7年8月25日～9月6日）

ミャンマーからの避難民の大量流入が発生したコックスバザール県で、直接避難民の対応を行なっているのは、防災救援省傘下の難民救援帰還支援事務所（Refugee Relief and Repatriation Commissioner: RRRC（通称トリプル・アール・シー））である。ＲＲＲＣの長官を務めるアブ・カラム氏にバングラデシュとミャンマーの国境を隔てるナフ川を次々に人が渡り始めている、という最初の一報が入ったのは２０１７年８月25日の夜のこと。翌26日難民キャンプ周辺の視察に向かったカラム氏は、川から上陸した何百という人々が、国境を隔てるナフ川からバングラデシュ領内に続く田んぼのあぜ道に列をなす姿を目にしたものの、これほどの事態になるとは予想していなかったという。

２０１７年８月29日付の国連高等難民高等弁務官（ＵＮＨＣＲ）の緊急プレスリリースによれば、バングラデシュ領内への流入が始まった２０１７年８月25日から３日目の２０１７年８月27日には、約５２００人がバングラデシュ側に流入し、さらに数千人がミャンマー側のナフ川沿いに避難して、バングラデシュ側へ渡河しようとしている状況であると報告されている。またＲＲＲＣ長官から防災救援省事務次官宛ての２０１７年９月１日付緊急報告において、約１万５千人と報告されていた流入してきた避難民の数は、その２日後の２０１７年９月３日付報告文書では、一気に約９万８千人にまで膨れ上がるなど、ミャンマーからの避難民の流入が止まらず、また様々な地点から避難民が上陸してきたため、一時的に正確な状況や避難民の数の把握が大変困難な状況になっていたことが伺える。

こうした事態に対して、水面下で様々なソースから情報の入手や状況の分析等を行ないつつも、避難民受け入れに慎重な姿勢を見せていたバングラデシュ政府が一転して人道支援の実施に動いたのは２０１７年９月３日夕方のことである。首相府主催の緊急会議が関係高官を集めて開催され、ここでハシナ首相からの指示として、人道的な観点からでき得る限りの支援（食糧支援等）を早急に行なうよう伝達がなされた。

バングラデシュ領内に逃げ込む避難民（防災救援省提供）

翌日２０１７年９月４日の閣議でも同様の指示が出され、その後の内閣府官房長官（Cabinet Secretary）主宰の会議において、実務レベルでの政府としての初動対応が協議された。そこで、世界食糧機関（ＷＦＰ）と連携した避難民への食糧支援、国際移住機関（ＩＯＭ）との連携による緊急避難所の設営支援、バングラデシュ警護隊（Ansar）の避難民キャンプへの配備を通じた安全の確保、避難住民の登録作業の実施などが次々と決定された。

また２０１７年９月６日に首相府で首相を首班として開かれた国家防災委員会会議（National Disaster Management Council（NDMC）：日本の中央防災会議に相当）においても、災害関連の議題に加えて、急遽本件についても議論が行なわれ、①人道的な観点から食糧支援等の生活支援の実施、②丘陵区内バンドルボン県に流入した避難民のコックスバザール県内への移動、③両国国境にある緩衝地帯にいる避難民への食糧支援の実施、④国内外からの様々な支援申し出に対する支援窓口の一本化、が決定されるなど、とかく「人道的な観点からの緊急支援の実施」という、バングラデシュ政府の初動対応方針が、９月１週目の様々な会議を通じて固められていった。

３　「難民」、「不法ミャンマー国民」、「ミャンマーからの強制避難民」

ここで一旦、バングラデシュ政府による過去の対応を振り返り、タイトルに出した三つの用語の整理をしておきたい。というのも、ミャンマー側からバングラデシュ側への避難民の流入は、１９７１年にバングラデシュが独立して以降、大規模なものだけでも１９７８年（約２０万人）、１９９１年（約25万人）、２０１２年（約1万人）、２０１６年（約8万7千人）と少なくとも4回発生しているが、その時々の政権による対応の違いを見ることが、今回のバングラデシュ政府による初動対応をどう見るか、という理解に役立つと考えられるからである。

まず、1978年2月からわずか半年で約20万人がバングラデシュ領内に避難した際、当時、まだ民政移管前の大統領を務めていた軍部出身のジアウル・ラフマン*大統領は、UNHCRの支援を受けつつ、コックスバザール県内の13カ所に難民キャンプを設置して緊急支援にあたった。また同年7月にはミャンマー（当時のビルマ）政府との間で帰還合意に持ち込み、翌年1979年5月にネ・ウイン大統領がバングラデシュを訪問したこともあって、約2年という非常に短期間で約18万人の難民を帰還させたと言われている。その際には、避難してきた人々に対して、文字通り「難民」（Refugee）という用語が用いられた。

続いて1991年から1992年にかけて、約25万人が再度避難してきた際、当時の政権は、1978年にも対応にあたったジアウル・ラフマンが、民政移管後に率いたバングラデシュ民族主義党（Bangladesh Nationalist Party: BNP）であったが（ジアウル・ラフマンは1981年に暗殺されたため、党首は妻のカレダ・ジア*）、ミャンマーからの避難民に対して、正式に「難民」（Refugee）としてのステータスを付与すると共に、UNHCRと難民支援枠組みに合意して帰還に向けた支援にあたった。その際にバングラデシュ政府側のカウンターパート機関として設立されたのが、冒頭で触れた防災救援省傘下のRRRC（難民救援帰還支援事務所）である。1992年9月には難民（Refugee）というステータスの新規付与は停止されるものの、ミャンマーからの「難民」は、国際的な難民支援の枠組みの下で、20カ所の難民キャンプで帰還手続きを待つことになり、以降1992

＊ジアウル・ラフマン（Ziaur Rahman、1936〜1981）

＊カレダ・ジア（Begum Kaleda、1945〜）

年から２００５年７月までに、約23万６千人がミャンマーへの帰還を果たし、約９００人が第三国に難民として受け入れられた。他方で帰還を望まなかった約１万３千人が最終的にコックスバザール県ウキア郡にあるクトゥパロン難民キャンプと、テクナフ郡のナヤパラ難民キャンプ内の２カ所に留まることになった。それ以降、約10年以上に渡って、彼らはあくまでも正式な「難民」として、その後もＵＮＨＣＲやＲＲＲＣなどからの支援を受けながら、難民キャンプ内で生活をしてきた。この２カ所の難民キャンプの人口は、２０１７年８月時点までにキャンプ内外合わせて４万人近くにまでに達した。

その後、２０１２年に再び１万人を超える人々がミャンマーからバングラデシュ領内に流入する。繰り返されるミャンマーからの流入に対して、現在も与党である当時のアワミ連盟（Awami League: AL）政権は、避難してきた人々を、今度は「難民」（Refugee）ではなく、「不法ミャンマー国民」（UMN: Undocumented Myanmar Nationals）として、バングラデシュの国籍法上、〝不法な移民〟として、基本的には領内に止まらせず、早期に帰還させる方針を取った。また「難民」（Refugee）ではないことから、ＵＮＨＣＲやＲＲＲＣの管轄ではなく、あくまでも外交上の二国間問題として、外務省と管轄地方自治体に対応をさせることになった。その際に現場で中心となって人道支援の指揮を執ったのが、ＩＯＭである。２００６年から２０１６年までに断続的に流入したＵＭＮは、最終的には30万人にも上るとされている。

さらに２０１６年10月には、新たに８万７千人が、バングラデシュ領内に流入する事態が発生する。彼らもこれまでと同様にＵＭＮとして扱われることになるが、係る経緯により、同じミャンマーのラカイン州から逃れてきた人々にもかかわらず、2005年7月以前にミャンマーから流入した約4万人の「難民」（Refugee）と、それ以降に流入した約40万人の「不法ミャンマー国民」（UMN）、という二つのグループが形成されることになる。

2017年8月25日以降、大量の避難民の流入が起こるに至り、バングラデシュ外務省は、2006年以降に流入してきた人々も合わせての総称として「強制的に避難させられたミャンマー国民」（Forcibly Displaced Myanmar Nationals: FDMN）、という名称を使うよう2017年10月2日に国連機関に正式に申し入れを行なった。2018年時点でも「強制的に避難させられたミャンマー国民」という名称が政府内の公式文書で用いられ、新聞報道等にあるような「ロヒンギャ」や「難民」という用語は、政府内の公式な文書において用いられておらず、あくまでも現政権による政府の公式見解として、ミャンマーからの一時的な避難民、という位置づけは変わっていない。

4 バングラデシュ政府の初動対応（2）（2017年9月12日〜9月21日）

2017年8月25日以降に流入した避難民への対応に関して、バングラデシュ政府は、先に記した通り、初動段階では、これまで通り、あくまでもIOMやWFPを中心に人道支援を開始する方針を取っていた。しかし30〜40万人もの大量の避難民が押し寄せる状況の中、これまでの「難民」（Refugee）・「不法ミャンマー人」（UMN）といった区分が意味をなさなくなるほどの状況に陥っていた。また多くの国々（特にイスラム教徒の多い国々）からの支援申し出が相次ぎ、バングラデシュ国内からも様々な団体・組織・個人が日夜を問わず自発的な支援を開始して、続々とトラックに支援物資を積み込んでコックスバザールでばらばらに支援を行なう中、現場での支援調整体制は混迷を極めた。ここに来て、バングラデシュ政府は、ＵＮＨＣＲを始め、これまでの「難民」支援を行なってきた様々な国連機関やＮＧＯとも連携して対応にあたることを決定する。

特にその後の支援方針の流れを決定付けたのは、２０１７年9月12日にシェイク・ハシナ首相が自ら避難民の状況を確認するために行なった、コックスバザールの避難民キャンプの訪問である。同日の朝ダッカを専用ヘリコプターで出発した首相一行は、安全上の理由からコックスバザール空港で一旦車輌に乗り換え、陸路でキャンプまで移動して、多くの傷ついた避難民を見舞った。首相一行には、首相の妹であるシェイク・レハナ氏、与党アワミ連盟の幹事長も務めるカデル運輸大臣、アサドジャマン内務大臣、マヤ防災大臣、ホセイン防衛副大臣、サイフザマン土地省副大臣、ハク警察庁長官、カマル内務省事務次官、シャー・カマル防災救援省事務次官など、非常に多くの重要閣僚・政府高官が同行した。

首相の現地訪問を受け、２０１７年9月14日に首相府は政府内関係高官、国連関係者を招集して具体的な支援方法につき協議を行ない、22のアクションプランが決定された。主として、２０００エーカーの土地の供与、1万４０００の避難家族用シェルターの設置、14カ所の食糧倉庫の建設、50万人にも上る避難民用食糧の確保、海外か

避難民キャンプを見舞うハシナ首相（防災救援省提供）

らの救援物資の配送・移送ルートの検討、指揮命令系統の確立、NGOや他機関からの支援物資に対するコックスバザール県庁への窓口の一本化、8500基の避難民用簡易トイレの設置、20カ所の避難民用医療キャンプの設置、避難民用地への配電設備の整備、避難民用地での道路整備・修復、避難民用地周辺のフェンスの設置、親を亡くした子どもたちの支援体制の整備、等々が決められ、またその支援を行なうバングラデシュ政府側機関、国連機関、国際赤十字・赤新月社、NGO等の役割分担なども明確にされた。

それらを踏まえて2017年9月15日に防災救援省次官や主要な政府機関の長がコックスバザール県入りして現地視察を行なうと共に、翌9月16日の午後にはコックスバザール県庁で防災救援省次官主催の会議が実施され、首相府での会議決議事項を踏まえ、現場での具体的なアクションプラン、役割分担、当面の対応計画について協議・決定・指示がなされた。

2017年9月16日までの時点で、避難してきた人々の数は30万人を超え、以前からの流入者と合わせて70万人を超える人々がコックスバザールに避難する事態となっていたが、大量の避難民が流入し始めてから約3週間かけ、バングラデシュ政府側はその支援の体制や支援方法等について、具体的なレベルまで固めるに至ったと言える。

そして、その1週間後の9月21日には、冒頭で引用した通り、第72回国連総会でハシナ首相が演説を行ない、国際社会にこの問題について訴え、ミャンマーへの早期帰還に向けた支援を呼びかけることになる。

5 バングラデシュ政府による避難民の帰還に向けた対応

ハシナ首相による国連総会での演説や、国際社会からの圧力にも拘らず、ミャンマーから避難してくる人々の数は増加の一途を辿り、2017年10月末の時点で、8月以降にバングラデシュ側に逃れた避難民は60万人に達しつつあり、2017年8月以前にバングラデシュ領内にいた避難民と合わせると、100万人を超えるのももはや時間の問題となりつつあった。特に避難民が流入してきたコックスバザール県のウキア郡、テクナフ郡には元々40万人の地元住民が居住していたが、そこに100万人近い避難民が流入して、地元住民がマイノリティになるという逆転した状況も生まれていた。バングラデシュ政府は、この未曽有の事態に対して、国内の活用可能なリソースを最大限振り向けると共に、国際社会の支援も受けながら、何とか受け入れ態勢を整えつつあった。しかし、過去最大規模の避難民の流入に対して、今後の国内情勢の安定や、国としての経済発展のモーメンタムを維持するためにも、避難民の帰還に向けた手続きの開始は喫緊の課題となった。

そのさなか、2017年11月20日から21日、アジア欧州会合第13回外相会議がミャンマー政府を議長国としてネーピードーで開催され、アジア、ヨーロッパ51カ国の外相級が一堂に会した。これに合わせるように、11月22日に避難民の帰還に関するバングラデシュ・ミャンマー両国の外相級協議・外務次官級協議がネーピードーで行なわれた。そして、2017年11月23日には、避難民の帰還にかかる初の合意文書が締結され、ようやく帰還に向けた第一歩を踏み出した。アブ・ハサン・マームド バングラデシュ外務大臣とチョーティンスウェ ミャンマー国家最高顧問府大臣間で締結された「Arrangement on Return of Displaced Persons from Rakhine State（ラカイン州からの避難民の帰還手順）」では、２０１６年10月9日及び２０１７年8月25日以降に流入した避難民の円滑な帰還に向けた基本方針や、今後のタイムフレーム等が合意されている。

具体的には自発的且つ安全な帰還等の基本方針に加えて、今後3週間以内に共同作業部会（Joint Working Group）を立ち上げて具体的な手順を定めること、2カ月以内に帰還を開始して、適切な時期までに最初の帰還民の受け入れを完了すること、これらの手続きを通じて両国の良好な関係の維持・発展に資することなどが合意された。2カ月以内の帰還開始は、現実的には厳しいという目算もあったものの、バングラデシュ政府としては本合意を梃《てこ》に国際的なプレッシャーをミャンマー政府側に更にかける意味でも、具体的な帰還のスケジュールを記載したという点で、国内では一定の成果として捉えられた。

この合意文書に基づき、〝3週間以内〟というスケジュール通り、２０１７年12月19日にはダッカで外務次官級協議が開催され、「Terms of Reference (TOR) for the Joint Working Group on the Repatriation of Displaced Myanmar Residents from Bangladesh」（ミャンマー避難民のバングラデシュからの帰還に関する共同作業部会業務所掌）が、ショヒドゥル・ハク外務次官とミントゥ外務次官間とで締結された。両政府は外務省、内務省、地方自治体、首相府、国境警備隊等関連部局等、双方13名ずつからなる共同作業部会設立に合意し、３カ月毎に双方の進捗を共有し合うことになった。

そして年が明けた２０１８年1月、両国の共同作業部会委員は再びミャンマーのネーピードーに会し、２０１８年1月16日に「Physical Arrangement for Repatriation of Displaced Myanmar Residents from Bangladesh Under the Arrangement on Return of Displaced Persons From Rakhine State」（ラカイン州からの避難民の帰還手順に基づくミャンマー避難民のバングラデシュからの帰還に関する具体的手順）をショヒドゥル・ハク外務次官とミントゥ外務次官間とで締結する。

具体的な帰還プロセスとして、陸路を通じた自発的な帰還のためのミャンマー側での受入センターの設置、ミャンマー側での一時的な居住用キャンプの整備、帰還者リストの作成・情報共有、毎週１５００人の帰還民の受け入れ、ＵＮＨＣＲを通じた帰還民のバングラデシュ側からミャンマー側への引き渡し、帰還民に対する救援物資の提供や居住施設の提供、帰還民の選定プロセス及び帰還そのものを支援する二つの技術作業部会の設立等が合意された。また合意から1週間後の２０１８年1月23日から、順次帰還プロセスを開始し、2年以内で手続きを完了することが望ましいこと、進捗に応じて定義タイムフレームを見直すこと等も合意された。

このように帰還に向けた3段階の合意文書が締結され、その後２０１８月2月16日には、帰還に係る協議のためダッカを訪れたミャンマーのチョーティンスウェ ミャンマー国家最高顧問府大臣に対して、アサドジャマン内務大臣から約８０００人分の帰還候補者名簿が手渡され、早速帰還に向けた手続きが開始された。

しかし実際には､その後バングラデシュ側が提出した名簿に不備があったことや､ミャンマー側の確認プロセスに想定以上の時間がかかっていることもあり、毎週１５００人の受け入れ、という合意自体は本稿を執筆した２０１８年11月時点でも履行されていない。２０１８年10月30日にダッカで実施された両国による共同作業部会議で、ミャンマー側の求めるフォーマットに沿う形でようやく2万２４３２人分の帰還希望者名簿がミャンマー側に手渡され、ミャンマー側は11月中旬を目途に帰還を開始したい旨バングラデシュ政府側に伝達し、帰還準備を進めることで合意がなされた。その後２０１８年11月15日から避難民の帰還が開始されることになったものの、最終的に日毎の帰還受け入れ予定者リストがミャンマー側からバングラデシュ政府に共有されたのは直前の２０１８年11月12日であった。帰還予定日の直前にリストを共有されたバングラデシュ政府は、リストに記載された避難民の最終的な意思確認や帰還準備を、僅か数日では到底行なうことができず、またリストに記載された避難民からは帰還後の身分保障、特に国籍が付与される保証がないのであれば帰還したくない旨を強く主張されたため、当日帰還開始予定時刻ぎりぎりまで帰還に向けた説得は続けられたものの、予定されていた２０１８年11月15日からの帰還は断念せざるを得ない状況に追い込まれた。今後、事態が好転するかどうかは不明であるものの、「毎週１５００人の帰還、2年以内の帰還プロセスの完了」には、既に黄信号が灯っていると言わざるを得ず、合意内容自体にすでに見直しをする必要が生じている状況である。

6 バシャン・チョール（Bhasan Char）島への避難民移住計画

２０１７年11月23日の合意を通じて帰還に向けたプロセスが開始すると同時に、コックスバザールという同国随一の観光地において、大量の避難民が流入してくる事態を憂慮していたバングラデシュ政府は、かねてより計画していたバングラデシュ南部ノアカリ県バシャン・チョール島への移転計画を実行に移す。

毎週火曜日に首相を首班として開かれ、新規大型事業実施の可否を審査する国家経済評議会執行委員会（Executive Committee of the National Economic Council: ECNEC）会議において、帰還合意から4日後の2017年11月28日、Ashrayan-3という名前のプロジェクトが承認された。実施機関はバングラデシュ海軍、プロジェクト期間は1年で、バシャン・チョール島に約10万人分の居住設備、堤防、道路、サイクロンシェルター、倉庫、港等を整備するというもので、承諾額は280百万米ドル（約300億円）。特筆すべきはドナーなど海外からの支援ではなく、全額バングラデシュ政府予算からの支出であることである。

チッタゴン港から船で4時間、ノアカリ県からスピードボートで1時間のところに位置するバシャン・チョール島は、堆積した砂によって比較的近年になって今の島の形が出来上がったと言われている。そのため満潮時には島の周囲部分が海面に水没し、バングラデシュ南部の沿岸部という場所柄、過去の歴史的経緯からサイクロンや高潮被害が発生する懸念も大きく、この計画が持ち上がった当初から諸外国政府や国連機関などから根強い懸念・反対にさらされてきた。

プロジェクト承認以降、海軍による事業の実施ということもあり事業の概要については長らく外部の人間が知る術がなかったが、事業承認から半年後の2018年4月4日、防災救援省事務次官、外務省事務次官主催の下、バシャン・チョール島の開発計画が海軍及び防災救援省内のロヒンギャ担当室長によって、国連やＮＧＯ等の関係者に公表され、その全容が初めて明らかになった。

開発計画の概要としては、洪水や高潮から防御するための13キロの堤防整備、居住用に１２０のクラスター（区画）を開発・整備し、１区画内に16世帯用の家を12軒建設。１区画内に約１０００人が居住可能であり、１２０の区画合計で約12万人が居住可能となる。また区画ごとに１０００人が避難可能なサイクロンシェルターや、共有池を整備。サイクロンシェルター内には緊急用医療設備や通常時の教育施設としての機能もあるなど多目的型であり、島内の電気はソーラーと大型のジェネレーターの併用、飲料水は深井戸と雨水の併用、燃料は森林とバイオガスを併用してまかなう計画であることなどが明らかになった。

２０１８年４月時点での事業進捗は30％とのことであったが、移転対象者としてはウキア郡のクトゥパロン・キャンプに避難している60万人のうち、国連の実施した調査結果から、土砂災害リスクの高い場所に居住する２万５０００世帯、約10万人を優先的に移住させることを計画しているとの説明もあった。

会議参加者からは、コックスバザールで展開されているあくまでも一時的な避難民支援に比して、中長期的に10万人以上が十分居住可能な巨大インフラの整備がバングラデシュ政府主導で進んでいることに驚きを持って受け止められるとともに、概ね良好な反応が多数を占めた。しかしながら具体的な移転に向けて、技術面、安全面（災害への対策・避難民のセキュリティ）、今後の避難民の自発的移転の具体的な方法やタイムフレーム等に関して各セクター担当者から種々の懸念も示された。これに対してバングラデシュ政府は国連側と共同作業部会を立ち上げ、懸念点を丁寧に確認・検証していくことを約束した。

この会議を受けて、バングラデシュ政府は２０１８年５月、首相府主導で共同作業部会（Joint Consultative Working Group on Transfer of Forcibly Displaced Myanmar Nationals from Cox's Bazar to Bhasan Char of Noakhali District：コックスバザールからノアカリ県バシャン・チョールへのミャンマーからの強制避難民の移転に係る共同作業部会）を立ち上げ、また下部作業部会として**Technical and Protection Sub-Committee**（技術及び保護に係るサブ委員会）を設置して、国連側の懸念事項への技術的な検証やバシャン・チョール島の開発状況の確認を行なうよう指示を出した。

これを受けた、技術及び保護に係るサブ委員会は、同島の開発事業が８割方完了したタイミングを見計らって、２０１８年9月23日、海軍のアレンジの下、バングラデシュ政府関係者、国連関係者、ＮＧＯ関係者10人で、初めてバシャン・チョール島を訪問した。軍のヘリコプターでの移動ということもあり、現地ではわずか４時間程度の滞在であった。

現地訪問・調査を踏まえて技術及び保護に係るサブ委員会が２０１８年10月に作成、共同作業部会に提出された報告書によれば、居住スペース、食糧供給、水・衛生、医療設備、安全・治安、保護、生計手段等、これまでの開発状況に対して、国連機関が定める人道的な観点から守るべきとされているSPHEREスタンダードを満たすな

バシャン・チョール島の開発状況（バングラデシュ海軍提供）

ど、安全面、防災面の観点から、かなりの対策が施されており、十分居住は可能、という勧告・結論が導き出されている。

この勧告を踏まえて、今後避難民の移住がいつ、どのような形で実施に移されるかについては、２０１８年11月時点では明らかになってはいないが、同じノアカリ県下にある沿岸部の他の島と比べても、同島はすでに十分整備されており、今後は避難民の意思や、国連等の支援側の思惑、バングラデシュ政府としての方針などの刷り合わせや調整次第によって事態が推移していくものと推察される。

おわりに

２０１８年9月27日、バングラデシュのシェイク・ハシナ首相は、ニューヨークで開催された第73回国連総会において、再び壇上に立ち、1年を振り返りつつ、ミャンマーからバングラデシュ領内に逃れてきた１１０万人にものぼる〝ロヒンギャ〟の人々への国際社会、国連機関等からのこれまでの手厚い支援に対して謝意を示す一方で、それらの努力の甲斐もむなしく、未だにミャンマー側の帰還受け入れに向けた進捗や、ミャンマー側の合意文書の履行に向けた動きが一向に見えてこないことへの深い失望を表明した。また帰還手続きの長期化を見据えて、前項で取り上げた避難民の新たなバシャン・チョール島への国内移住計画にも触れつつ、あくまでもこの問題はミャンマー政府によって解決されるべきであり、国連とミャンマー政府による合意文書の速やかな履行と、昨年同様、一刻も早く平和裏にこの問題が解決されるべきこととを改めて世界に呼び掛けた。

以上、ここまで主に2017年8月25日以降の1年のバングラデシュ政府の動きを中心に、政府内の公式文書や会議録、発表資料等を参照にしつつ記述してきた。しかし、未だこの問題への対応は日々刻々と変化している状況であり、ここで記したことの内容についての意味付けや評価は、後々変化する可能性もあると思われる。また、歴史的に幾度となく大量にミャンマー側からの避難民が発生している原因や、それ以降のプッシュ要因について、検証可能なミャンマー政府による公式文書が手元にないことから、あくまでもその部分についての記述は本稿では意図的に避けている。本稿は、あくまでもバングラデシュ政府から見た約1年の対応の記録、現政権の現状認識としてご理解いただければ幸いである。

筆者自身避難民の置かれた状況については、個人的に非常に心を痛めており、一日も早く避難されている方々に「普通」の日常が戻ることを切に願っている。

【松村直樹】

まつむら なおき
(独)国際協力機構(JICA)地球環境部防災グループ／元バングラデシュ防災セクター調整専門家

国連機関によるロヒンギャ難民支援

1 1978年の大量流入

バングラデシュ側に最初に大量のロヒンギャが難民として押し寄せたのは１９７８年３月から7月のことである。当時の国連難民高等弁務官事務所（ＵＮＨＣＲ）コックスバザール・オフィスの代表であったアラン・Ｃ・リンドキストの記録によると、当時の人口でミャンマー側（当時のビルマ）にいるとされている、およそ１４０万人のロヒンギャのうち、約20万人がバングラデシュへ難民となって流入した。ことの発端に遡ると、ビルマが正式に独立したのは１９４８年であり、当時制定された憲法においては、ロヒンギャは正統な権利を持つビルマの民族として認められＮＲＣ（国民登録カード）の取得も可能であった。ビルマの独立に伴い、１９４８年当時にも多少のロヒンギャの移動はあったようであるが、当時の記録はあまり残っていない。その後、１９６２年のクーデター以降にビルマにおいて初めて行なわれた人口統計において、当時のネーウィン政権はミャンマーの民族を１３５と定義し、ロヒンギャはそこからもれることとなり、様々な権利が制限されることとなった。そして直接の難民流入の原因となったのは当時ラカイン州において起こっていた独立運動をビルマ軍が鎮圧しようとしたことによる軍事行動の激化と、それに加えて同じラカイン州に居住する仏教徒との対立により、主にムスリムであるロヒンギャが殺されたり、女性がレイプされたりといった噂が村々へと拡がり、その結果として大量の難民がバングラデシュへ流入することになった。

難民の流入後、バングラデシュ政府により12の難民キャンプがコックスバザールとテクナフを結ぶ街道沿いに設置された。また、13番目のキャンプはコックスバザールの北東のチッタゴン丘陵に位置するバンドルボンに設置された。キャンプの管理は、バングラデシュ国内の様々な部署から集められた行政官が行ない、彼らの指示の下、難民の登録や援助物資の配給が行なわれた。

バングラデシュ政府が正式に国連に対して支援を求めたのは１９７８年５月、難民数が15万人に達したときであった。政府の要請を受けた国連は難民支援を専門に行なうＵＮＨＣＲをバングラデシュに設置し支援に当たった。約１千５００万ドルの資金要請がなされ、12カ国と欧州経済共同体（ＥＥＣ）、そして国連児童基金（ＵＮＩＣＥＦ）と国連世界食糧計画（ＷＦＰ）から７６０万ドルの現金寄付が、そして、６７０万ドル分の物資が提供された。

難民は配布された竹やプラスチックシートで簡単な掘っ立て小屋を建てて生活を始めた。また、食料の配給も始まり、キャンプには飲料水用に７００の井戸が

Shamlapur Campの様子（2018年10月25日）

設置され、簡易トイレも設置された。バングラデシュ赤新月社は各キャンプにメディカルクリニックを設置し、医療活動に当たった。

しかし、１９７８年8月から12月までの短期間にバングラデシュ政府とビルマ政府の2国間合意により、ほとんどの難民がミャンマーに帰還した。難民流入から帰還までが、このように短期間で行なわれた背景には何があったのであろうか？　ＵＮＨＣＲの活動の原則として、難民が本国へ帰還するに当たっては自主帰還が絶対の条件である。当時のロヒンギャ難民は、この原則に則って自ら望んで帰還したのであろうか？

当時の記録を紐解いてみると、１９７８年の難民帰還に疑問があることは明白である。記録によると、大量の難民流入が始まった当初から、バングラデシュ政府の政策としての優先は難民の一刻も早い帰還を進めることであった。フィールドに居て、その光景を目の当たりにしていたＵＮＨＣＲのスタッフからは、難民の帰還に対して疑問が呈されたという記録が残っているが、ＵＮＨＣＲ本部は、バングラデシュ政府とビルマ政府によって難民の帰還が迅速に進むようにとの声明を出している。そして、難民の帰還が終わった後、１９８０年1月にＵＮＨＣＲは難民キャンプにおいて、伝染病の流行などによって1万人の難民が死亡したことを発表した。しかし、フィールドに居たスタッフによると、これはバングラデシュ政府が、キャンプ内での援助に制限を設け、食料等の配給を行なわなかったことが原因であると述べている。ＵＮＨＣＲは理由がどうあれ、結果として救えたかもしれない多くの命を守ることができなかった。

2 1991年から1992年の大量流入

　1978年の難民流出から4年後、1982年にビルマ政府は新しい国籍法を発行し、ロヒンギャの市民権を正式に剥奪した。そして、およそ10年後にミャンマー政府（1989年より、ミャンマーと改名）は、再び大規模な軍事行動を行ない、ロヒンギャの殺戮、レイプ、家やモスクなどの焼き討ちを行なった。結果として、1991年から1992年にかけて、25万人のロヒンギャが難民となってバングラデシュに再流入した。

　1991年から1992年までの難民流入においては、コックスバザール地域に合計20の難民キャンプが設置された。大量の難民流入に伴い、バングラデシュ政府は1978年の時と同様に、ロヒンギャ難民の早期のミャンマーへの帰還を模索し始めた。バングラデシュ政府とミャンマー政府は1991年の11月に難民の帰還について合意した。そして、帰還については1992年の5月までに開始され、延べ6カ月間で難民の帰還は完了する予定であると声明を出している。当時の状況を見てみると、1991年11月というのは、未だに難民の流入が続いている状況である。つまり、ロヒンギャのミャンマー側での迫害が続いている状況下において、2国間政府は難民帰還についての合意を交わしたということになる。2国間で具体的にどのような話し合いが行なわれたのかは知る由もないが、25万人という人数が1978年の経験からもバングラデシュにとって重荷であったことは想像に難くない。また、バングラデシュ当局は難民の帰還への準備が整ったという建前の下、1992年以降にバングラデシュへ流入したロヒンギャについては、難民として認めず、難民キャンプへの移送も禁じた。これが、後に述べる未登録難民を生み出す原因となってしまった。

では、１９９１年からの難民流入に対しての国際機関の対応は、一言で言うと１９７８年の苦い経験から非常に強い危機感を持っていた。ジェフ・クリスプによると当時を知るＵＮＨＣＲのスタッフの話では、１９７８年と同様に、徐々に食糧の配給や援助機関のアクセスについて規制が強くなり始めたという。ここには、バングラデシュ政府としての、これ以上の難民の流入を食い止めたいという意図があったと見られる。しかし、緊急の人道支援が必要とされる時期に、必要な援助物資へのアクセスが規制されるということは、１９７８年に残念にも1万人もの犠牲を出してしまった状況に近くなることを意味した。命の危険を感じ逃れてきた難民が、難民として逃れてきた地において、最低限生きることに必要な支援を受けることなく死んでいく、このようなことは決してあってはならない。

現場で活動するＮＧＯから現状について報告を受けた各国の外交官やＵＮＨＣＲは、人道支援についての規制を緩めるようにバングラデシュ政府に呼びかけた。また、難民の帰還は自発的なものでなければならないという原則に則って行なわれるように申し入れた。１９９２年５月に、ある援助機関のシニアスタッフは、見過ごすことの出来ないような難民帰還が行なわれ、それを阻止することが出来ないようならば、当時行なっていた人道支援活動から手を引く用意が出来ていると語っている。

当時難民キャンプにて働いていた現地スタッフから私が直接聞いたところによると、援助機関がコックスバザールに戻った夜間に難民たちは当局から様々なハラスメントを受け、ミャンマーへ帰還するように仕向けられていたということである。そして、朝になり、ＵＮＨＣＲスタッフなどが難民キャンプへ来たときには、難民を帰還させるためのトランジットキャンプへ移送するバスに多くの難民が不本意ながらも乗って待っていたということである。１９９２年10月にＵＮＨＣＲは交渉の末、バングラデシュ政府と合意し、ＵＮＨＣＲスタッフが帰還前の難民にインタビューを行なうことについて合意した。しかし、１９９３年1月のロイター通信のニュースによると、この後も難民がバングラデシュ政府によって意思に反して送還されていたという報告がある。このように難民がバングラデシュ政府によって本国へ帰還するように肉体的、精神的なハラスメントを受けているという証拠が増えていくにつれて１９９２年12月に10月の合意を撤回しＵＮＨＣＲは難民帰還のオペレーションを支援することからは手を引くことをアナウンスした。しかし、その後もバングラデシュ政府による難民帰還のプロセスは続き、同じくロイター通信によると１９９３年の1月半ばまでに、１万７千人以上の難民がＵＮＨＣＲの関与なしにミャンマーへ帰還したとある。１９９３年12月のWRITENETの記事によると１９９３年1月19日に帰還が一時停止され、1月末に再度帰還が開始されたときにＵＮＨＣＲは帰還前のトランジットキャンプにおいてのみであるが、難民へのインタビューを許可された。その後もＵＮＨＣＲはバングラデシュ当局との難民の自発的な帰還を進めるように話し合いを続け、１９９３年5月にバングラデシュ政府との間で了解覚書（Memorandum of Understanding: MOU）を締結し、ＵＮＨＣＲスタッフが帰還前の難民に帰還の意思などについての個別インタビューを行なうこと、ＵＮＨＣＲの難民キャンプへのアクセスについて合意した。しかし、難民の帰還はあまり進まず、ラングーンラジオビルマの発表によると１９９３年７月時点で２万９千人あまりが帰還するに留まっていた。WRITENETの記事によると、難民の期間が進まない一番の要因は、ミャンマー政府がＵＮＨＣＲに対して帰還後のロヒンギャの再定住についてモニタリングを許可しなかったことが挙げられている。命からがら逃げてきた難民にとって、帰還後の安全が保障されない状態では、帰国できるものではないというのが本音であったと推測できる。この現状を打開するためにＵＮＨＣＲはミャンマー政府とも交渉を行ない帰還後のロヒンギャの支援のためにラカイン州においても人道支援活動ができるように定めたＭＯＵを１９９３年11月に締結した。ミャンマーにおいて、ロヒンギャに国籍がないという根本的な問題は解決していないものの、１９９４年以降難民の帰還は大幅に進み、ヒューマンライツウォッチのレポートによると、１９９３年から１９９７年の間に23万人あまりの難民がラカイン州へ帰還した。難民の帰還が進むに伴い、ＵＮＨＣＲとバングラデシュ政府は難民キャンプを徐々に閉鎖し、ウキアにあるクトゥパロンとテクナフにあるナヤパラの二つのキャンプに残っているロヒンギャ難民を集約させた。１９９７年後半以降の難民の帰還は、あまり進むことは無く、ＵＮＨＣＲのPolicy Development and Evaluation Service（ＰＤＥＳ）の報告書によると最後に難民帰還が行なわれたのは２００５年６月となっている。

３　第三国定住の始まり

難民の恒久的解決において、一般的には、難民の自主的帰還（Voluntary Repatriation）、第三国定住（Resettlement）、そして難民のホスト国が国民として受け入れる（Reintegration）ことの3通りが挙げられる。自主帰還が一段楽した２００５年以降、さらなる難民問題の解決のために第三国定住の可能性が模索された。第三国定住の受入れ先は、カナダ、ニュージーランド、イギリス、オーストラリア、アイルランド、ノルウェー、スウェーデン、アメリカであった。ＰＤＥＳによると、ロヒンギャ難民の第三国定住プログラムは２００６年に開始された。第三国定住者の数は２００９年が最多で４６５人であった。しかし、バングラデシュ政府の厳しい出国制限により、バングラデシュ政府は２０１０年の11月に第三国定住予定者の出国を停止した。この結果により、第三国定住プログラムに適格とされ出国を予定していた１９９７人のうち、およそ半数の９２０人のみが第三国定住をすることができた。

第三国定住プログラムというのは、受入先の国が認めてこそ成り立つものである。第三国定住の資格が得られるためには、受入国側の基準に照らし合わせて合格し、受入国の担当者のインタビューを経て決定となる。その後も、出国までにはメディカル・クリアランスなど健康面で問題ないことが条件となることが多い。２０１０年11月にバングラデシュ政府が第三国定住プログラムを停止したとき、出国を待っている人たちの中には、ＩＯＭによって行なわれる出発前オリエンテーションをすでに受講しているものもいた。一般的に難民の第三国定住は難民を世界問題と捉え、ホスト国の負担を世界の他の国で分担し解決していこうという国際的な枠組みである。バングラデシュに居るロヒンギャ難民の数が減る

国際機関（IOM）により建設中のHealth Care Center（2018年10月23日）

ことは、基本的にはバングラデシュ政府にとっては望ましいことであるはずである。それでは、どうしてバングラデシュ政府は難民の第三国への出国を認めなくなってしまったのであろうか。その答えは恐らく、難民の第三国定住を認めることが、バングラデシュ政府にとって難民受入国としての負担を減らすことになると考えられない要因があったからである。当時、フィールドにて勤務していたスタッフの話だと、バングラデシュ側は、難民の第三国定住を勧めることは、ミャンマー側の状況が決して良くなっていない中で、ミャンマーに居るロヒンギャにとって、バングラデシュへ行けば、第三国へ行けるかもしれないというメッセージを出すこととなり、さらに難民の流入が増えることを予想したからである。バングラデシュにおけるロヒンギャ難民の対応の難しさは、ここに如実に現れている。バングラデシュ国内に居る難民の数を減らし解決の方向へ進めていきたい反面、ミャンマー側では、難民として大量流出した根本の原因となっている問題については手がつけられていない状況である。難民問題が人道的な問題であると同時に、政治的な問題と言われる所以も、ここに現れている。

4 難民を取り巻く環境（２０１０年から２０１７年の難民流入まで）

前項で取り上げたように、２０１０年11月に第三国定住プログラムがバングラデシュ政府により停止されて以来、難民の流入は比較的、小康状態が続いていた。私は２０１０年12月から２０１２年12月まで国連ボランティアとしてコックスバザールのＵＮＨＣＲに勤務していたので、当時の記憶をたどりながら、一度、ここで整理してみたいと思う。

１９９１〜１９９２年の難民流入により開設された難民キャンプは、帰還の方法には様々な議論があるものの、難民帰還が進んだことによりウキア郡のクトゥパロン、テクナフ郡のナヤパラという二つのキャンプに集約されていた。ＵＮＨＣＲの統計によると、２０１０年5月31日現在の人口は二つのキャンプの合計で2万8千人あまりであった。また、それとは別に、およそ2万9千人の未登録難民がクトゥパロン・キャンプの周辺に当座しのぎの居住地（Makeshift Camp）として居住、また、テクナフ郡のナヤパラ・キャンプの近くのレダ・サイト（Leda site）と呼ばれる場所に、およそ1万3千人の未登録難民が居住していた。さらに、コックスバザール地域にコミュニティに紛れて暮らす未登録の難民がおよそ20万人いるとされていた。当時、バングラデシュ政府の通知により、ＵＮＨＣＲが実際に保護の対象と出来たのは、二つの公式難民キャンプにいる難民のみであった。メイクシフトに居住している難民については、食料等の援助は無く、医療サービスについては、国境なき医師団（ＭＳＦ）が提供している国道沿いのクリニックに頼っていた。そして、レダ・サイトについては、給水、医療等のサービスをイギリスに本拠を置くＮＧＯであるムスリム・エイド（Muslim Aid）がサービスを行なっていた。しかし、このムスリム・エイドのプレゼンスについても、未登録の難民を支援しているということで、バングラデシュ政府からは公式に許可が下りているわけではなく、スタッフはＮＧＯワーカーとしての査証（ＶＩＳＡ）が発給されず、やむを得ず観光ビザで入国するなどの困難を強いられていた。最後に、20万人にも上る、コミュニティに暮らすロヒンギャについては、公式には、どこからも援助を受けていない状況であった。

どうして、このように多くの未登録の難民がバングラデシュにいるのであろうか？　ここには、バングラデシュ政府が難民登録を事実上ストップしていることと、ミャンマー政府の対応が依然として変化していないことが関係している。まず、バングラデシュ政府とミャンマー政府の間で難民の帰還についての協定が結ばれたことにより、未だに難民の流入が続いているにも関わらず、バングラデシュ政府はロヒンギャ難民の新規登録を停止した。それにより、それ以降に流入した難民が未登録となり、メイクシフトやレダ・サイトへ住み着いた。さらに悲劇なのが、大量に帰還した難民が、ミャンマーに戻った後、再び迫害されてバングラデシュに戻ってきていることである。私は、ホストコミュニティにおいて、実際にインタビュー等をして調査したが、ミャンマーに戻っても、国籍が与えられるわけでもなく、仕事も土地もなく、難民となったときに置いてきた財産は保障もされることもなく、結局、再びバングラデシュへ戻ってきたという難民がほとんどであった。彼らは、帰還した時点で難民ではなくなるわけで、再び戻ってきてもバングラデシュ政府から難民としての地位が再び与えられることは無かった。難民の中で、ホストコミュニティに親戚が居るものは、親戚を頼って暮らし、その他は道沿いにバラックのようなものを建てて日雇い暮らしを送るか、メイクシフトなどで暮らすかを余儀なくされていた。このように難民問題が膠着している状態において、難民キャンプにおいて国際機関がどのような活動を行なっていたのかについて述べてみたい。

まず、ＵＮＨＣＲが行なっている活動の最も重要な活動は難民の保護である。難民キャンプにおいては、長期化する難民生活により、家庭内暴力を受ける女性が増えていた。また、性暴力の被害に遭う難民も増えていた。さらには、人身売買の被害に遭遇する可能性も高く、移動の自由など、様々な権利が制限されていた。長期化する難民生活における、このようなリスクを軽減するために、UNHCRは様々な活動を進めた。まずは、レイプ被害を少しでも減らすために、電気のない難民キャンプにおける夜間の安全確保のために太陽光発電によるライトを設置したり、キャンプ内に難民で組織する女性グループを作って、啓発活動をしたり、万が一、被害が起きたときには、速やかにUNHCRスタッフへ連絡が行き、適切な治療を受けられるような体制構築を行なった。また、難民の若者の活動として、キャンプ内にボーイスカウト、ガールスカウト活動を普及させることも行なっている。難民の若者がコミュニティのリーダー的な存在になり、キャンプ内での様々なリスクについての啓発活動を行なっている。また、難民キャンプ内の難民用の住居についても、PDESによると2006年以降、未だ一人当たりの面積がスフィア基準よりも小さいことや、プライバシーの確保への配慮が足りないなどの問題はあるものの、改善されてきた。バングラデシュのコックスバザール地域は、沿岸部にあり、毎年、サイクロンによる洪水に悩まされてきた。これら、サイクロンによる被害は時に大きく、サイクロンによる被害が出た場合には、緊急用のキットが配布された。

また、私が活動していた当時は、難民キャンプが設立されてから20年が経過している訳で、難民キャンプに居住している多くの若者、子どもたちは難民キャンプで生まれ育ち、母国を知らないのが現状である。そこで懸命に暮らす難民の若者や子どもたちをみていると、若い難民にとって、ふるさと、母国とは何処を想像し、何を意味するのであろうと考えさせられる。難民キャンプ内には国連の資金によりＮＧＯが運営する小学校があり、ミャンマー語を含む授業が行なわれている。小学校においてはＷＦＰの援助によりビスケットの配布が行なわれており、家庭において学校に子どもを通わせるインセンティブ、さらには難民の子どもたちの重要な栄養源ともなっていた。カリキュラムについてはバングラデシュのカリキュラムに準ずるようになってはいたが、私がいた当時の扱いは非正規の学校で、卒業後にバングラデシュにおける小学校卒業資格試験であるＰＳＣ試験の受験資格は与えられていなかった。さらに、キャンプ内には、高等教育機関はなく、キャンプ外の学校へも正規には通う資格がない難民の子どもたちは、学問の道を絶たれざるを得なかった。そんな困難な状況にもかかわらず、地元のセカンダリー・スクールに通う学生も何人かいた。学生は皆、難民という身分を明かさずに通っているが、証明書のないロヒンギャにとって簡単なことではなかった。私が学校の先生に聞いたところによると、学校側も、もちろんロヒンギャということを知っていて入学を許可していた。誰にでも教育を受ける権利はあるという学校側の配慮によって幸いにも数人の学生は学問を続ける機会を得ていた。このほかにも、キャンプ内では国連機関によって医療、石鹸作りや、簡単な大工仕事等ができるようになる技術教育プログラムなどの様々なコミュニティサービスが行なわれていた。

ここまで述べた中でも分かるように、難民への国際機関による人道支援を行なっても、ロヒンギャ難民キャンプの難民の暮らしは決して豊かではない。しかし、バングラデシュのように難民キャンプとホストコミュニティが隣接している場所において、ホストコミュニティ側にとっては、難民の暮らしは至れり尽くせりに見えてしまうのも無理はない。２０１０年当時、ホストコミュニティには、難民に対する反感が高まっていた。その主な理由は、難民は様々な援助をもらっているのにホストコミュニティ側の人間は何ももらっていないという不公平感、そして、非公式にではあるが実情は多くの難民がホストコミュニティにおいて低賃金で労働についている、それによってホストコミュニティの人々の職が奪われ、賃金を押し下げているという不満などがあげられる。バングラデシュの側からすると、これはもっともな言い分であり、人道支援の大儀を振りかざしているだけでは長期化する難民を抱えている途上国にとっての不満は募るばかりである。

国際機関もこのことは認識し始めていて、難民の自立支援と、ホストコミュニティ支援へと舵を切ろうとしていた。ＰＤＥＳによると、具体的にＵＮＨＣＲがホストコミュニティに目を向け始めたのは２００６年であった。ＵＮＨＣＲを中心として国連機関は難民の現状を鑑み、ホストコミュニティにおいて、より建設的な関係を築けるようにUN Joint Initiative（ＵＮＪＩ）の作成に取り掛かった。これは、具体的にはＥＵとオーストラリアの拠出で3千3百万ドルのホストコミュニティ向けのパッケージで、今まで各国連機関がばらばらに行なっていたウキア、テクナフ両郡のプログラムを調整し一体として行ない当該地域のMDGsの達成を目指そうというものであった。２００６年当時、難民の影響もあり、ウキア、テクナフ両郡は年々貧困率が上昇し、非識字率、失業者数も他の地域に比べ

ホストコミュニティと隣接している Shamlapur Camp の様子（2018年10月25日）

て高い水準にあった。ＵＮＨＣＲが作成に中心的な役割を果たしたのは、ホストコミュニティにおける難民への反感が高まる中で、ホストコミュニティ向けの支援を加速させたい意図があった。しかし、計画が完成されていく中で、ＵＮＨＣＲはバングラデシュ政府の難民問題に対する敏感な反応を避けるため影の存在に徹し、名前が出ないようにした。具体的にＵＮＪＩは、すでにホストコミュニティにて活動を行なっていた4国連機関（ＵＮＩＣＥＦ、ＷＦＰ、ＵＮＤＰ、ＵＮＦＰＡ）のプログラムをより効果的に一体となって行なう内容となっていた。しかし、UN Country Team と主要な人道支援、開発援助機関の後押しも虚しく、ＵＮＪＩはバングラデシュ政府により却下された。バングラデシュ外務省の言い分はＵＮＪＩがホストコミュニティの貧困削減を隠れ蓑としたコックスバザール地区の難民向けのプログラムだということであった。また、難民を支援することしか許されていないＵＮＨＣＲがマンデートを逸脱し開発にまで手を出すことへの違和感が述べられた。ＰＤＥＳによると、当時のバングラデシュ政府は、チッタゴン丘陵地域の平和協定の履行問題や、ノーベル平和賞受賞者であるモハマド・ユヌス氏をグラミン銀行の総裁から外すなど国際世論から非難されることが続いていた。それも相まって、ＵＮＪＩは受け入れられなかったのではないかと推測されている。もし、そうであれば、それは国連機関においても、どうにもならなかったのは事実である。しかし、結果的にＵＮＪＩは許可されず、今

国際機関によりホストコミュニティ共用として作られたTube-well（Shamlapur Camp）（2018年10月25日）

までどおり各機関がばらばらにホストコミュニティでの活動をナショナルプログラムの一環として行なうに留まり、ホストコミュニティ支援のインパクトは大きくはならなかった。

私が滞在していた２０１０年12月から２０１２年5月位までは大きな事変もなく安定した時期が続き、ミャンマー対岸のマウンドーのＵＮＨＣＲオフィスとコックスバザールのＵＮＨＣＲオフィスの間で職員を行き来させ、現状についての共有などを行ない、帰還の促進に繋げようとしていた。しかし、２０１２年6月に状況は一変する。対岸のミャンマー、ラカイン州において仏教徒の女性が3人のムスリムによりレイプされた後、殺害されたことを発端に仏教徒であるラカインとロヒンギャとの紛争が起き、ＢＢＣの報道によると２００人のロヒンギャが殺害され、何万人ものロヒンギャが街を追われることとなった。川を渡ってバングラデシュ側へ渡ってくる人も多かったが、バングラデシュ政府は上陸を認めず、国境警備隊、軍隊、警官隊を動員して小船に乗って押し寄せてくるロヒンギャを押し返した。当時、漏れ聞いたニュースでは押し返された人たちは、ミャンマー側に戻った後、その多くがミャンマー当局によって殺害されたということであった。当時、ＵＮＨＣＲはバングラデシュ政府への働きかけも虚しく活動を許可されず、ただただ、押し寄せてくる難民が押し返されているのを見ていることしかできなかった。また、この事件は難民キャンプの難民を動揺させ、一層、帰還への道は閉ざされた。そして、ミャンマー側のＵＮＨＣＲの国際職員は退避となり、10人のナショナルスタッフが当局に逮捕され、活動は大幅に縮小されることになった。

２０１２年を契機として、ミャンマー国内では、多くの内紛が生じ、仏教徒とムスリムの緊張が高まった。ロヒンギャに関する顕著な事件としては、同じくＢＢＣによると同年の10月に64人が殺害される事件が起こり、何千もの家が破壊された。その後も不安定な状況は続き、２０１４年1月には国連によるとロヒンギャがラカイン族の警官を殺害したのを契機として40人の子どもを含むロヒンギャが殺害されたと報じている。このような状況がこの後、断続的に起き、ミャンマー国内での仏教徒とムスリムの緊張はさらに高まり、２０１７年８月25日から現在まで続く世界でも未曾有の大量難民の流入へと繋がっていく。

５ ２０１７年８月25日以降

２０１７年８月25日、ＢＢＣの記事を引用すると、アラカン・ロヒンギャ救世軍（ＡＲＳＡ）が30を超える警察の駐屯地を攻撃したことを発端として、ミャンマー国軍、仏教徒による大規模なロヒンギャ掃討作戦が行なわれた。多くの村々が焼かれ、ＭＳＦによると８月だけで少なくとも７３０人の５歳以下の子どもを含む６千７百人のロヒンギャが殺されたとある。また、アムネスティインターナショナルはミャンマー国軍がロヒンギャの少女を含む女性をレイプし、様々な形で乱暴していると報じている。結果として大量のロヒンギャがバングラデシュへ流入するに至った。

ＵＮＨＣＲによると、この２０１７年のロヒンギャ難民の流入は、難民流入の速度と規模によって過去最大の難民危機であると述べている。ＵＮＨＣＲから出された緊急アピールによると２０１７年８月から６カ月経たないうちに67万人以上のロヒンギャ難民がバングラデシュへ流入した。それらの難民は、前に述べた20万人以上の未登録難民と混じってコックスバザール地区、特にウキア、テクナフの両郡に流入した。特にその多くが、当時から広がっていたクトゥパロン・メイクシフト・キャンプに流入した。２０１８年末の時点で、34の難民キャンプが設置され、他にも多くがホストコミュニティに隣接して暮らしている。バングラデシュは今回の難民に関して国境を開いたものの、当初は国際機関の関与を認めなかった。しかし、この事件に関し、バングラデシュの国民は心を痛め、バングラデシュ国内各地から多くの物資の援助が寄せられた。ＵＮＨＣＲをはじめとする、国連機関の関与が認められてからのＵＮＨＣＲの対応は非常に早かった。ＵＮＨＣＲのレポートによると、はじめの6カ月間で流入したロヒンギャのうち。実に55％が18歳以下で、その多くが何らかの理由で家族と離れて難民となっていた。また、女性の数は52％、さらに栄養失調の指標もＷＨＯが緊急時の限界としている指標よりも高かった。多くの難民は見るに見かねるほど酷い状況をくぐってきた様子で心に傷を負っているのが分かった。人が生きていくのに最低限必要な衣食住は満たされておらず、押し寄せる難民の数はホストコミュニティとの軋轢を生み出すに十分な数であった。

ＵＮＨＣＲは、他の国連機関、特に、難民や移民など人を扱うのに長けているＩＯＭと協力して対応に当たった。ＵＮＨＣＲは緊急時の対応用に世界で何箇所かに大規模な倉庫施設を擁している。緊急時には、そこから航空機で世界中の何処へでも必要に応じて物資を輸送することができる。まず、最初の緊急対応とし

果てしなく続くクトゥパロン・メイクシフト（2019年2月27日）

て２０１７年９月からの４カ月間で17回の航空機輸送を実施し、毛布、マット、水を入れるポリタンク、バケツ、プラスチックシート、簡易のシェルターキットなどを配布した。さらに、難民の保護に必要なデータベースの作成、家族数の調査、そして性暴力の被害にあった難民のサポート、子どもたちの心理的サポートなどができるように26の子どもにやさしい空間（ＣＦＳ）の設置を行なった。また、限りはあるものの、可能な限りホームビジットなどを行ない、情報の収集にあたった。しかし、それでも、まだまだ増え続ける難民数に対応するには足りなかった。さらに、難民が増え続けるに連れて、クトゥパロン・メイクシフトは、さらに終わりが見えないくらいに拡がり、シェルターの設置のためと、燃料としての薪のための森林破壊が深刻になっていった。また、サイクロンのシーズンになり、急な山肌を切り開いたような場所に住んでいる多くの難民は洪水や土砂崩れに巻き込まれる心配もあった。

２０１８年3月にＵＮＨＣＲをはじめとする国際機関、ＮＧＯは増える難民に対応するために、同年12月までに必要な対応をまとめた国連・ＮＧＯ対応計画（ＪＲＰ）の作成を行なった。２０１８年のＪＲＰにおいて人道支援のターゲットとされたのは、ＵＮＨＣＲの資料によると、２０１７年８月以前からコックスバザールに居る難民キャンプの難民数と当時の未登録難民の推定を合わせた21万人と２０１７年８月以降に押し寄せた、およそ67万人の難民を合わせ、合計約90万人に膨れ上がったロヒンギャ難民と、８万人の潜在的にバングラデシュに流入の可能

各キャンプも広大なものでは場所の特定が難しいためキャンプ内のブロック番号を示す旗が立てられている（2019年２月27日）

性がある難民の推定数、そして33万人に及ぶホストコミュニティの人口を総計した130万人であった。2018年のJRPにおいて優先事項とされたのは、難民の基礎的な権利を守る難民保護と、意志決定に難民とホストコミュニティが参加すること、コミュニティベースでの活動が行なわれること、レジリエンスと解決策を探ることである。

さらに、今回の大量の難民流入の際には、多くのINGO、NGOが現地に赴き様々な活動を行なっている。その中には、UNHCRをはじめとする国連機関のプログラムの実施を担っているNGO（Implementing Partner）もあれば、独自に活動を行なっているINGO、そしてバングラデシュ国内のNGOもあった。一時期にはコックスバザール地域に展開しているNGOの数は百以上にも上った。それらのNGOの調整、そして国連機関との連携を行なう必要が出てきた。そこで、コックスバザールにおいては、国連機関およびNGO団体部門間調整グループ（ISCG）が組織され、主要なNGOと国連機関の調整を行なっている。ISCGは、活動する分野毎にワーキング・グループを作っており、教育やフードセキュリティ、WASHなど11のワーキング・グループが組織されており各機関との調整を行なっている。またウキア、テクナフにハブとしてのオフィスがあり、2週間ごとに各ハブにおいて各機関の活動についての進捗報告と情報共有、交換を行なっている。ロヒンギャの難民としての流入は2018年末現在で、一段落はしているものの、未だに毎月、100人前後の流入が続いており、バングラデシュ側での受け入れにおいて、土地問題が深刻になっ

クトゥパロンエリアのキャンプは隣接しており複雑なので、写真のように道しるべが立てられている（2019年2月27日）

てきている。ＵＮＨＣＲの最新のデータによると、２０１９年7月7日現在、コックスバザールにいるロヒンギャ難民の総数は、91万3千3百人あまりとなっており、そのうちの実に73万人以上が、２０１７年8月25日以来の流入数である。

このような状況下で、難民の受け入れに伴う環境整備には、未だに多くの時間と費用がかかり、多くのＮＧＯの関心も難民に向きがちである。しかし、バングラデシュにおける難民の現状というのは、昔も今も変わらず、地元のコミュニティに隣接しており、難民の存在は地元の社会経済に大きな影響を及ぼす。各国連機関、ドナーともホストコミュニティ向けのプログラムを行なっているものの、その数、インパクトは難民向けのプログラムに比べると、とても少ないのが現状である。難民の総数が１００万人に近い現状で、しかもロヒンギャは実質として無国籍であることからも短期的な解決は現実的ではない。このような状況で、33万人が暮らしていたホストコミュニティに73万人以上が、このような短期間に流入するということは、ホストコミュニティにどのような影響を与えているかは想像に難くないのが現状である。

急増した難民により、廃棄物処理は大きな課題となっている（2019年2月27日）

最後に

これまで、１９７８年の難民流入から、１９９１～１９９２年の流入、そして２０１７年の大量流入における国際機関の対応について述べてきた。難民条約を批准していないバングラデシュには、難民を取り扱う国内法は存在しない。難民に国籍を与えるかどうかはバングラデシュ政府の判断による。これまでに、他の国からの難民に対して国籍が与えられたことはあったようであるが、ロヒンギャに関しては、その可能性は限りなくゼロに近い。また、過去２回の難民の大量流入時のように、ミャンマーとバングラデシュ間の２国間での政治的な決着は国際社会の目もあり簡単ではないであろう。ＵＮＨＣＲは１９７８年、１９９１〜１９９２年の両方で結果として政治的決着をサポートしたことにより、多くの難民を苦しめてしまった。そして、これまでの２国間の決着は、基本的には難民となった人間を元の国へ戻すことを目的としており、難民となった根本原因自体に対処することを後回しにしてきた。ロヒンギャへの正当なミャンマー国籍の付与という問題は国際機関だけで対処できる問題ではないが、民主化したミャンマーにとって、これからは真剣に取り組まなければいけない問題の一つとなることは間違いない。２０１８年11月25日には、２国間合意に基づく難民の帰還が始まるとの声明が出ていたが、実質、帰還した人間は一人もいなかった。ロヒンギャの要求は、正当なミャンマーでの国籍の付与、そしてロヒンギャという民族を認めるということである。２０１７年８月に始まった世界でも例にない非常に短期間の大量の難民流入は、根本的な解決を怠った国際世界へ、今回の難民解決が容易ではないことへの警鐘となり、ＵＮＨＣＲをはじめとする国際機関は、人道支援という責任と政治との間で非常に難しい舵取りを任されているのが現状である。【志賀　圭】

しが けい
（株）コーエイリサーチ＆コンサルティングにて開発コンサルタント

第６章　難民になれない難民としてのロヒンギャ

無国籍者としてのロヒンギャ問題——日本に暮らすロヒンギャを通じて考える

はじめに

ロヒンギャの多くはミャンマーにおいて国籍を有さない。国籍によって本来守られるべき身分が、守られない状況にある。結果、ロヒンギャはミャンマー国外へ流出せざるを得なくなっている。本節は、無国籍者としてのロヒンギャ問題を取り上げる。「国籍」と「無国籍」を定義した後に、ミャンマーにおける国籍法を紹介する。さらに、無国籍という状態をより理解するために、日本における無国籍者が抱えている状況に引きつけて説明をする。また、在日ロヒンギャの暮らしに触れ、無国籍がきっかけとなって、来日したロヒンギャの生の声を紹介し、無国籍という状態をより実感してもらうことを目指す。

1 「国籍」と「無国籍」とは

「国籍」とは「個人が特定の国家の構成員である資格」であり、「人を特定の国家に属せしめる法的紐帯《ちゅうたい》」と一般的に定義されている。「無国籍」を研究している付月によると、国籍は①ある個人が特定の国の国民であることを示すものであると同時に、②個人の本国法を決定する要素の一つである。また、③国籍は個人にとって、国内および国際社会の双方において、様々な権利を行使する際の一つの基準になっているため、国籍をもつこと自体が人権であると認識されている。国籍を持てないことは、「人権」を剝奪されている状態とも言える。一方、「無国籍」とは、1954年の「無国籍者の地位に関する条約」1条により「その国の法律の適用により、いずれの国によっても国民と認めらないもの」と定義されている。国際社会が国家を単位として成り立っている以上、いずれの国にも法的に所属しない無国籍者は、いずれの国からも排除され、どの国からも保護されない可能性がある。ロヒンギャも現在このような状況に置かれている（「無国籍」については、付月（2013）が論文「無国籍条約加入の意義と日本の課題」『移民政策研究』5号にまとめている）。

ロヒンギャの多くはバングラデシュへ避難した。ロヒンギャの多くはミャンマー国民でもバングラデシュ国民でもない。バングラデシュが止むを得ずロヒンギャをキャンプに受け入れているのは前述の通りである。バングラデシュにおいて法的地位は有さず、人権が制限されている現実がある。また、国籍がないことで差別されたり、移動の自由が制限されたり、基本的な権利が保障されないことがあり得る。では、ロヒンギャはなぜそもそも「無国籍」になっているのであろうか。次項では、ミャンマーにおける国籍法を見せながら説明する。

2 ミャンマーにおける国籍法

ロヒンギャはミャンマーにおいて自国の民族として認められていないために、国籍を有さない。ミャンマーはそもそも多民族国家である。ビルマ族が約70％を占める。他の主要な民族は、カチン、カヤー、カレン、チン、モン、シャン、ラカイン（アラカン）の7民族で、それぞれ主に居住する場所が州になっている。第二次世界大戦後、ミャンマーはイギリスから独立し、1947年憲法は国民を「その両親のいずれもが、ビルマの先住民族に属している者」とした。ミャンマーでは自国の「土着民族」として135の民族が認められているが、この中にロヒンギャは含まれなかった。1948年の国籍法においては、「過去2世代以上に渡って連邦領域内に家を建てて永住した者の子孫であり、その者自身と両親が連邦領土内で出生した者」が国民であると定められている。ロヒンギャは「土着民族」と見なされていないため、国籍が持てない。ただ、5年間継続してミャンマーに居住していれば帰化による国籍取得が理論的には可能であった。しかし、許可は大臣の裁量によるため、ほとんどのロヒンギャが国籍を有さないという状態が続いてきた。

1982年国籍法は、国民を表1のとおり三つに分類した。しかし、ロヒンギャの大半はいずれの国民ともなっていないために、無国籍となっている。

ミャンマー国籍法の改正が、2017年8月「ラカイン州諮問委員会」による報告書「ラカイン州の人々の平和で公平かつ豊かな未来に向けて Towards a peaceful, fair

表1　1982年国籍法によるミャンマー国民の分類

国民	1823年以前から領土内に居住する土着民族。ロヒンギャは土着民族として認められていない。
準国民	独立した1948年に施行された国籍法に基づいて国籍を申請し、取得した人（英系ビルマ人など）。ロヒンギャは1948年国籍法での申請要件等を知らず、申請していない。
帰化国民	法律に基づいて帰化した外国人。出生・居住を証明する書類が必要。しかし、ロヒンギャはほとんど持っていないために帰化も難しい。

以上、アムネスティインターナショナル（2004）アムネスティ報告書「ビルマ（ミャンマー）少数民族ロヒンギャ：基本的人権の否定」、東京新聞（2017年12月3日朝刊「行き場を失う無国籍の民ロヒンギャ」による

and prosperous future for the people of Rakhine」によって勧告されている。ラカイン州諮問委員会については第7章でより詳しく説明がなされるが、本章でも、ミャンマーにおける「国籍」「無国籍」を考える上で必要なので、簡単に紹介する。同委員会は、２０１６年8月に故コフィ・アナン元国連事務総長を委員長とし発足した。９人の委員のうち3人が外国人、ムスリム２名（ロヒンギャではない）が含まれるというメンバー構成である。故・アナン委員長に象徴される国際社会の眼もいれた第三者委員会の調査により見解を示してもらうことによって、ロヒンギャ排斥に傾いている一部の軍・仏教徒に対する現状の打破を狙ったものと考えられる。報告書は故・アナン委員長よりアウンサンスーチー国家顧問に手渡され、アウンサンスーチー顧問は「政府全体で勧告を批准する枠組みを作る」と答えたという（日本経済新聞（２０１7年8月24日））。

報告書には「ミャンマーが無国籍の方を最も多く有する国である」と書かれている。ミャンマーへの勧告としては、「市民権を認められた者が、利益、権利、自由を行使できるようにすること」「市民権認証の過程への明確な戦略、タイムラインを作ること」「申請が仮に認められなかった場合でも、どのような地位を与えるのか明確化すること」「地位を与えること」「（市民権認証への）過程を自発的に進めること」「市民権を認証するために独立した政府機関を作るべきこと」、そして「１９８２年の国籍法について、国際基準、規範にのっとっていないので、見直しをすべきであるということ」が述べられている。つまり「国民、準国民、帰化国民」という分類を撤廃すべきであると言っているのだ。また、ミャンマーでは、市民権とエスニシティ（民族性）が深く結びついてきたが、その見直しをすべきだということが勧告からは分かる。同報告書からは無国籍であるロヒンギャに国籍を与えるべきあるというメッセージが伝わってくるが、では「無国籍」とはいかに困難な状況を招くのだろうか。より状況を具体的に想像するために、日本おける無国籍の場合で考えてみることにする。

③「無国籍」を想像してみる――国籍がないことで生じうる困難

筆者は日本国内のＮＧＯで、非正規滞在者、すなわち在留資格のない外国人の支援に従事した経験を有する。無国籍になっている者が複数存在した。例えば、日本人の父親と外国出身の母親が法的に結婚していない状態で生まれた子どもが無国籍に該当する。日本人の父親が認知をしない場合、子どもは日本国籍を得ることが出来ない。加えて、母親が母国の大使館に出生届を出していなければ、子どもは母親の国の国籍も取得していない。すると、無国籍状態に置かれる。その子どもは成長し、日本人の交際相手と結婚したいと思うようになった。無国籍状態のまま役所に行って、日本国籍でない旨を伝えるとまず言われるのが「外国の方ならパスポートを見せてください、パスポート、え、ないの？」という言葉だ。本国法の特定および適用を受ける行政手続き（すなわち、どこの国の方法で手続きをするかを決める）をする場合、無国籍でパスポートがないと手続きを先に進めることが難しくなってしまうのだ。

あるいは、日本で難民認定を受けた者のうち有効期限内のパスポートを有さない者も無国籍に該当する。母国での迫害を訴えて難民認定を受けたわけなので、母国の大使館から新たにパスポートを発行してもらうことは難しい。難民認定者にはパスポートの代わりに日本の法務省から「難民旅行手帳」が発行される。難民旅行手帳はパスポートに形状がよく似ている。難民旅行手帳が完全にパスポートの代わりとなれば不便はないのだが、残念ながらそうはいかない場合もある。海外へ出張や旅行をしようと出国した際に、「ある国には入国できたが、別の国では入国を拒否されてしまった」という例を聞いている。

さらに、無国籍の場合、合わせて非正規滞在である（在留資格も持っていない）というケースが想定される。日本の場合、外国出身者には在留カードが法務省出入国在留管理庁から発行され、常時携帯することを義務づけられている。しかし、無国籍でかつ非正規滞在である場合、在留カードを持つことができない。すなわち、今、ここに存在するけれども住所がないという状態になる。無国籍かつ非正規滞在である場合、日本では、以下の状況が想定される。健康保険に加入できない。子どもがいる場合でも児童手当を受給することができない。生活に困窮しても、生活保護の受給はもってのほかである。住所がないので、例えば、東京都内に住んでいて、東京都立の高等学校に進学したいという場合でも、現に東京都内に存在するけれども、住所がないから都立高校には進学できないという事態が想定される。

4 在日ロヒンギャの暮らし・他国に逃れるとは

日本には、約250人のロヒンギャが暮らしていると言われている。うち、約200人は群馬県館林市に住んでいる。長年日本に暮らすロヒンギャによると、複数のロヒンギャが就労していた会社が群馬県館林市に移転をしたことを機に、館林市に暮らすようになり、後から来たロヒンギャも同胞が暮らす館林市を目指すようになったという。

館林市にはロヒンギャを中心としたモスクもある（写真1）。モスク建設当初は近隣の住民からの反対の声も聞かれたが、近隣の住民にロヒンギャの方から挨拶をしたり、モスクに食事に招いたりする中で、現在は良好な関係を築いている。モスクは2階建てで、1階には台所、足洗い場、食事ができるスペースなどがある。遠方からの来客がある場合、泊まれるように布団も準備されていた。2階が礼拝をする場所となっている。2階には男性のみが入ることを許されている。スリランカからイマーム（指導者）を招聘し、礼拝を行なっている。夜にはロヒンギャの子ども向けにコーランの勉強会も開かれている。家族連れのロヒンギャも存在する。中学校もムスリムであるロヒンギャのためにお祈りの部屋を設けるといった工夫もしているそうだ。

ロヒンギャを支援している弁護士によると、難民認定された方が約20人、在留特別許可を得た方が約100人で、彼らの家族も合法的に日本に暮らしている。在留特別許可とは、難民としては認定されなかったものの、人道配慮により日本に居住することを認められた人たちを指す。難民認定及び在留特別許可を受けた方は、日本での就労も可能で、自立した生活をすることが出来る。職業としては、館林市が工業地帯に近いことから工場勤務する者が多いが、一方で、中古車・リサイクル・食料品販売などのビジネスを興し、成功をしている人もいる。例えば、東京都新宿区・新大久保のある老舗ハラール食料品店はロヒンギャが興した会社である。一方、

写真1

ロヒンギャの中には、難民認定が受けられず、在留資格を有しない人たちも存在する。仮放免は約10人、数人が収容中である。仮放免とは、収容施設から一時的に外に出されている状態を言う。就労をすることは出来ない。仮放免や収容中の人は、他のロヒンギャが彼らの生活を支援しているという。ロヒンギャをめぐる状況が厳しいことが明らかな中、日本がロヒンギャに対してどのように難民認定審査をしていくのかが問われている。なお、国籍については、数家族が帰化申請により日本国籍となっている。他の多くは「無国籍」であることが推測される。

ミャンマーから陸続きの、日本以外の国に逃れる方がより現実的だと思われるが、日本にも現に少数ではあるがロヒンギャが来ている。無国籍でどうやって、海に囲まれている日本に入国できるのかという疑問が出てくる。パスポートがそもそもないわけである。しかし、それでもミャンマーを逃れ日本や他国に入国したいのであれば、ブローカー等に頼んで偽造旅券を使う場合もあると思われる。よって、他国に逃れられたとしても、その国で非正規滞在になってしまうということが想定される。ミャンマーから主にバングラデシュ、タイ、マレーシアなどにロヒンギャは逃れている。なお、難民条約は無国籍の方も対象としている。日本は難民条約に加入しているものの、バングラデシュなどは難民条約には加入していない。移住労働者の条約にもいずれの国も批准をしていない。よって、無国籍という状態でロヒンギャが他国に行ったときに、どのような扱いをされるのかは推して知るべしというところである。

5 「無国籍」状態に絶望し、日本へ逃れる

在日ロヒンギャはなぜミャンマーを離れ、日本に来ることになったのか。在日ロヒンギャの例をここで紹介する。長谷川《はせがわ》留理華《るりか》さん（日本に帰化申請をして、日本国籍のため、日本名で記す）は「国民カードが持てない国（＝国籍が持てない国）にはいられない」と思い、ミャンマーから、先に日本に逃れすでに在留資格を得ていた父の元に、母と兄弟と共に逃れてきた。以下、長谷川留理華さんが、筆者が聖心女子大学で担当する講義にゲストスピーカーとして来校し、学生に話してくださったときの内容を時系列で紹介する。

【ミャンマーでの大変な日々】（写真2）

私はミャンマーのラカイン州で生まれたロヒンギャ民族で、3歳までラカイン州に暮らしていました。父はラカイン州の公立学校で高校教師を務めていました。

1988年、ミャンマー全国で暴動が起き、たくさんのロヒンギャの人びとが拘束されたり、殺害されたりしました。その後、私が暮らす村にも、軍が父を探しに来ました。ロヒンギャの教師はほとんど拘束されました。父は国内で身を隠すのは限界があると考え、日本へ行きました。その後、母もロヒンギャへの迫害が特に強いラカイン州に残ったら自分と子どもたちに何が起きるか分からないと考え、財産を全て売り払って当時のミャンマーの首都であるヤンゴンへ移住しました。私はヤンゴンに小学校6年生まで暮らしていました。仏教徒

写真2

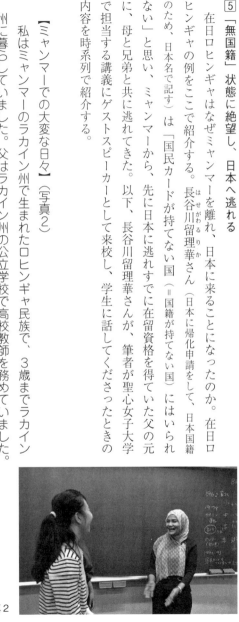

が多いミャンマーでは、イスラム教徒の生徒たちは「カラー、カラー」とずっと後ろ指を指されてきました。カラーはミャンマーではインド系の外人と言う意味です。

【日本への移住を決意】

私の父も祖父も先祖もミャンマーの国民登録カードを持っていました。12歳になると、国民登録カードを学校に申請します。私も他の生徒と同じように申請しましたが、私はロヒンギャ民族、またカラーであることを理由に受け付けてもらえませんでした。とても心細かったです。身分を証明するための国民登録カードさえもらえない国で、先が不安になり、また父が難民として日本で暮らしていたので、日本への移住を決意しました。

中学校のときは日本語が十分に分からず、「あいつ耳聞こえないのかな」といじめられました。イスラム教徒なので食べてはいけないものもあり、弁当を持参していましたが、カレーであることが多いため、「カレーを食べているから肌がカレー色なんだ、濃いんだ」と言われました。

一方で、高校では国籍を問わず友だちができました。初めてカラオケに行ったり、プリクラを撮ったりもしました。日本に来て4年目でやっとこれらの経験ができたのです。勉強で分からないことを教えてもらったり、男女問わずに友達が出来て、とても新鮮でした。

【結婚・出産・そして今】

父は日本でハラール食品を扱う店を始め、仕入れのためにタイに度々行っていました。高校2年生のときに、父についてタイに行ったところ、タイに来ていたロヒンギャ民族の従兄弟を紹介され、そのままタイで結婚式を挙げ、日本に一緒に帰ってきました。日本の感覚では理解できないかもしれませんが、私は当然のこととして、父に従いました。

高校卒業後デザインの専門学校に進学し、２級建築士の資格も取り、設計事務所に就職しました。しかし、幼い長男が大けがをしたことがきっかけで設計事務所を退職しました。現在は夫と会社を立ち上げ、私は取締役として、子育てをしながら会社を経営しています。

現在、子どもが３人います。長男が小学2年生、長女は年長、次女は3歳です。子どもには、肉全般・ゼラチンと書かれているものは食べないように教えています。

【私はロヒンギャ民族】

長女出産後に、家族全員で日本への帰化申請を行いました。長谷川留理華という名前になりましたが、見た目を変えることはできません。ロヒンギャ民族はロヒンギャ民族なのです。子どもには、「私たちはロヒンギャ民族で、日本国籍だよ」と説明しています。ロヒンギャ語を忘れないでほしいと思います。

日本のみなさんには、ロヒンギャの問題に関心を持ち、小さなことからでも、周りに話したり、何かを行動に移して欲しいと思います。

⑥国民登録カード、ロヒンギャという民族性と日本国籍

長谷川さんの語りでは何度か「国民登録カード」という言葉が出てきた。ミャンマー国民には身分証明書としてピンク色の「国民登録カード」〔1〕が発行される。しかし、ロヒンギャに

〔1〕「国民登録カー

はピンク色ではなく、白色のカード（通称ホワイトカード）〔2〕が発行され、ここでもロヒンギャは差別されてきた。さらに、長谷川さんは国民登録カードの申請自体が出来なくなってしまったという。自らが暮らしている国で、急に身分が証明できなくなるのはとても不安になるのは当然のことである。

長谷川さんは、日本で難民として暮らしていた父親の呼び寄せで来日しているため、在留資格こそあるものの、何年かの間は「無国籍」であった。専門学校時にヨーロッパへの研修に行くチャンスがあったのだが「無国籍」であるが故に、行けなかったことが今でも悔しいと語る。家族で帰化申請を行ない、日本国籍を取った。日本人になった。法的に帰属する国籍があることへの有り難みと安心を感じる一方で、「ロヒンギャ民族はロヒンギャ民族」と今も信じ、自らのことを「ロヒンギャ系日本人」と称する。自らの子どもには「私たちはロヒンギャ民族で、日本国籍だ」と教えているのだ。日本では国籍とエスニシティ（民族性）が同一視される傾向が強いが、長谷川さんのような「ロヒンギャ系日本人」というあり方も今後認めていく必要があるのではないだろうか。

7「無国籍」問題の解決に向けて

世界人権宣言の2条は「すべて人は、人種、皮膚の色、性、言語、宗教、政治上その他の意見、国民的若しくは社会的出身、財産、門地その他の地位又はこれに類するいかなる事由による差別をも受けることなく、この宣言に掲げるすべての権利と自由とを享有することができる」と

ド」は他章で言及されるCSC（市民権精査カード）と同じである。ピンク色は1982年国籍法に言う「国民」を表す（準国民は青、帰化国民は緑）。

〔2〕「白色カード（通称ホワイトカード）」は他章で言及されるTRC（暫定在留許可証）と同一である。

述べる。この精神に従えば、ロヒンギャを無国籍のままにしておくわけにはいかない。

問題解決のためには、一つはミャンマーが国際条約に加入するのを促すことである。「無国籍」に関しては二つの国際条約が存在する。１９５４年の「無国籍者の地位に関する条約」（65カ国加盟）は、無国籍者が差別されることなく、滞在国において安定的な生活を送るために必要な最低限の基本的な権利および自由を保障している。１９６１年の「無国籍削減のための条約」は、各国の国内法を整備することによって、新たに無国籍が生み出される状況を回避するための原則や法的枠組みを定めている。なお、二つの条約には日本も未だ加入していない。まずは国内の無国籍者の存在と状況を把握し、ミャンマーに先駆けて日本も加入をすることが望まれる。

ロヒンギャ問題への対応不足という点で、アウンサンスーチー国家顧問は、特に欧州から非難をされてきた。ミャンマーは一見、民主化されたように見えるものの、主要大臣は軍から選ばれ、憲法改正は事実上不可能となっている。アウンサンスーチー国家顧問は、軍やロヒンギャへの排斥を強める一部の仏教徒への対応に苦慮しているのではないだろうか。国際社会がすべきことは、アウンサンスーチー国家顧問を批判することではなく、上記の条約の精神や、先に挙げた「ラカイン問題検討諮問委員会」からの勧告をミャンマーが受け入れられるように、アウンサンスーチー国家顧問を支援していくことではないだろうか。

【加藤丈太郎】

かとうじょうたろう
武庫川女子大学文学部英語グローバル学科専任講師

バングラデシュに暮らすロヒンギャの未来

——「第2のビハール難民」となってしまうのか

1 ロヒンギャのバングラデシュにおける法的地位と帰還の見込み

バングラデシュ南部のキャンプに暮らすロヒンギャの人たちは、メディアなどで「難民」と呼ばれているが、バングラデシュ政府は難民と呼んではいない。その理由は何であろうか？

法的な難民とは、1951年に出来た国際法「難民の地位に関する条約（以下、難民条約）」によって、弾圧や迫害を受けて国籍国を離れ、国籍国の保護を望まない人、と規定されている。そして難民が滞在している国の政府が、その人がこの条約で言う難民であると認めると、その政府はその人に同国にいる一般外国人並み、あるいは同国人並みの権利を保障することが求められる。

ロヒンギャの人々に対してミャンマーで残虐な暴力や迫害があったこと、そしてその人たちが国境を越えてバングラデシュなどに避難しているので、この人たちはこの難民条約が規定する難民に該当している、と思える。しかしバングラデシュ政府は、このパスポートを持たない人々を「非正規の一時的入国者」として受け止め、難民ではなく「強制的避難のミャンマー国民（Forcibly Displaced Myanmar Nationals=FDMNs）」と呼んでいる。その理由は、以下と推察される。

一番の理由は、バングラデシュ政府が難民に関する法律を有していないからだろう。バングラデシュは、難民条約に加盟してない。ロヒンギャの人々が暮らしていたミャンマー、そしてロヒンギャの人たちの他の逃れ先であるタイ、マレーシア、シンガポール、インドネシアも同じだ。それゆえ、ロヒンギャの人たちが避難先の国において国際法に定められた保護を受けることは、保障されない。さらに無国籍者に保護を与えることを定めた国際法である１９５４年の「無国籍者の地位に関する条約（以下、無国籍条約）」には、先に述べた国々に加えて日本も加盟していない。

こうした国際法に加盟する場合、その国はこれらの国際法が求めることを国内で実現するために、国内法を整備することになっている。またそうした国際法に加入してなくても、どの国も独自に難民／避難民や無国籍者を保護するための国内法を作ることができる。しかしバングラデシュには、それらに該当する法律は存在していない。このためバングラデシュ政府は、既存の外国人管理のための法律などでこの人たちを処遇しているのだ。

だからと言って、バングラデシュ政府はこの人たちを不法入国者として収容所に閉じ込めているわけではない。バングラデシュ政府が人道的理由で受け入れ、FDMNsと名付けられた人々は、キャンプからの移動や就業の自由は相当制限されているが、最低限の住居と食料が供せられ、限定的だが教育や医療や保健衛生などのサービスを受けている。さらにバングラデシュ政府は、ノン・ルフールマンの原則として知られる難民条約第33条「追放及び送還の禁止」を尊重して、この人たちの自発的意思に基づいた帰還の実現のために、国籍付与を含めた人権と安全の保障をミャンマー政府に求めている。しかしミャンマー政府がそうした求めに十分応じていないために、両国間や国連機関との合意や帰還手続きが進んだものの、本格的な帰還は残念ながら2019年7月まで実現していない。

他の章で説明している通り、この人々が大量にバングラデシュに流入してきたのは3度目であり、かつその間に、ミャンマー国内におけるこの人々を取り巻く状況は一層悪化し、改善の兆しはまったく見えていない。つまりミャンマー政府とロヒンギャの人々がそれぞれ主張する国民や民族のアイデンティティーが全く異なっているので、このままでは、ロヒンギャのミャンマー人としての帰還は容易に望めず、その多くがバングラデシュに長期間滞留し、呻吟し続けると予想せざるを得ない。

実はこうした多数の無国籍者の長期間受け入れは、バングラデシュにとっては初めてではない。この人々と同様に無国籍状態のままバングラデシュ国内でその1971年の独立に際して「難民化」し、国際的な支援もほとんどない苦難な生活を続けたビハール人がその初の例である。ビハール人の多くは、難民化から37年後にバングラデシュの国籍を取得した。ロヒンギャの人々は、このビハール人とかなり似た軌跡を辿ることになる、というリスクに面している。

それゆえ本章では、1971年のバングラデシュ独立と同時に国内で難民化したビハール人について、その人たちの難民化までの経緯と、その後のキャンプでの暮らし、そしてバングラデシュの国籍取得までの軌跡を振り返っておく。

２ビハール人とは誰か

(1)分離独立時の双方向の大規模な人口移動

　現在のインド・パキスタン・バングラデシュは、英国の植民地「英領インド」であった。独立を求める民族運動とそれに対する複雑な政治的ゲームの結果、この英国植民地は、１９４７年８月にインドとパキスタンという二つの国に分離して独立する。パキスタンは、インドを東西に挟んで、現在のパキスタンである西パキスタンと、現在のバングラデシュである東パキスタンからなる国土を有した。

　この１９４７年の分離独立前後の数年間、この亜大陸のムスリムとヒンドゥー教徒（パンジャーブ地方はシク教徒を含む）の間で、何度にも

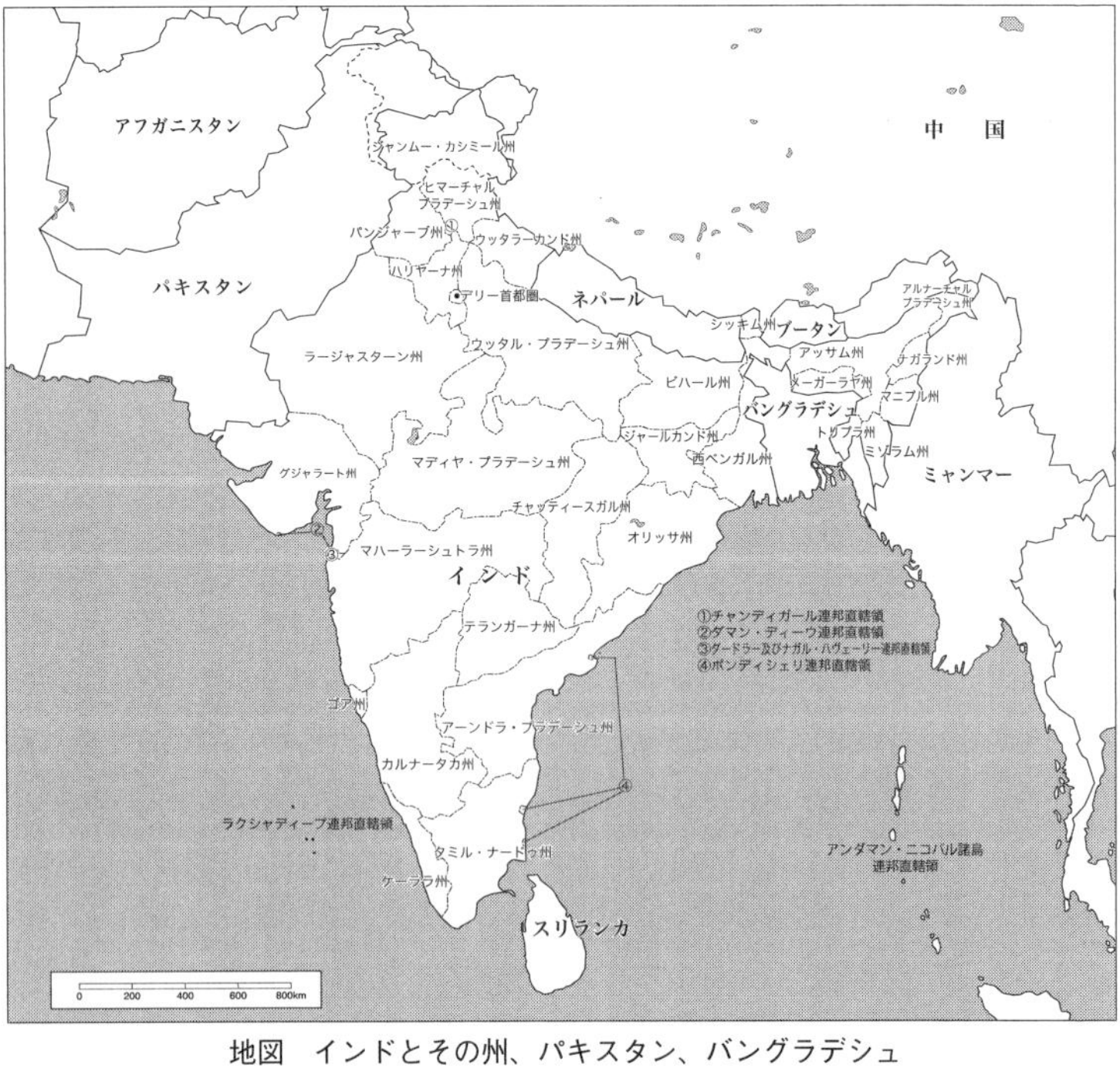

地図　インドとその州、パキスタン、バングラデシュ

渡って大規模な衝突が発生した。そのため、現在のインドの領域に暮らしていたムスリムはパキスタンを、現在のパキスタンとバングラデシュの領域に暮らしていたヒンドゥー教徒とシク教徒はインドを目指した、大混乱下の大移動が繰り返し行なわれ、その数は1千4百万人と言われている。その移動最中も、両者間で凄惨な襲撃が繰り返され、多くが殺害されたり暴行された。また自分の家族にそうした害が及ぶのを恐れて、自分の娘や妻を自ら殺害するといった悲劇も報告されている。国際的に著名なインドのフェミニストであるウルワシ・ブタリア著の『沈黙の向こう側』（2002年、明石書店）は、この当時の状況を描いた名著である。

　移動距離を考慮すれば当然、インド西部のムスリムは西パキスタンを、東部のムスリムは東パキスタンを目指した。この時パキスタンに移動してきた人たちは、アラビア語で難民を意味するムハージル（Muhajir）と呼ばれ、西パキスタンでは南部の大都市カラチ市周辺に集中してスラムを形成した。一方東パキスタンでは、インドのビハール州から来た人たちが目立って多かったことから、ビハール人（Bihari）という呼び名が定着した。しかしビハール人は必ずしもビハール州（及び現在のジャールカンド州）からだけではなく、その西隣のウッタル・プラデーシュ州や他のインド地域から来た、ベンガル語ではなくウルドゥー語を母語とする人たちのことを指している。

　つまり下図のように、東パキスタンに流入した難民、主にベンガル語が母語の西ベンガルからの人たちに加えて、インド各地から移動してきたウルドゥー語を母語とする「広義のビハール人」、そしてその中にビハールから来た「狭義のビハー

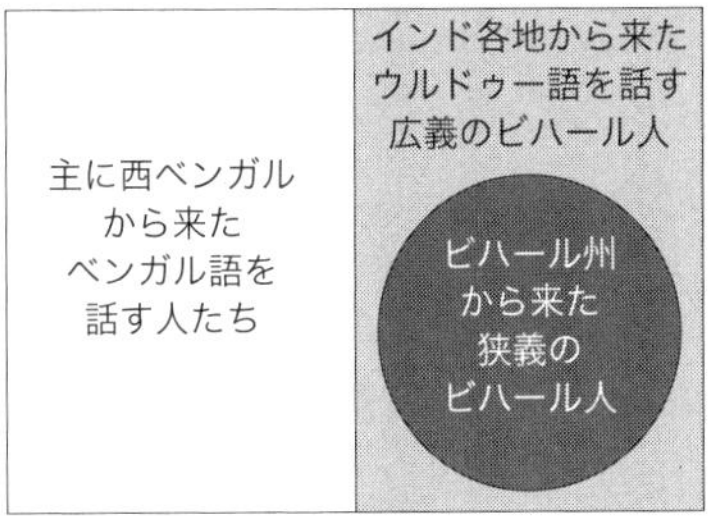

東パキスタンとして独立した当時のインドからの難民の区分

ル人」が位置している。なお本論は、基本的に広義のビハール人を対象としている。

(2)ビハール人の数と暮し

１９４７年8月に独立した東パキスタン（現在のバングラデシュ）には、１９５１年のパキスタン国勢調査によると約70万人のビハール人がいたが、その10年後の１９６１年国勢調査によると少し減少して約63万人になり、その時点で東パキスタンの人口の１・２％を占めていた。ちなみに現在バングラデシュにいるロヒンギャ難民は大よそ１００万人で、同国の人口の０．６％程度である。

このビハール人の４割ほどは農民だったので、その多くがインドと隣接した東パキスタンの最西部に定住した。インドに逃れたヒンドゥー教徒の土地を没収したパキスタン政府は、時期とその数や規模は不明だが、流入した農民のビハール人に農地を提供している。

１９５１年国勢調査によるとビハール人に多い職業は、農業に続いて輸送業であった。これはおそらく、植民地政府がインドのアッサム地方のプランテーションで生産される紅茶を輸送するために、１８９２年に設立したアッサム・ベンガル鉄道会社に多数のビハール人が勤務していたこと、かつ新生パキスタン政府が植民地政府や鉄道会社に勤めていたものに対して、パキスタンに来れば同様な地位を約束したからだろう。そのためこの鉄道員とその家族の大半は、この鉄道会社の本社があったバングラデシュ東部のチッタゴンに集まった。また西北部のサイドプール（Saidpur）にも大きな車両基地があったので、その周辺にも多い。

その次に多いのは、新生パキスタン政府の公務員である。その人たちの大半は、州都ダッカと第二都市のチッタゴンに居住していた。ビハール人は、インドのムスリムの大半がそうであるようにウルドゥー語を母語としていたために、ウルドゥー語を国語とするパキスタン政府にとっては使いやすい人たちだった。

新生パキスタンがウルドゥー語を唯一の国語とするという政策に分離独立直後から反発した東パキスタンのベンガル人たちは、ベンガル語の国語化を求める運動を直ぐに開始した。１９５２年２月にはこの運動に参加していた５人の学生が警官によって殺害されたことで、この運動は一層大きくなっていった。こうした動きを嫌ったパキスタン政府は、ウルドゥー語が母語のビハール人を東パキスタンの一般公務員や警察官などにより優先的に採用した。

インドに築いてきた財産は失ったビハール人だが、東パキスタンでこうして地位を築き、かつ教育熱心であったこともあって、中流かそれ以上の暮らしを築きあげた人が多い。

ビジネス界で成功するビハール人も、少なくなかった。例えば、ペルシャ系で英領のインドやビルマで手広くビジネスをしていたイスファーニー（Ispahani）家は、１９４７年にチッタゴンに拠点を移し、紅茶生産・販売などで大

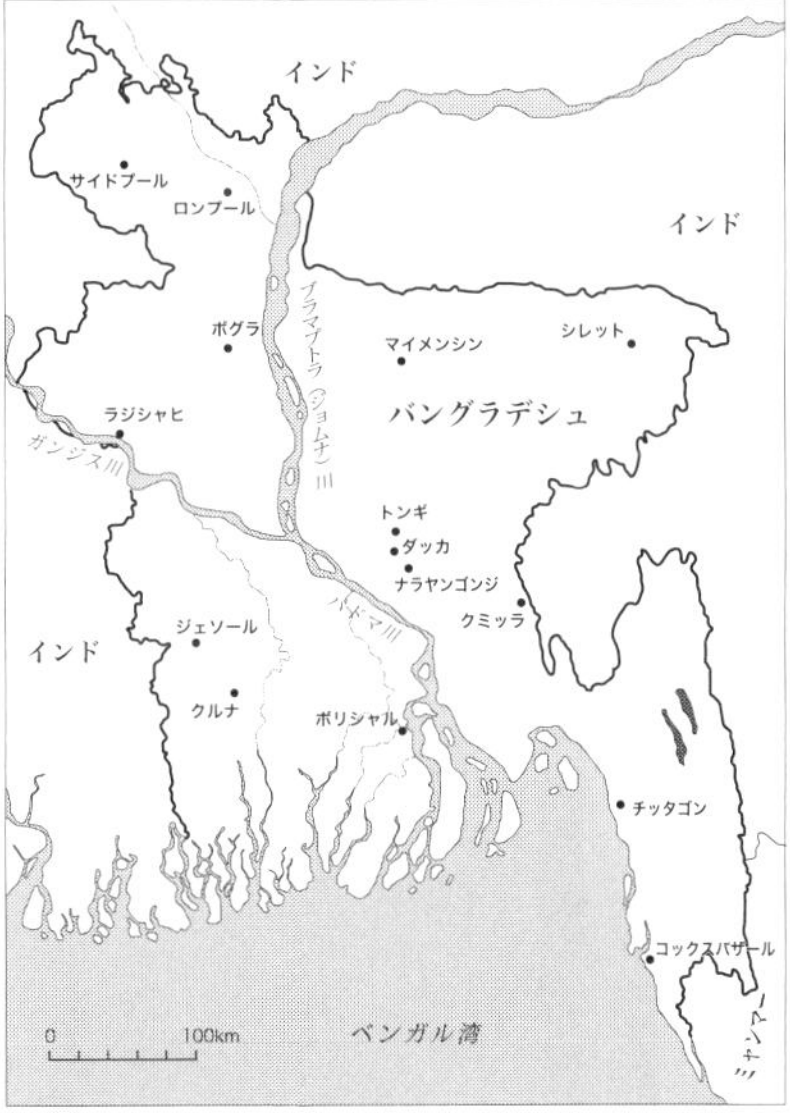

地図　バングラデシュ

企業に成長し、東パキスタンの政治に参画して独立を支持していたせいか排撃されることなく、今日ではバングラデシュの数少ない大財閥である。対照的に同様な財閥で西パキスタンと東パキスタンの両方で展開し、東パキスタンにはアジアで最も大きいジュート工場を有していたアダムジー（Adamjee）家は、独立後にその工場をバングラデシュ政府に接収されパキスタンに移っている。

微妙なのが、ビハール人の第二世代やハーフの人たちだ。例えばビジネスマンのビハール人の父とベンガル人の母から生まれた英語作家ルビー・ザーマン（Ruby Zaman）の自伝的小説「目に見えないライン（Invisible Lines）」では、主人公はその父がイタリアから流行の革靴を輸入して販売するチッタゴンの裕福な家庭に育った。彼女の学生の兄は、１９７１年の独立戦争に参加する一方、父は殺され、独立を支持していた主人公も最終的に英国に移住している。

3 バングラデシュ独立とビハール人の再難民化

(1) バングラデシュのパキスタンからの独立

１９５６年にベンガル語の国語化は達成されたが、ベンガル人のより広範な自治を求める運動はその後も続いた。これに対してパキスタンの中央政府は前向きに答えなかったので、対立は深まるばかりだった。こうした要求の背景には、投資と発展が進む西パキスタンに比べて、パキスタンの人口の過半数を占める人が暮らす東パキスタンは経済的に取り残されたこと、あるいは前者によって後者が搾取されていることに対する強い不満があった。

先にも述べたようにビハール人の多くは、東パキスタンで政府の役人や警官・兵士となっていたので、ベンガル人たちの自治権運動には反対、あるいは前線で取り締まる立場だった。また民間のビハール人の大半もパキスタンの中央政府を支持し、独自の難民組織を作り上げ、自分たち独自の要求を掲げ、ベンガル人のこの運動に対抗もしていた。そして両者の間で、死者が出るような衝突も、各地で何度か発生した。

１９７０年12月に行なわれたパキスタン初の成人普通選挙で、ムジブル・ラーマン*が率いたアワミ連盟が国会の過半数を占める勝利を収めた。ところがパキスタンのヤヒヤー*大統領は、政権移譲をしないどころか翌71年の３月から、東パキスタンで残虐な武力弾圧を開始した。これに対してアワミ連盟は直ちに独立を宣言し、インドに亡命政府を置いて、インドなどからの支援を受けながら独立戦争を繰り広げた。最終的には、12月になってインド軍が介入して第三次インド・パキスタン戦争となったが、月末にパキスタン軍が降伏し、バングラデシュは独立を達成した。

この年の３月末から12月の独立に至るまでの期間、東パキスタンではパキスタン軍に積極的に協力する、あるいはパキスタン軍が作り出したムスリムの過激派やビハール人の一部が中核をなすラーザーカール（Razakar）などと呼ばれた民間軍事組織がいくつか結成され、武器を手にベンガルの民衆を無慈悲に拷問、暴行、虐殺していった。その中には、チッタゴン周辺にいるビハール人鉄道員が中心のものもあった、と言われている。この結果、史上最多の１千万人もの難民が主にインドに流入した。こうして、東パキスタンのベンガル人のビハール人に対す

*ムジブル・ラフマン（Sheik Mujibur Rahman, 1920〜1975）

*ヤヒア・カーン（Agha Muhammad Yahya Khan, 1914〜1980）

る憎しみは一層掻き立てられた。

⑵再び難民化したビハール人

１９７１年12月のバングラデシュ独立は、ビハール人の立場を一気に失わせた。降伏したパキスタン兵士は戦争捕虜として組織的に帰国したが、そうでないビハール人は守ってくれるものがなくなり、孤立化し、あちらこちらで憎しみに憤る民衆の攻撃対象となった。ほとんどのビハール人たちは、集団で身の安全を図るために身一つで、バングラデシュ全国の都市部に赤十字国際委員会（ＩＣＲＣ）が開設した１１６の難民キャンプに流入していった。その中で最大のものが、ダッカ市の北西部の住宅街モハマドプールにある「ジュネーブ・キャンプ」である。キャンプといっても、当初は相当に劣悪な状態で、食糧供給も不十分だったし、何より狭隘だった。

１９７２年初めにインド軍がこれらのキャンプ警備を止めて以降の数年間、これらのキャンプは周辺のバングラデシュの人々によって何度も襲撃された。特にダッカ郊外のミルプール地区での衝突は激しく、双方に相当数の死傷者が出た。バングラデシュ人は、ビハール人が行なった残虐行為の規模に比べて自分たちのそれは十分少ない、自分たちは憎悪の激情をよく自制したのだ、と語ることが多い。それは事実であろうが、ビハール人の何人が、独立後に虐殺・暴行されたのかという統計は存在しない。

難民化したビハール人の数についての正確な記録も見当たらないが、１００万人前後と推定されている。その100万人のうち10万人程度は、戦争直後にパキスタンに脱出したとされている。残りの半数は、バングラデシュ人になることを希望し、1972年の大統領令で国籍を取得しバングラデシュ人社会に同化していった。

問題は、パキスタンへの帰国を希望したビハール人たちである。この人たちは、難民条約の難民の要件の一つである祖国外への脱出をしていないので、国連難民高等弁務官事務所（UNHCR）の支援対象にはならなかった。

(3)「残留パキスタン人」と自称する無国籍の難民

積極的にビハール難民支援を行なっていた赤十字国際委員会は、詳細は不明だが1972年頃、パキスタン帰国を望んで無国籍となった53万4792人を登録している。

1973年に結ばれたバングラデシュとパキスタンとインドの間の合意で、1973～82年にかけて17万人余りのビハール人が公的に帰還した。しかしパキスタン政府は、理由は不明だがそれ以降の帰還義務を認めなくなった。それでも8万～10万人のビハール人は自分で旅費を工面して、パキスタンに自主帰還した。こうして苦労して帰国しても、必ずしもパキスタン国籍を得られず、多くは同国南部のカラチ市のスラムに住み着いた。

20万人ほどのビハール人が、バングラデシュに長期滞留を続けた。この人々が暮らす最大のキャンプ「ジュネーブ・キャンプ」には、現在でも2万5000人

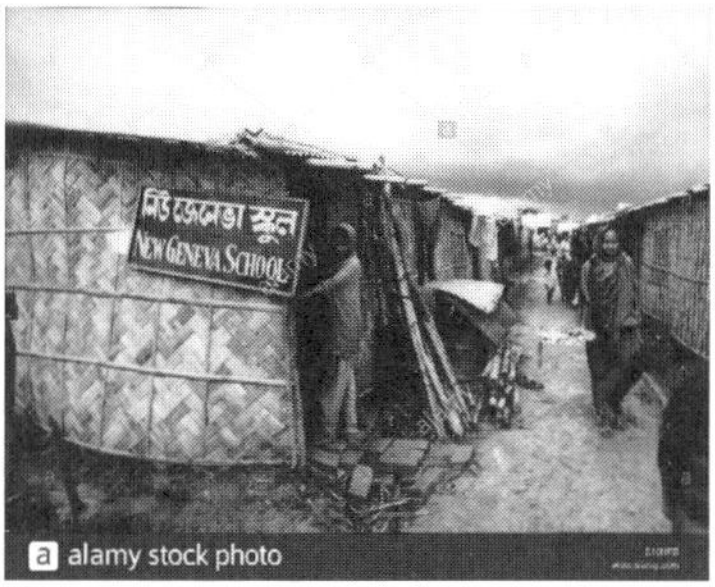

写　真：https://search.yahoo.co.jp/image/search?rkf=2&ei=UTF-8&gdr=1&p=1973+Geneva+camp+picture+Dacca#mode%3Ddetail%26index%3D1%26st%3D0

が、狭いキャンプに立ち並ぶ小さな家（以前はすべて平屋）にひしめき合って暮らしており、共有で手押し井戸や250の不衛生なトイレを使っている。一世帯当たりの敷地面積は13平米（3・9坪）なので、日本的には8畳を少し欠く狭さに、大家族が文字通り肩を寄せ合って暮らしてきた。

しかし外部支援がほとんどないために、ビハール人たちは自分で生活費を稼ぐ必要があった。しかし根強い差別と無国籍のせいで主にインフォーマルかそれに近い部門、具体的にはキャンプ内外での小売商、床屋、リキシャ引き、精肉業、サリーにスパンコールを縫い付ける針子、カードなどの手工芸品作製などが主な職業である。彼らの半数ほどが、出入り自由で電気代などが無料のキャンプに住み、半数は外の借家などで暮らしている。ただし法的な所有ができず、不動産などの財産を築くことはできなかった。

この人たちは、次第に無国籍の自分たちを「残留パキスタン人（Stranded Pakistani）」と自称するようになり、自分たちの組織「残留パキスタン人一般帰還委員会（Stranded Pakistanis General Repatriation Committee、以下SPGRC）を1977年に組織して、デモやハンガーストライキ、パキスタンでの法廷闘争など様々な形でパキスタン帰還の実現を働きかけ続けた。当時のキャンプには、パキスタンの国旗がはためいていた（写真はダッカのジュネーブキャンプ内のSPGRC事務所のプレート）。

しかし、次第にバングラデシュ生まれ、あるいは物心がついた時からキャンプで育ってきた若い世代のビハール人の数が増えるにつけ、また度重なる帰還要請に応じないパキスタン政府

ダッカのジュネーブキャンプ内のSPGRC事務所のプレート

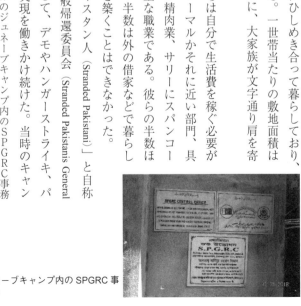

に対する失望もあり、若い人たちを中心に当人たちの願いはパキスタンへの帰還から次第にバングラデシュ国籍の取得に変わっていった。

ちなみに2002年のバングラデシュの国勢調査では、28万人のビハール人がいるとされた。それ以降の調査はないが、現在では30万人以上と推定される。

4 無国籍者から少数者へ：37年後の国籍獲得と、続く権利実現の闘い

⑴バングラデシュ国籍の獲得

2001年にジュネーブ・キャンプに暮らすビハール人のアビッド・カーン（Abid Khan）他9名が、バングラデシュ政府に対して選挙権を請求する訴訟を起こした。03年にこの裁判の画期的な最高裁判決があり、全員の国籍と選挙権が認められた。判決は、バングラデシュに生まれたか、以前東パキスタンであったこの国土で暮らす父母から生まれたものはバングラデシュ人である、と断じた。パキスタンへの帰還を希望するビハール人が多かったジュネーブ・キャンプに居住しているというだけの理由で、国籍を与えないことは不合理であるともした。

しかしこれで全員の国籍問題が即座に解決したわけではなく、当時の行政府は容易にこの判決に従わなかった。しかし2006年末からの2年間、それまでの政権に代わって軍に支持された中立的な選挙管理内閣が非常事態を宣言して権力を掌握したことで、状況が大きく変化した。2007年にカーンたちは、居住地が自己所有あるいは賃貸の土地でない難民キャンプであることを理由に選挙人名簿に登録しないことは不合理であると訴え、翌年にそれを認める最

高裁判決を勝ちとったのである。１９７１年にパキスタンの国籍を喪失してから、37年後にバングラデシュ国籍を取得することが認められたのである。

この頃になるとジュネーブ・キャンプから弁護士が輩出し、その彼が中心となって「ウルドゥー語話者若者世代協会（Association of Young Generation of Urdu Speaking Community）」を発足させ、自分たちが他と同様にバングラデシュにおける少数者集団の一つだ、という発言を積極的に主張し始めている。それまでの独立運動への裏切り者という歴史的記憶からの大転換であり、ビハール人のこの地における立場の変化を、見事に示す出来事と言えよう。ただもちろんその求める立場は完全に実現したわけではないが、投票権を手にしたので、政治的なエンパワーメントは一定実現したと言えよう。

筆者が２００９年にジュネーブ・キャンプで住民に尋ねたところ、その時点で三分の一ほどが投票権を得たという答えだった。同じ質問を２０１８年末に繰り返したところ、ほとんどの住民が投票権を得たとのことだった。ただ過去数回、本人たちは投票に行ったがいつも「投票は済んでいる」と言われ、まだ投票したことはないと言う。これらのキャンプが、地元の有力政治家の票田として悪用されている可能性は高い。

(2)ジュネーブキャンプのある家庭

筆者が20年近く前から訪れているジュネーブ・キャンプのあるビハール人家族の様子をここに描いておこう。

働き者の男兄弟が3人と多かったせいか、年を経るにつれ徐々に経済的に上昇してきた。パキスタン時代は、今はお屋敷街のダッカ市中心部に電気製品修理をする店を持っていた。キャンプに移ってきて、息子3人と娘3人を得た。父親は筆者が最初に訪ねた際にはすでに亡くなっており、3人の息子たちが小さな自宅とその屋上に広げたサリーに一枚一枚スパンコールを縫い付ける内職で、この一家は生計を立てていた。

ある程度教育を受けた娘たちは順次、ビハール人と結婚してキャンプ内外に移り住んだ。上の娘二人の婚姻の際は、父親が存命で「ダウリ」と呼ばれる持参金を持たせた。

２０１８年末に訪ねた時には、この小さな平屋は3階建の細長いビルになっていた。SSCと呼ばれる10年生終了証明を持つしっかり者の長男は、この時点で34歳、5年前にミルプール・キャンプのビハール人と結婚し、今は4歳の長男と一緒にこの2階に暮らしをしている。公立小学校で5年生まで学んだ次男も結婚して、近所で暮らしている。その長男と次男は一緒に、2年前からコンピューターを使って24枚のサリーに同時にスパンコールを縫い付ける仕事を、バングラデシュ人の会社の社員としてやっている。生まれつき足に障害を持つ三男はこの一階で一人暮らしをしながら、2年前からすぐ近くの小さな店を月5千タカ（6500円）で借りて、マイクロクレジット（小規模金融）を年利20％で借りて元手として雑貨屋を営み、一人で自活している。

この家の3階は貸家で、家賃収入がある。この3階の所有者は、結婚の際にダウリを持たせてやれなかった末妹だという。この辺の家族愛や平等感覚には、感心させられる。

いまのところまだ「キャンプ」なので、電気代は徴収されない。またこの一家は、娘が多かったことも理由だったのか、自宅内に井戸や便所を備えている。

⑶続く権利実現の闘い

選挙権は獲得したビハール人たちではあるが、まだいくつかの権利が実現してないし、実現したい要求もある。それらの点をまとめておこう。

一つは、キャンプを住所とする限りバングラデシュのパスポートを取得できないことだ。キャンプ外に賃貸で住居を構えれば、取得できる。拒否される理由は不明だが、国籍の時と同じく、キャンプという特殊な扱いに起因しているようだ。住民たちはこの土地の所有者でも賃貸人でもなく、さらに限定的だが無料で公共サービスを受けている、という不思議な立場だからだ。

このことは、第二の問題に繋がる。ジュネーブ・キャンプの住民たちは、当初失った自宅などの財産の回復を求めていた。しかし、証拠書類などが散逸しておりそれは法的に困難となったが、同時にこのキャンプ地の所有権を要求してきた。実はこの土地の所有者は政府でなく現在はイギリスに住むビハール人からの借地だそうで、その所有権移転は容易ではないという。それで現在のＳＰＧＲＰＣのリーダーは、代替地を要求している最中だと語っていた。

こうした制度や政策の問題は重要だが、それ以上にバングラデシュ人とビハール人の間の関係、あるいは国民としての一体感の醸成は、それ以上に重要だろう。キャンプの家族の例に示したように、ビハール人同士で結婚しており、バングラデシュ人社会からの距離を感じさせる。

この関係がもっとしっかりしないと、何かがあったときに突然民族差別的なものに発展しかねないからだ。

それにしても高く評価すべきは、独立戦争時に弾圧の先頭に立っていたビハール人を、バングラデシュ人は今日では寛容に受け入れていることである。こうした国民感情の変化がなければ、あの最高裁の判決もあり得なかっただろう。

5 ロヒンギャ難民は、ビハール難民の道を歩むのか

最初に述べたように、ロヒンギャの人々は長期的にバングラデシュにとどまることになるリスクがある。そうなると、この人たちは様々な問題に巻き込まれていくし、その幾つかは残念ながらすでに現実のものとなっている。

具体的にいくつかを挙げておくと、低賃金労働者としての労働搾取の問題、あるいはそのために地域の貧困層と諍いがおきること、手早い収入を求めてヤーバーなどの違法ドラックの商売に手を染めて犯罪者になること、女性は早婚を強いられ、嫁ぎ先でＤＶや差別などに苦しむこと、人身売買の被害者として、内外で性的奴隷とされるリスクが高いこと、偽造身分証明書を使って海外に逃亡を試みるが失敗して犯罪者になること、フラストレーションがたまる状況下で過激なイスラーム思想や報復思想に傾倒すること、などである。本論ではしっかり描けなかったが、同様な諸問題にビハール人も直面していたと推察できる。

こうした問題を極力回避、あるいは極小化するためには、一刻も早く、ロヒンギャの人々を

表　ビハール難民とロヒンギャ難民の比較

	ビハール難民	ロヒンギャ難民
当初国籍	無国籍	無国籍
当初人数	50 万人ほど	100 万人ほど
宗教	イスラーム教	イスラーム教
当初希望	パキスタンへの帰国	安全と国籍と人権が保障されたミャンマーへの帰国
言語	ウルドゥー語	ベンガル語チッタゴン方言に近いロヒンギャ語
居住地	全国に分散	コックスバザール県に集中
当初教育	教育程度高い人が多い	多くが低学歴もしくは非識字
国民の受け入れ感情	当初は憎悪の対象で襲撃を繰り返したが、次第に無関心に	ミャンマーに帰国するもの、と期待
以前の職業	官僚、実業家、兵士や警官、中産階級など	全体的に農民が多い

作製：筆者

より人道的な扱いをすること、人手不足気味の全国各地に出稼ぎ労働者としてロヒンギャ人が移動できるようにし、正規労働者に準じた扱いがされることを適切に管理すること、などが必要だろう。

しかしバングラデシュ人の人権も十分確保されてない現状で、いわばキャンプを分散し、それらの場所で管理と人権擁護を行なうのは容易ではない。しかしなし崩しにロヒンギャ難民がキャンプから徐々に闇に消えていくことは、その闇の中で成長する更なる問題をバングラデシュにもたらす危険が高い。

上の表にあるように、ロヒンギャ人とビハール人の最大の違いは、後者が全国に分散していたが、前者はコックスバザール地区に集中していることである。そのために、地元コミュニティー、特に貧困層への圧迫が強くなっている。この状態を軽減するためには、キャンプを全国に適宜分散して、周辺地域でこの人たちと積極的に共生を試みることだ。ロヒンギャに対する外国援助も、すでに息切れをし始めているので、そうして自活策を大胆に進めることは、重要になる。

バングラデシュの人々は、裏切り者のビハール人も隣国のロヒンギャ人も、当初は受け入れる気はない、ということは共通している。しかし37年間経った頃から、ビハール人はバングラデシュ社会と統合を本格化させた。ロヒンギャ人は当面ミャンマーへの帰国の可能性を追求しつつも、バングラデシュ社会全体でしっかり受け止めることはできないだろうか？　それは、バングラデシュの社会や経済にとっても、ロヒンギャの人たちにとっても、ウィンウィンになる可能性は高いのだが、それへの道筋がまだよく見えていないのが現在の課題なのかもしれない。

【大橋正明】

おおはし　まさあき
聖心女子大学グローバル共生研究所招聘研究員、恵泉女学園大学名誉教授、シャプラニール＝市民による海外協力の会シニア・アドバイザー

【参考文献】

Aziz, Qutubuddin, 1974, ***Blood and Tears***, United Press of Pakistan Ltd., Karachi, (also obtainable at http://storyofbangladesh.com/Articles/History/Blood%20and%20Tears.pdf)
He used to give befitting response to the critics of Pakistan while serving as Minister (Press) in the then Pakistan Embassy, London, now known as Pakistan High Commission. He was very well known in the diplomatic circle of London as a diplomat of substance. Early eighty's years were difficult days for any Press Officer but he was always well prepared to project Pakistan point of view in the most articulate and forceful manners in the British media and in the academia. The issues of Pakistan nuclear programme, drug trafficking, human rights situation in the country and of course, India ?Pakistan relations, were the main concern for the Press Officers working in our Missions abroad at that time. His presence in London was conspicuous and indeed reassuring for the mandarins back in the country. Late Aziz was very popular among the Pakistani community. It would not be bit of an exaggeration to mention that he was most sought after diplomat in the Pakistan Embassy busy in sorting out the acceptances of invitations keeping in

view the country's interest. The Pakistani community would approach him quite often with the request to preside over their functions on the national and religious days.
https://www.thenews.com.pk/print/81671-Late-Qutubuddin-Aziz-A-great-human-being-and-Pakistani.

Equal Rights Trust, 2016, ***CONFINED SPACES: Legal Protections for Rohingya in Bangladesh, Malaysia and Thailand***, http://www.academia.edu/33544527/Legal_status_of_the_Rohingya_in_Bangladesh_refugee_stateless_or_status_less

Mantoo, Shahnawaz A., ***BIHARI REFUGEES STRANDED IN BANGLADESH SINCE 1971***, Journal of South Asian Studies, 01(02) 2013. P.123-129, file:///C:/Users/ohash/AppData/Local/Packages/Microsoft.MicrosoftEdge_8wekyb3d8bbwe/TempState/Downloads/246-2053-4-PB%20(1).pdf

Rahman, Miznur (Edi.), 2003, ***A Community in Transition - the Biharis in Bangladesh***, Empowerment through Law of the Common People (ELCOP), Dhaka

Sikdar. Md., 2013, ***Socio-Economic Conditions of Bihari Community in Bangladesh***, LAP LAMBERT, Germany,

Zaman, Ruby, 2011, ***Invisible Line***, HarperCollins, New Delhi
http://www.academia.edu/33544527/Legal_status_of_the_Rohingya_in_Bangladesh_refugee_stateless_or_status_less

第７章　アナン報告が示すロヒンギャの未来

ラカイン州諮問委員会提言の可能性と課題

1 なぜラカイン州諮問委員会提言を取り上げるのか

ロヒンギャの問題はこれまで国際社会でも、日本においても、充分な研究と対応がなされてこなかったと言える。しかし２０１６年10月、２０１７年８月に発生した、武装グループ掃討作戦と銘打ったミャンマー軍による大量虐殺で、70万人を超えるロヒンギャ難民がバングラデシュに流入し、国際社会の真相解明と問題解決を求める声が急速に高まっている。

様々な情報や憶測が錯綜するなかで、ややもするとアウンサンスーチーの挙動と発言にばかり関心が集まり偏った報道が目立つが、ミャンマー政府のこれまでの公式な見解や動きにも注目する必要がある。その中で、元国連事務総長を委員長とした、ラカイン州諮問委員会の提言書は考察に値するものだと筆者は考える。その理由は以下の三つである。

①これまでにロヒンギャ〔1〕問題とラカイン州の課題解決を提言する政府主催の委員会が

〔1〕委員会の報告

持たれたことがなかったこと。
②アウンサンスーチー自身が意図し設置したものであること。
③政府大統領府が公式に最終報告書を受領していること。そして、提言実施のために実施委員会、それをサポートする助言委員会が２０１８年９月に設置されていること。

アウンサンスーチーがこの委員会を設置したことについては、当然前向きな評価をすべきである。片方で何を期待し、どのような解決を望んでいたのか、その真意については正直分かりかねるところが多々ある。これまで政府と長く敵対してきたシャン、カレン、カチンなどの武装抵抗グループ地域と比べると、ロヒンギャの人々は武装抵抗が極めて限られていたため政治的解決の可能性が高いと感じたかもしれない。また国際社会からの批判が高まっていたことも理由のひとつかもしれない。さらに、ラカイン州の貧困問題も深刻で、国民民主連盟（ＮＬＤ）の影響力も少ないといったラカイン州そのものの課題を共に解決する指針をつくりたかったのかもしれない。ラカイン州諮問委員会の提言をめぐるミャンマー国内の動きと情報を精査することで、ロヒンギャ問題の解決の可能性とこの課題に対するミャンマーの政治構造を理解することができると思うからである。またアウンサンスーチーのロヒンギャ問題に関する意図と実態がこれらの動向からも理解できるのではないかと思う。

書では、ロヒンギャという民族名は使われておらず「ムスリム居住区の人々」と表現されている。

２ ラカイン州諮問委員会とは

ラカイン州諮問委員会はラカイン州をとりまく慢性的かつ深刻な問題のための解決の道筋を、国内だけでなく国際的視点から冷静に導きだし、提言することにある。そのため、元国連事務総長のコフィ・アナン氏を議長とし、表１のように６名の国内メンバーと３名の外国人専門家で構成されていた。ミャンマーのメンバーはミャンマー政府から指名された者たちで構成されている。

この委員会の提言内容に触れる前に、いくつか委員会めぐって起きた周辺の事柄に触れる必要があるだろう。

委員会が２０１６年９月５日に発足する際、国会で委員会の廃止を求める動議が、アラカン国民党（ＡＮＰ）、連邦団結発展党〔2〕（ＵＳＤＰ）、軍によって任命された議員から動議が出されたが、これは承認されなかった。しかし、９月中旬にラカイン州議会に提出された同様の動議は成立したが、政府が委員会を廃止する結果にはならなかった。しかし、委員が調査でラカイン州を訪問する際に、政党関係者のボイコット運動が散発的に行なわれることとなった〔3〕。このことから見ても、この委員会の設置は、ミャンマー政治の中でもセンシティブなものであったことが推測できる。

もうひとつ特記すべきこととして、委員会が発足した１カ月後の２０１６年10月９日にHarakat al-Yaqin と名乗る武装集団（後にArakan Rohingya Salvation Army アラカン・ロヒンギャ救世軍

表１　ラカイン州諮問委員会メンバー

U Aye Lwin（ミャンマー平和のための宗教創設者）
U Win Mra（ミャンマー全国人権委員会議長）
Dr. Tha Hla Shwe（ミャンマー赤十字社代表）
Dr. Mya Thida（ミャンマー産婦人科協会代表）
Daw Saw Khin Tint（ラカイン文学文化協会会長）
U Khin Maung Lay（ミャンマー人権委員会メンバー）
Ghassan Salamé（パリ国際関係学院教授）
Laetitia Van den Assum（元オランダ外交官）
Kofi Annan（議長　元国連事務総長）

〔2〕ミャンマー軍時政権の翼賛団体である連邦団結発展協会の後継組織。

〔3〕"Towards a Peaceful, Fair and Prosperous Future for the People of Rakhine ? Final report of the Advisory commission

と改名される）が国境警備警察を襲撃し、ミャンマー軍によるテロリスト掃討作戦が展開され、７万人近いロヒンギャ難民がバングラデシュに流入した。さらに、委員会が最終報告書を提出した２０１７年８月23日の２日後の25日に、上記武装集団の襲撃が再びあり、ミャンマー軍によるさらに厳しい掃討作戦が展開され、70万人近い難民がバングラデシュに流入することとなった。委員会の動向に連鎖するかのように襲撃事件と掃討作戦が展開されたことについて、なんらかの政治的な意図があったのかは、明確な手がかりがなく憶測するしかできないが、この委員会は大量の難民が発生する前から意図されていて、ミャンマー政府のこれまでの政策の連続性の中にあったという重要な意味を持っている。つまり、大量の難民が発生したため、その対応のため急遽設置されたものでなく、これまでの政治的課題を整理、解決するという政策の行き詰まりの打開を意識していたことになる。

委員会は提言を作成した約1年の間に、ラカイン州政府と議会、各政党、宗教団体、市民組織、村の長老、国内避難民と多くの話し合いの場を設けた。州の主な二つの集団以外にも、カマン、チン、ヒンドゥ、ムロなどの少数民族とも対話を重ねた。中央政府レベルでは、大統領、国家顧問、国軍最高司令官とも会談した。またバングラデシュで政府関係者と会談し難民キャンプも訪問、そしてインド、中国、マレーシアの代表、国連の高官など計１５５件の協議会、１１００人との会談を行なったとしている。委員会は、２０１７年３月16日に中間報告書を、そして同年８月23日に最終報告書を大統領に提出し、受理された。

on Rakhine state", 2017, 16p

3 提言の内容

提言は14の領域に渡り、合計で88に及ぶ。その領域は、ロヒンギャの人々の市民権や移動の自由に始まり、人道援助、メディアとの関係、教育、医療、開発、違法薬物と、ラカイン州をとりまく諸課題を包括的に取り扱っている。ロヒンギャ問題を強く意識する人にとっては、拡散したイメージがあるが、実際にロヒンギャ問題だけに焦点を当てるだけでは双方の問題解決の姿勢をつくりあげることは難しい。あえて包括的な課題の中にロヒンギャ問題を入れることで、議論が促進されやすい内容になっていると考えられる。

その中で、ロヒンギャ問題の中核である「市民権」「移動の自由」「国内避難民」についての記述は、問題の本質から目をそらさずに一定の提言がなされており、これを実施することで解決の突破口は開かれるものと考えられる。特に一番重要である市民権の提言11〜17の部分をもう少し詳細に見ていく（ただし、筆者が内容を要約している）。

提言11：市民として承認された者が、あらゆる恩恵や権利を持享できること
提言12：市民承認プロセスの明確な戦略（ラカイン社会とムスリム社会の双方が協議し、大々的なキャンペーンを通して伝える）と期限の提示。国籍未審査者向け身分証明書（NVC：National Verification Card）の申請と市民権の申請が同時に行える仕組みの提案
提言13：市民権申請が受理されなかった人への説明責任
提言14：市民権をもたず居住および就業する人々の権利を法律で規定すること

表 2　ラカイン州諮問委員会の提言の要約

経済的・社会的発展 （提言 1 ～ 10）	地域住民に経済計画、特に経済特区への参加を促すとともに、恩恵を地区に還元すべき。中小企業の規制を緩和し、農業への融資も促進する。
市民権の承認 （提言 11 ～ 17）	ただちに市民権の恩恵と権利を享受できるようすべき。国籍証明 ID カードの発行を迅速に進めるとともに、市民権承認プロセスについて明確な戦略と期限を決定すべき。また、1982 年の国籍法この法律の見直しを開始し、国際的な基準や条約に合致させること。また同法の市民間の差別をなくすべき。
移動の自由 （提言 18 ～ 23）	宗教・民族・市民権にかかわりなく、すべての人々の移動の自由の保証すべき。また、教育、医療、雇用の機会、その他の基本的サービスへのアクセスを保証すべき。
国内避難民（IDP） （提言 24 ～ 26）	キャンプ内での生活を向上させるべく努めるとともに、帰還先・移住先の安全と雇用の機会の保証をする計画を策定すべき。
人道援助のためのアクセス （提言 27 ～ 30）	国内スタッフと国際スタッフがラカイン州で人道援助が実施できるよう、全域的アクセスが可能となるよう政府は努めるべき。
メディアのアクセス （提言 31 ～ 32）	武力衝突によって影響を受けた全ての地域および州のほかの地域への国内外のメディアの全面的かつ定期的な立ち入りを許可すべき。
教育 （提言 33 ～ 37）	宗教、民族性、人種、性別、市民権に関係なく、ラカイン州の全ての地区の人々に対して教育へのアクセスの平等を保証すること。教育へのアクセスを奪う移動の制限を撤廃し、市民権を持たない学生を高等教育から排除する習慣を改めるべき。
医療 （提言 38 ～ 46）	宗教、民族性、人種、性別、市民権に関係なく、ラカイン州の全ての地区の人々に対して医療へのアクセスの平等を保証し、医療機器やフルタイム勤務の医療スタッフの配置を充実すべき。
違法薬物 （提言 47 ～ 50）	安全、人権、発展を基本に体系的な違法薬物取締対策を採用すべきで、法の執行を通じて、薬物使用者や密売組織、薬物製造組織の重要人物の特定・基礎に注力すべき。
居住区の人々の政治への参加と権利 （提言 51 ～ 59）	ラカイン州の少数民族、無国籍者、居住地を追いやられた人々や女性が地域に関与する権利を促進する措置をとるべきである。女性が公職に就く機会や、すべての民族・宗教グループの社会的組織の登録の促進、村の指導者や行政官を住民が投票で選ぶ仕組み、少数民族に対する民族問題担当大臣のポストの設置などを検討すべき。
地域間の結束 （提言 60 ～ 64）	信頼感が失われた地域間の対話を促進するプロセスに女性、若者、少数民族、市民社会を含む草の根レベルの参画を促進すべき。そのため町の行政官の対話や仲裁技術のトレーニングを実施するとともに、少数民族や宗教的グループに向けられたヘイトスピーチを排除すべき。
警備部門 （提言 65 ～ 71）	警備部門の担当者に人権意識向上のトレーニングをさらに継続するとともに、名札をつける、検問所に CCTV カメラを設置する、苦情処理機構の設置といった任務の査察するための仕組みの構築が必要。
司法制度のアクセス （提言 72 ～ 75）	ラカイン州の司法官たちに対して、公正な裁判と適正な手続き、説明責任と透明性、仲裁の原則といった、司法の国際的標準とされるトレーニングを実施し、さらにシットウェに法律センター設立を促進すべきである。
文化的な発展 （提言 76 ～ 77）	ミャウウーの世界遺産登録資格の維持に努めるべき。
バングラデシュとの国境問題および二国間関係 （提言 78 ～ 82）	両国の課題や相互利益を協議する共同委員会を設立の意図を歓迎し、四半期に一度の会合を設け、貿易振興、インフラ、住民同士の接触、不法移民への対処、難民や IDP に対する書類発行、難民の自立的機関、人身売買や違法薬物の密輸の防止、過激派の掃討などの問題に対応すべき。
近隣諸国との関係 （提言 83 ～ 84）	ラカイン州の状況が周辺地域にもたらす影響をより幅広い側面から ASEAN 各国に定期的に説明する取り組みを継続していくべき。
委員会勧告の実施 （提言 85 ～ 88）	任期 1 年間のラカイン州に関する政策を調整する大臣職を創設し、大臣を支援するための「ラカイン州の平和安定開発実行中央委員会」を設置すべき。

“Towards a Peaceful, Fair and Prosperous Future for the People of Rakhine”, 2017　を筆者が要約

提言15：ラカイン社会とムスリム社会の双方に協力を要請する一方で、政府もプロセスの任意性を保証すること

提言16：政府は現行の承認プロセスに関する不満に速やかに対応すること

提言17：１９８２年の国籍法の見直しすること

これだけの内容が実質的に前進するのであれば、これまでのロヒンギャ問題解決の糸口となる。それだけでなく、現在もバングラデシュに残る70万人のロヒンギャ難民の多くが帰還を希望するのではないかと思う。

4 提言の実施状況

実施に関しては、２０１７年10月９日にラカイン州諮問委員会提言実施委員会（以下実施委員会）とそれを助言する助言委員会が大統領事務所によって設立された。実施委員会は19名で構成され議長として社会福祉・緊急救援省大臣のウィンミャッエー氏が指名されている。助言委員会のメンバーは表３の通り、ミャンマー人５名、外国人が５名、計10名という編成である。提言の実施に関してはミャンマー中央政府が舵とりをし、助言委員会はあくまでも実施上のモニタリングと助言を行なう立場である。

しかし、この二つの委員会の間では温度差があっただけでなく、助言委員会の

表３　助言委員会メンバー

Dr.Surakiart Sathirathai（議長、元タイ外務省副大臣）
Urban Ahlin speaker（スウェーデン議会議長）
Bill Richardson（元アメリカ国連大使）
Lord Darzi（グローバル健康革新協会ダイレクター）
Roelof Petrus（元南アフリカ防衛大臣）
*U Win Mra（ミャンマー全国人権委員会議長）
*U Tun Myat（元国連次長）
*U Kin Maung Lay（ミャンマー全国人権委員会メンバー）
*U Hla Myint（アセアン人権委員会ミャンマー代表）
*Dr.Daw Khin Nyo（連邦会議保健・スポーツ向上委員会）

＊がミャンマー人

中も様々な混乱が見てとれる。

まず、２０１８年1月23日に実施された助言委員会で、Bill Richardsonn 氏が突然辞任を発表した。彼はその後新聞の取材で「アリバイづくりに加担したくない」「アウンサンスーチーは都合の悪い情報は聞こうとしない」といった発言を述べている〔4〕。他の新聞では「逮捕されたロイター記者の件を突然切り出した」という報道もある。しかし、辞任が大々的に報道されたことで、これらの体制で提言の可能性に翳りが出てきたことは確かだ。また、２０１８年7月24日には、議長の Surakiart 氏の依頼で会議の中心的なコンサルタントとして働いていた Kobsak Chutikul 氏が7月の上旬に辞任を発表し、新聞で「結成されてからほとんど何も達成されていない」「国際的な資金を受け取ることもできず、軍関係者との面談も無視されている」と委員の成果を否定的にコメントしている〔5〕。

さらに、２０１８年8月16日に、助言委員会が「最終レポート」を突然政府に提出し、事実上解散してしまったことである。最終レポートはまだ公開されていないようなので、その詳細は分からない。提出時の記者会見で、議長の Surakiart 氏は国連機関とミャンマー政府との関係が改善していること、政府から独立した人権調査委員会が設立されたことなどを評価していることを伝え、12のポイントを報告書で指摘したとしている〔6〕。こうした突然の幕引きの裏に何があったのかは現時点では推測するしかできないが、少なくとも順調な進捗状況でなかったということだけは感じ取れる。

〔4〕ニューヨークタイムス、２０１８年１月24日 https://www.nytimes.com/2018/01/24/world/asia/bill-richardson-myanmar-rohingya.html

〔5〕ロイター、２０１８年７月22日 https://www.reuters.com/article/us-myanmar-rohingya-panel/myanmars-rohingya-panel-head-refutes-criticism-by-outgoing-secretary-idUSKBN1KC07V

〔6〕The Global New Light of Myanmar ２０１８年８月17日 http://www.globalnewlightofmyanmar.com/committee-for-implementation-of-recommendations-on-rakhine-state-advisory-board-hold-talks/, Myanmer Times ２０１８年８月１７日 https://www.mmtimes.com/news/rakhine-state-advisory-panel-submits-its-final-report-government.html

５実施状況をどう見るか

提言の実施されている実態をどう見るかは、多くの情報が未公開で現在も提言実施が進行中のなか、確定的な判断は難しいが、実施委員会が公開している「２０１８年１月から４月の実施報告書」が公開されており、その内容からと、筆者が８月にミャンマーを訪問した際に、現場で聞き取りしたロヒンギャ住民、国連職員のインタビューから推測してみたい。

実施委員会の実施報告書は、ミーティング、研修、パンフレットや医療品の配布といったこまかいプロジェクトを19ページに渡って短く羅列していく内容となっており、それが新規ものか、もともと計画されていたものかの区別がつかない。さらに、研修や会議、ワークショップなどひとつひとつどの程度のインパクトがあるのか実感が持ちにくい。そのため、その報告書の中で重要と思われる「市民権」「移動の自由」「国内避難民」の実施状況のところだけ要約して拾い上げていく。

〈市民権に関する記述の要約〉

１月から４月にかけて合計３３９人（87人は10年の、２５２人は18年の）が１９８２年国籍法65条にのっとり、市民権精査カード（CSC：Citizenship Scrutinization Card）を受け取った。これを受け取った市民は１９８２年国籍法12条に基づく権利を享受できる。また国籍未審査者向け身分証明書（NVC：National Verification Card）生体的認証情報を一部の村で２２８６人を対象に行なった。ＮＶＣの申請者は同時にＣＳＣに応募することができる。５カ月以内にこれらすべての準備をしたい。市民権を否定された者は1982年国籍法70条に基づき内閣府に上訴することができる。また、こうしたプロセスに参加協力するように住民にリーフレットを配布した。

〈移動の自由に関する記述〉

国籍未審査者向け身分証明書（NVC）を所有する住民は、ラカイン州のマウンドー地区を自由に移動できる。1月から4月にかけて58名（男31人、女27人）がラカイン州外のヤンゴン市まで移動している。移動に関する規則の周知を図る集会を、国内避難民キャンプで3月に3回実施した。4月7日には公務員、国会議員、マイノリティコミュニティのリーダーなどを交えて、州都のシットウェで、エスニックマイノリティの権利と自由に関する集会を開催している。

〈国内避難民に関する記述〉

2018年6月2日に関係する政府関係者の国内避難民キャンプの閉鎖プロセスとスケジュールについて会議している。最初のステップとして国内避難民が居住するための50軒の低コスト住宅が建設され、もう50軒を建設中である。その他必要な道路や橋も建設中である。さらにキャンプ閉鎖にかかわる調整が4カ所で行なわれた。

市民権を取得した339人の数が小さいことも気になるが、このうち何人がロヒンギャだったのかはここからは分からない。また市民権取得の手続きも1982年の国籍法の従来の手続きのようで、おそらく文字の読み書きがむずかしいロヒンギャにとっては高い壁のままだと思われ、積極的な政策が展開されているとは思えない。

そもそも、ロヒンギャの多くは「ホワイト・カード」と呼ばれるＴＲＣカード（Temporary Registration Certificate 暫定在留許可証）を所持したが、これらは１９５１年ビルマ居住者登録法に基づいており、暫定的な居住者に対して出される書類で、ラカイン州でも１９９３年以後から発行されるようになった。おそらく１９９１年から１９９２年にかけてバングラデシュに逃れたロヒンギャ難民の帰還手続きの途上で、発行が加速化したものと思われる。本来国民登録カード（NRC：National Registration Card）の審査前に発行する暫定的な書類であった。およそ１００～１５０万人近いロヒンギャがこれらのカードを持っていると言われている。

２０１４年に暫定在留許可証（ＴＲＣ）保持者に対して新たな証明書の発行手続き始まったが、書類に「ベンガル人（ベンガリ）」として登録することが前提となっていることから抗議行動がおこり中断された。やがて２０１５年１月に同手続きが再開され、暫定在留許可証（ＴＲＣ）は２０１５年２月に廃止され、かわりに国籍証明ＩＤカード（ＩＣＮＶ　俗称グリーンカード）の発行を２０１５年６月より開始した。その際も申請書に「ベンガル人」として登録する必要があった。１年後ＮＬＤ政権はプロセスを再開し、国籍証明ＩＤカード（ＩＣＮＶ）から、国籍未審査者向け身分証明書（ＮＶＣ）を発行した。これには申請書に民族や宗教を記入する必要はなくなっている。これによって新聞報道などによると約40万人がホワイト・カードを返却したという。

２０１８年8月にシットウェ周辺でロヒンギャ住民から聴き取りをしたが、多くはＮＶＣの取得をしていないし、する気持ちもないという反応だった。これまでの散発的でいきあたりばったりの制度の改変が続いたこと、カード取得後の市民権の取得プロセスについて確約された道筋がないこと、流動的なカードに切り替えてこれまでの書類が取り上げられるといった不安などが強く、これに対して政府側からの丁寧な説明がないことが大きな原因だ。「カードの種類が次々と変わったが、ロヒンギャへの抑圧はその後どんどん強くなっている。あいまいなカードを受けることで、もとの証明書が取り上げられるなど不利益が生じる可能性がある」「ＮＶＣを受け取った数百名のロヒンギャがいるが、結果移動の自由も何も保証されていない」という住民の証言からも、政府への不信感が強く現れていた。おそらく、ホワイト・カードが無効になるということで一部のロヒンギャがグリーン・カードに切り替えたものの、結局市民権の授与に関する手続きは昔のままで非常に難易度の高いままにおかれているため、実質的な状況は何も変わっていないこと、また日々ムスリム・ヘイトなどの感情が高まっておりロヒンギャの人々の不信感や危機感が高まっているため、あいまいなカードへのアクセスに慎重になっていると推測できる。

ラカイン州で任務を受けている国連職員からの聴き取りでは「提言に基づく議論が国連機関の周辺で活発に行なわれている様子はなく、それが業務や打ち合わせの基準となっている様子はない。難民の帰還もまったく始まっておらず、実質的な業務そのものがあまり進んでいない」と、提言に対しての反応は非常にクールだった。

しばらくは、実施委員会の動向、そして国籍未審査者向け身分証明書（ＮＶＣ）だけでなく市民権へのアクセスをどうミャンマー政府が提示するのかを注目していく必要があり、１９８２年の国籍法の改正が必要となる可能性が大きい。実施委員会と助言委員会が設置されて１年経とうとしている現在、進捗は極めて厳しい状況であることだけは言えるだろう。

⑥アウンサンスーチーの立場をどう見るか

報道の中から「アウンサンスーチーは何をしているのか」という声は今も消えない。防衛、内務、国境警備などに関する省の大臣が軍関係者によって独占されているため、彼女が望んでも政治力をただちに発揮できない。そればかりかムスリムへのヘイト行動が２０１１年以後ミャンマー国内で始まり、仏教僧を中心とする「９６９運動」〔７〕が中心となりこれが急速にミャンマー国内に広がっていった。この運動はミャンマー政府の仏教担当の長老会から禁止されるが、その後「MaBaTha」〔８〕というグループに生まれ変わり政治に影響を与え続けている。特に彼らの強力な後押しで２０１５年にムスリムを牽制する4法、「仏教徒特別婚姻法」「一夫一妻法」「人口調整法」「改宗法」が成立したことは非常に大きな出来事だった。仏教徒特別婚姻法は、仏教徒と異教徒の結婚には両親の同意が必要で、男性は仏教への強制改宗を前提とさせるもの、一夫一妻法はムスリムの一夫多妻を禁止したもの、人口調整法は第一子出世以後、３年間は次の子どもを産むことを禁じるもの、改宗法は、仏教徒の改宗を許可制にするものである。全国民が対象とはいえ、ムスリムの影響を封じ込めようとする動きだと言わ

〔７〕２０１０年以後活発になった活動で、ミャンマーの仏教過激派・民主主義運動。９６９の数字は仏法僧の三法を意味し、上座部仏教僧のアシン・ウィラトゥを指導者とし、ムスリムの迫害を扇動しているとされている。

〔８〕２０１４年に９６９運動に共鳴する仏教僧らが中心になって結成された組織で、

れている。これらの法律成立の背後で、ミャンマーの仏教僧や国民が、ムスリムの人口増加と改宗行為を恐れているかが推察される。また、これらの仏教ナショナリムズの動きは決して一部のものでなく、広範囲に国内に支持者層を広げており、アウンサンスーチー氏のNLD内部にも増加しているという現実である。つまりアウンサンスーチー氏は、軍関係者との政治課題だけでなく、国内のイスラム・ヘイトグループとの、サンドイッチ状態になっている。軍の体質だけでなく、イスラム・ヘイト感情に支配されている一部のミャンマー国民が変わらないと、1982年の国籍法の改正は難しいのではないだろうか。

　アウンサンスーチーが国家顧問である以上、政権内で実力行使ができる立場でないことは自明だ。しかし、ムスリムへのヘイト行為について、自分の国民的支持力を使って国民に呼びかけることはできるのではないか、その動向によって新たなロヒンギャ問題への解決の糸口が見えるのではないかと考える人が多いだろう。しかし、この原稿を執筆中の10月9日、来日中アウンサンスーチー氏の取材インタビューが放映され、彼女は「ミャンマー・ムスリムの問題は自国で時間をかけて解決する」「ノーベル平和賞が剥奪されても自分の考えは変わらない」と述べていた。このことからも、ミャンマー国内でロヒンギャ問題の解決が短期間に前進することはないと感じている。

【下澤　嶽】

【参考文献】

内田勝巳 2018「ミャンマー・ラカイン州のイスラム教徒――過去の国勢調査に基づく考察」『摂南経済研究第8巻　第1・2号　別刷』摂南大学経済学部

MaBaTha はビルマ語で、民族宗教保護協会のこと。立法ロビー活動やキャンペーンを積極的に展開し、宗教的な改宗と宗教間の結婚を規制する法案を作成した。

工藤年博　２０１２『ミャンマー政治の実像――軍政23年の功罪と新政権のゆくえ』
蔵本龍介　２０１６「ミャンマーにおける宗教対立の行方――上座仏教僧の活動に注目して」『現代宗教２０１６』国際宗教研究所
小島正憲　２０１５「ロヒンギャ問題の解決策」『京大東アジアセンターニュースレター 2015/6/8 No573』京大アジアセンター
藤村建夫　２０１８「ミャンマーのイスラム教徒と仏教徒の対立・衝突の歴史とは？」『ＳＲＩＤジャーナル代14号』国際開発研究者協会
Advisory Commission on Rakhine State 2017“Towards a Peaceful, Fair and Prosperous Future for the People of Rakhine - Final report of the Advisory commission on Rakhine state”
Jacques Leider 2018 “Rohingya: The History of a Muslim Identity in Myanmar”
Kofi Anna Foundation 2018 “Advisory Commission on Rakhine State: Lessons Learned”
The committee for Implementationof Recommendations on Rakhine State 2018
“The Report to the People on the Progress fo Implementation of the Recommendations on Rakhine State”（From 1 April 2017 to 31 December 2017）
“Report to the People on the Progress of the Implementation of Recommendation on Rakhine State (Januari to April 2018)“

September 1990, and was rati.ed by Myanmar on 15 July 1991.

8　CRC の下で対処された問題、児童の権利に関する委員会がこうした問題に対してとったアプローチに関する分析の詳細は、「*Addressing the Right to Nationality through the Convention on the Rights of the Child*, Institute on Statelessness and Inclusion, June 2016」を参照のこと。

9　*1982 Citizenship Law*, Section 3.

10　*1982 Citizenship Law*, Section 44.

11　上記に該当する犯罪は、「*Procedures on Naturalised Citizenship*, para.32 (A)(vi)」にすべて列記されている。

12　*Population and Housing Census of Myanmar 2014*, Provisional Results, Department of Population, Ministry of Immigration and Population, August 2014.

13　*Myanmar Demographic and Health Survey 2015-16*, Myanmar Ministry of Health and Sports, March 2017.

14　*Rakhine State Needs Assessment II*, Center for Diversity and National Harmony (CDNH), January 2017.

15　*Myanmar Demographic and Health Survey 2015-16*, Myanmar Ministry of Health and Sports, March 2017.

16　*Constitution of the Republic of the Union of Myanmar*, Schedule 1 and 2. The Republic of the Union of Myanmar, 2008.

17　Political Parties Registration Law, Union Election Commission, the Republic of the Union of Myanmar, 2010.

18　*Rakhine State Needs Assessment*, Center for Diversity and National Harmony (CDNH), October 2015; *Rakhine State Needs Assessment II*, Center for Diversity and National Harmony (CDNH), January 2017.

ラカイン州諮問委員会の勧告を実施するには、前政権が州内で政策変更を行なった際に得た教訓を反映させることが重要である。現政権も前政権も、省庁横断的な委員会を政策の調整・実施の第一の手段としてきた。しかし、ラカイン州内の問題は膨大であるため、ラカイン州の状況を専ら担当する大臣クラスの人物を指名する必要がある。また、決定を行なう国家側とそれらを実施する地元の役人の間の連携がうまくいっていないため、例えば、職員が常駐する事務局を「ラカイン州の平和安定開発実行中央委員会」に設置する必要がある。

加えて、協議、特にラカイン州の主要な2居住区の代表間の協議もまた非常に重要である。こうした協議はこれまでもある程度実施されてきたが、より大きな枠組みの中で計画と一貫性をもって実施することで、より大きな成果が得られるであろう。また、当該コミュニティの支援なくしては、重大な障害がいつまでも委員会の勧告の実施を妨げることになる。

国際社会の関係者たちもまた、ラカイン州の問題の機微な点やそれに関わる制約について理解を深めるよう努力するべきである。政府も、地元のNGO、国際組織、各国政府との二国間関係など、協力パートナーをより広く求めるべきである。

勧　告：

85. 大臣の指名に関しては、ラカイン州に関する政策の調整を専らの職務とする者を指名し、ラカイン州諮問委員会の勧告の効果的な実施を可能とさせるべきである。指名された大臣の初任期は1年間とし、その間四半期毎に報告書を公表するようにすべきである。
86. 上記の任期1年の大臣職を支援するため、十分な人員が配備された事務局を常設するべきである。この事務局は「ラカイン州の平和安定開発実行中央委員会」の必要不可欠な一部となって委員会の職務をサポートする。また、事務局には政府の文民部門または軍部からの出向者を受け入れると同時に、ラカイン州の社会の多様性を反映して様々な人々を受け入れるべきである。
87. 事務局の職員はその職務を実施する中で、ラカイン州の様々なグループと恒久的に協議を行なうべきである。
88. 事務局はまた、委員会の勧告実施に向けての技術的・財政的支援の調整を行なうべきである。

注

1　*Myanmar: A New Muslim Insurgency in Rakhine State*, International Crisis Group (ICG), December 2016.

2　*Report on the Census of British Burma, Part I: The Enumeration and Compilation of Results*, 1881年、*Census of India 1931, Vol XI: Burma, Part I: Report*, 1933.

3　*Final Report of Inquiry Commission on Sectarian Violence in Rakhine State*, July 2013.

4　*Myanmar Poverty and Living Conditions Survey*, World Bank, January 2015.

* 上記の出典の正式な名称は「World Bank. *Myanmar: Ending poverty and boosting shared prosperity in a time of transition. A Systematic Country Diagnostic, Report No. 93050-MM.* July 2014.」である。委員会は、政府が公表しているラカイン州の貧困率は43.5パーセント、国全体の貧困率は25.6パーセントであるとしている（*Integrated Household Living Condition Assessment Survey*, 2010）。

5　*Food Security Assessment in Northern Rakhine State Myanmar*, World Food Program (WFP), February 2011.

6　*Special Economic Zones in Myanmar and the State Duty to Protect Human Rights*, International Commission of Jurists (ICJ), February 2017.

7　*Convention on the Rights of the Child*, 20 November 1989, which entered into force on 2

た問題に対応するべきである。

79. ミャンマー、バングラデシュの両政府は、国際的な基準に従い、国際社会のパートナーの支援を受けながら、両国の合同承認体制を通じて難民のバングラデシュからミャンマーへの自発的帰還を促進するべきである。

80. ラカイン州北部からバングラデシュへ避難した難民を帰還させる際、ミャンマー政府は彼らに安全な環境を用意し、家を破壊されてしまった人々のためのシェルター建設を必要に応じて支援するべきである。

81. 特に2016年10月のマウンドーでの襲撃事件を考えると、安全と国境管理に関する協力は急務である。委員会では、安全面での協力と国境での問題に関する中間報告の発行以降、ミャンマー、バングラデシュ両政府が安全面での協力の強化を正式に規定した3件の覚書の締結への意志を明確にしたことを含め、大きな進展が得られたと認識している。委員会は、こうした取り組みがさらに継続・強化され、覚書の実施が出来る限り速やかに開始されるべきであると考える。

82. 委員会は合同貿易委員会（Joint Trade Commission）の取り組みに注目し、両政府が二国間貿易の急速な増加に取り組むよう要請する。相互理解と協力を促進するため、両政府は市民社会やシンクタンク、学術界、民間部門の交流を積極的に促進していくべきである。

近隣諸国との関係

ラカイン州の問題はこれまで、ミャンマー国内の問題として扱われてきた。しかし、当問題はラカイン州から避難してきた多くの人々を受け入れている近隣諸国にとっても、非常に関心の高い事項である。ミャンマー（またはバングラデシュ）からの不法移民の流入は地域の国々の状況をも不安定化させるため、ミャンマー国内での取り組みを補完するような解決策を近隣の地域全体で模索することが急務となっている。最近行なわれている近隣地域内での協力の一例として、2016年12月にミャンマーの呼びかけで開催されたASEAN外相の非公式会議が挙げられる。ミャンマー政府は、ラカイン州に関する同政府の政策や計画についてASEAN各国から理解を得られるよう、こうした取り組みを今後も続けていくべきである。

勧　告：

83. 以前にも指摘したように、ミャンマー政府はラカイン州の状況が周辺地域にもたらす影響をより幅広い側面からASEAN各国に定期的に説明する取り組みを継続していくべきである。ミャンマー政府は、この問題に関して近隣諸国と協力していくため、特使の派遣を続けるべきである。

84. 政府は、ラカイン州の状況に近隣諸国も関心を持っていることを認識し、地域全体での全面的かつ率直な協議を歓迎するべきである。

委員会の勧告の実施について

ミャンマー政府は、ラカイン州固有の様々なニーズに対応する上で必要な戦略、計画、調整機構の作成に多大な努力を行なってきた。前政権も、ラカイン州行動計画（Rakhine State Action Plan）の策定に多大な時間と労力を費やしてきた。2016年5月、アウンサンスーチー国家顧問は「ラカイン州の平和安定開発実行中央委員会」を設立した。この委員会の下には4つの作業部会が設けられている。

ミャウウーの世界遺産登録資格の維持に努めるべきである。
77. 政府は、ラカイン州の全コミュニティの歴史的・宗教的・文化的建造物を特定し、それらを保護するべきである。その中にはU Ye Kyaw Thu僧院、聖マルコイギリス国教会、Sri Moha Dev Bari寺院、Badar Makkar聖者廟やその他の文化的建造物が含まれる。

バングラデシュとの国境問題および二国間関係

ラカイン州における様々な難題に対処するには、ミャンマーとバングラデシュの強力な二国間関係が必要である。2016年後半の武力紛争後に数千人ものムスリムがラカイン州北部からバングラデシュへと避難したことからもわかるように、一方の国で発生した出来事は、他方にも深刻な影響を及ぼす。両国とも発展や人道支援に対するニーズは深刻であり、両国が恩恵を享受できるような協力関係を確立することが必要である。

昨年は二国間の取り組みを強化するための様々な努力が行なわれた。2016年9月、国家顧問のアウンサンスーチー氏とバングラデシュのシェイク・ハシナ首相はニューヨークで開催された国連総会の場で会談した。2016年6月、バングラデシュの首相はネーピードーのアウンサンスーチー氏の元にシャヒドゥル・ホック外務次官を特使として派遣した。2017年1月には国際協力担当大臣（Minister of State for Foreign Affairs）のチョーティン氏がダッカを、2017年7月には国家安全保障顧問のタウントゥン氏がバングラデシュを訪問した。

両国間の交流の頻度と構成と充実度を高めることによって、多くの分野で両国の関係を強化していく必要がある。両国が協力できる問題は、インフラ整備プロジェクト、貿易振興、違法移民の取り締まり、難民やIDPのための書類審査業務、難民の自発的帰還、人身売買や違法薬物密輸の防止、気候変動、過激派を掃討するための安全保障面での協力といったように、幅広い範囲に及んでいる。現在、これらの問題への取り組みにあたってバングラデシュがミャンマーに協力を申し出ているが、ミャンマー政府は直ちにこれに応じるべきである。

ミャンマーとバングラデシュは、国境沿いで発生している問題に対しそれぞれ別の考えを持っている。多くの人々がミャンマーからバングラデシュに避難しているものの、ミャンマーの側の人々の間では、ミャンマーへ入国してくる違法移民こそが問題だと考えられている。居住区の起源やそれらのコミュニティでの人口の増加についても、それぞれ別の歴史的見解を持っている。それらの違いは、各国の指導者同士、あるいは住民と住民の間の対話による相互理解を通じてのみ埋めることができる。

両国とも、協力関係に明確な相互利益があることを認識している。貿易の振興によって、経済的な機会が増大する。一方で、違法薬物の流通を根絶しなければならない。そして最も重要なのは、国境の治安管理における協力が必要であるということである。

勧　告：

78. 委員会は、ミャンマー政府が委員会の中間勧告に従って、バングラデシュとの二国間関係やそれに関連する課題、相互利益について協議するための共同委員会設立の意図を表明したことを歓迎している。この共同委員会は少なくとも四半期に一度会合し、貿易振興、インフラ、住民同士の接触、不法移民への対処、難民やIDPに対する書類発行、難民の自発的帰還、人身売買や違法薬物密輸の防止、過激派を掃討するための安全保障面での協力といっよる職権濫用は広く行なわれているようであり、ラカイン族、ムスリムのいずれのコミュニティでも役人の横暴がまかり通っている。そうした不満は特に、BGPが管轄している地域でよく聞かれるようである。

公平で適切に機能する司法機関がないことから、大多数の紛争がコミュニティの指導者や行政官や宗教界の指導者などから成る非公式な仕組みによって処理されている。IDPキャンプでは、キャンプ管理委員会の代表者が紛争解決にあたることが多いが、こうした代表者自身が汚職で糾弾されることも多い。これまで樹立されたどの政権も地域の人々の権利に関する教育を適切に行なってこなかった。そのため、どのコミュニティでも人々の法律に関する理解は非常に乏しい。政府では多くの高官が人々の法に対する意識の向上を願っているものの、対応能力や資金の欠如といった多くの障害がみられるのが現状である。

勧　告：

72. ミャンマー政府は、ラカイン州の司法官たちに対して法の支配の原則、公正な裁判と適正な手続き、説明責任と透明性、仲裁の原則、ジェンダーへの配慮やジェンダー間の平等、司法における国際的標準といった内容のトレーニングを十分に行なうべきである。
73. 政府は、シットウェでの法律センター（rule-of-law centre）設立を推進し、センターのスタッフが州全域に何の障害もなくアクセスできるようにするべきである。このセンターは司法官たちに対して（上述の）トレーニングを実施し、人々の法律に対する理解を向上させるためのキャンペーンを実施するべきである。
74. 政府は以下を公表するべきである：
    - 行政府がどのようにして決定を行ない、それに政府機関がどのように関与しているかに関する情報。
    - 州内における現行の監視機構の概要、および人々が当局の職権濫用に対して正式に異議を申し立てるための方法。
    - 政府が提供するサービスを利用するために要する総費用と処理にかかる時間。
75. 地元の当局、司法の要員、その他法律に関わる役割を担う団体が差別や汚職で糾弾され、彼らにそうした責めを受けるに値する理由がある場合、彼らは懲戒処分を受けなければならない。

文化的な発展

ラカイン州には大いなる歴史的、宗教的、文化的価値を持った場所や建造物がある。中でも、ミャウウーに建造された数々の寺院は、ラカイン州の豊かな歴史と文化の最大の象徴として国際的にも認められ、1996年以降はユネスコ世界遺産の候補にも挙げられている。委員会は中間報告の中で、ミャウウーをそうした名誉ある認定に対する候補地として擁立すると同時に、候補地としての資格を維持するために必要な措置を講じるべきである。以降、政府はユネスコや他の国際社会のパートナーに対して積極的にはたらきかけを行なっている。

勧　告：

76. ミャンマー政府はユネスコや他の国際社会のパートナーと引き続き協力し、

勧　告：

65. 委員会は、委員会の中間勧告にもあるように人権に対する意識向上トレーニングがミャンマーの治安要員に実施されている点を歓迎している。こうした取り組みが強化され、治安要員のトレーニングの一要素として恒久的に行なわれるようになるべきである。また、文民やコミュニティの警備隊の保護などに関するトレーニングも行なわれるべきである。国際社会も、こうした目的のための技術的・財政的支援を行なうことによって政府を支援するべきである。
66. ミャンマー政府は治安部隊の任務遂行の監視を改善するための措置を講じるべきである。その1つとして、全隊員が目につきやすいところに名札をつけるようにすることが重要である。これは世界の現代的な警察機構では標準的な慣習である。さらに、全治安部隊員が人々の尊厳を尊重し、強要や暴力によって権力を濫用することがないよう、ラカイン州内のすべての検問所にCCTVカメラを設置することも重要である。そして、撮影されたすべてのフィルムを査察時に提出可能とすることも重要である。
67. 治安部隊に求められる高い水準を維持するため、政府は彼らの任務を査察するための恒久的な仕組みを構築するべきである。透明性の高い権力を行使するため、こうした仕組みは（治安部隊外部の専門家を含む）様々な分野の専門家によって構成され、査察結果は公表されるべきである。
68. 政府は、人々が治安部隊要員による職権乱用やネグレクトを受けた際に救済を求めることができるよう、国としての苦情処理機構を設置するべきである。この機構は政府から独立した立場を保ち、調査結果を公表できるものでなければならない。
69. 政府は、ラカイン州内の警察組織に対して一つの統一された機関を構築するなど、安全保障の仕組みの簡素化に取り組むべきである。その際、ミャンマーの警察署長との間の直接的な指揮命令系統を一本化するべきである。これは、例えばBGPを警察に組み込むことによって実現可能であると考えられる。逮捕や拘留を含む警察の対応についても明確な実施手順を設けるとともに、明確な法的枠組みの中で厳しい調査を行なうべきである。
70. ラカイン州北部のムスリムが多く居住する地域に赴任した治安要員には、地元の住民との間の誤解を回避し関係を改善するためにも、言語のトレーニングを実施するべきである。一方で、各コミュニティにて通訳としての役割を果たせる連絡将校を任命するべきである。
71. 2016年10月9日の国境警備警察襲撃事件とその後ラカイン州北部で実施された軍事作戦で、作戦中に治安部隊による重大な人権侵害があったとされている。そうした報告に関して、委員会は先の中間報告書も勧告したように、独立した立場から公平な調査を行ない、こうした人権侵害を犯した者の責任の追及を行なうよう政府に要請する。マウンドーでの事件を受けて調査委員会が設置されたが、完全な報告書を出来るだけ早く公表するよう政府に要請する。

司法制度へのアクセス

すべてのコミュニティの人々が、州の前向きな発展とコミュニティ間の紛争防止には法規則の改善が不可欠であると信じているようである。しかし、正式な司法制度へのアクセスは制限されており、どのコミュニティでも司法制度に対する人々の信頼は低い。協議プロセスの中で委員会は、政府の法執行能力の欠如や州の司法制度内での汚職の蔓延について数多くの不満の声を耳にしてきた。当局に

警備部門

ラカイン州はミャンマーの警備部隊にとって複雑な状況を呈している。第一に、同州では2012年の時のようなコミュニティ間の長引く緊張が大規模な武力衝突へと発展する恐れがある。第二に、両コミュニティで反政府感情をもつ勢力が、これまでにも政府に対して武装蜂起を行っている。このように、ミャンマーの警備部隊はアラカン軍（AA）や アラカン・ロヒンギャ救世軍（ARSA）といったラカイン族やムスリムの武装グループの問題に直面している。

2016年10月の国境警備警察隊（BGP）襲撃後、緊張感が高まり、これに対応するため軍部や警察は大々的な作戦を展開した。治安部隊が実施したとされる人権侵害は、特に北部において当局とムスリム居住区との間の緊張関係をさらに深刻化させた。そして、当局との関連性が疑われる——ムスリム過激派による実行とされる——ムスリムの殺害が発生し、新たに危険な局面へと展開していくことになった。こうした事態によって、ムスリム居住区の人々はますます分断化される可能性がある。武装集団が入手できる武器の量は比較的少ないものの、コミュニティ同士が抱く恐怖感、怒り、被害者意識といった武力紛争を過激化させるすべての原因が、現在のラカイン州には潜んでいる。さらに、州の北部が違法薬物密売の大きな中継地点になっていることから、バングラデシュとの国境沿いは無法地帯の様相を呈している。

ミャンマーの治安部隊に対する州の人々の信頼は依然として低い。ラカイン族、ムスリムの双方のコミュニティで治安部隊が汚職に手を染め、2012年のような武装蜂起発生時に十分に機能していない、と糾弾されることも多い。ある調査によると、ラカイン州全土のコミュニティで回答者の多くが、州の治安悪化の主な理由として「法執行能力の欠如」を挙げている（その割合は2015年には24パーセントであったのに対し、2016年には41パーセントに上昇している）[18]。

ラカイン州の人々の信頼と尊敬を得ることが、州における効果的な治安整備の必要条件である。ミャンマーの治安部隊は、プロの治安部隊として最高の水準を維持するべきである。そのためには、治安部隊のすべての要員が近年の民主的改革の原則と法規則に従って防衛と行動に努める必要がある。治安を効果的に維持するためには、各治安維持機関の役割分担を明確にし、堅牢な監視の仕組みを確立することも重要である。しかし今のところ、機関毎の任務や権限の線引きなどの指揮命令系統について、人々の理解はほとんどない状態である。ラカイン州における安全保障の仕組みは混乱した状態にあり、治安関連機関の数が多過ぎるあまり、逆に幾つもの問題が起こっている。

第一に、州内の治安に関しては軍部、BGP、警察は各自の役割を担うべきである。もちろん、それらの様々な機関から派遣された要員が一緒に巡回を行なうこともある。第二に、BGPは国境沿いだけでなく、ヤテーダウンのような他国との国境を持たない地域でも警備を行なうべきである。第三に、BGPの下で移民担当幹部は労働・入国管理・人口省の入国管理担当者としての役割を果たすだけでなく、この地域の人々にとって必要なその他の要件にも対応するべきである。第四に、当局はBGPやミャンマー警察の戦略をどのようにして策定するべきか、あるいはこれらの警察隊は独立した形で運営されるべきか、といった点が依然として不明瞭である。最後に、部隊の専門家としての水準を監視する明確で透明性の高い仕組みが構築されていない。

地域に拡がることはなかった。このことを念頭に置いて、政府や市民社会、地元の各コミュニティは、コミュニティ間に架け橋を構築する取り組みをさらに推進するべきである。

一部の町の行政官は、仏教徒とムスリムのコミュニティの交流を促進するための取り組みをすでに開始している。そうした努力は宗教間の問題や事件に対する不安の緩和に役立つと同時に、当局がコミュニティ間の緊張を管理する能力に対する人々の信頼感の強化にもつながっている。しかし、こうした地元の努力も、紛争の抜本的解消に向けての長い道のりの第一歩にすぎない。こうした対話のきっかけ作りの努力の多くは持続せず、対話の目標が参加者に明確に伝えられていないケースもある。

最後に、ラカイン州における地域間の緊張は、ミャンマー全土で発生している仏教徒とムスリムの間の緊張を背景としているとも考えられる。ここ数年の間に、少数民族に対する襲撃が数件発生している。ヘイトスピーチが抑制されることなく行なわれているが、それらは阻止されるべきである。政府は社会福祉省を通じてこうしたヘイトスピーチや外国人への嫌悪を撲滅するための重要な措置を行なっており、委員会はこの点を評価する一方、さらなる取り組みが必要であるともしている。ミャンマー全土で仏教徒とムスリムの間の緊張が高まり続けると、ラカイン州内での和解の成立の可能性にも影響するであろう。

勧　告：

60. ミャンマー政府は、タウンシップ、州、国家などのそれぞれのレベルで地域間の対話が明確な目的をもって系統的に行なわれるよう努めるべきである。対話のプロセスには女性、若者、少数民族、市民社会を含む草の根レベルでの参画を促進するべきである。また、コミュニティ内の対話も促進するべきである。
61. ミャンマー政府は、ラカイン州の町の行政官たちが対話の促進において重要な役割を担えるよう、こうした役割を彼らの委託条項の中に追加し、対話や仲裁の技術のトレーニングを行なうなどして、彼らに権限を与えるべきである。ラカイン族、ムスリムのそれぞれの指導者に対しても、仲裁技術のトレーニングを行ない、様々な教訓やベストプラクティスを学ぶ機会を与えるべきである。
62. 和解プロセスを支援するため、政府は対話に向けての環境づくりを促進する活動を開始するべきである。例えば：
    - ムスリムとラカイン族に対して職業訓練、インフラプロジェクト、文化的イベントなどへの共同参加を呼び掛けることにより、取り組みへの非形式的な関与を促す。
    - 宗教に関する誤解を解くための文化的媒体による広報活動、市民教育、意識高揚活動を通じて寛容な態度を育む。
    - 両方のコミュニティから通える地域に共同で若者向けのセンターを設立し、スポーツ、音楽、芸術などの活動の共同開催を促進する。
63. 政府はすべてのヘイトスピーチ、特に少数民族や宗教的グループに向けられたものを積極的に排除するべきである。人々の平和を保証するのは政府の役目である。よって、ミャンマー国内に堅牢な法的枠組みを構築し、少数民族や宗教グループに憎しみをぶつける者を厳しく取り締まるべきである。
64. 仏教、イスラム教、キリスト教やその他の宗教界の指導者は、ヘイトスピーチや民族・宗教差別を撲滅する政府の取り組みを積極的に支援するべきである。ある民族や宗教グループで暴力的な行為が行なわれた場合、その地域の宗教的指導者たちはそれらの行為を直ちに公に非難するべきである。

きである。その際、必要な提出書類を減らし申請費用を値下げるなど、プロセスを簡素化するべきである。

54. 政府は、市民社会活動家が独自に組織し（所属する省に関係なく）地元の行政機関の代表や州議会議員が出席する定期的会合（例えば四半期毎に開催されるもの）に対して権限を委任するべきである。これらの会合では、州で検討中の政策の策定に関して各コミュニティから詳細な意見を募るべきである。
55. ラカイン州政府は政府の業績に関する情報発信や意見収集を一手に行なう手段を設け、検討中の政策に関する各コミュニティや市民社会の意見を求めるべきである。各コミュニティからの情報をもとに採用した勧告とともにこれらの意見を連邦政府に届けるべきである。
56. ラカイン州政府、およびラカイン州の総務局は、村の指導者（10 世帯毎、また 100 世帯毎に選出）や村の行政官、（村の上位にある）村落区の行政官が各村の住民の直接投票によって決定されるよう取り組むべきである。
57. IDP に関しては、2017 年 2 月にラカイン州の国際機関が CMC に関する委託条項と行動規範の改訂版を州政府に提出した。これらの条項は CMC の権利の向上と汚職の抑止を求めている。委員会は、政府に対して計画の実施を強く要請する。
58. 政府はミャンマーの法律に従って、州の人口の 0.1 パーセント以上を占めるすべての民族に対して民族問題担当大臣（Ethnic Affairs Minister）のポストを設けることを検討するべきである。
59. 女性の権利向上のためのイニシアチブをとりまとめ、女性や女児のニーズに合致した実施方法を採用するための技術的支援を関係省庁や GAD に対して行なう女性担当局（Women's Affair Department）をラカイン州政府内に設置すべきである。

コミュニティ間の結束

委員会がラカイン州訪問中に見聞したところによると、地元の多くのコミュニティが恐怖にさいなまれている。ラカインとムスリムのコミュニティともにコミュニティ間での新たな武力衝突の可能性を懸念し、互いの不信感は根強い。こうした感情は州の全域でみられるが、北部と中央部では特に根強い。

ラカイン州において、コミュニティ間の緊張は本質的には新しいものではない。植民地時代より、コミュニティ間の協力と共生は緊張や争いによって度々遮られてきた。しかし、大きな分岐点となったのは 2012 年の一連の武力衝突である。様々な規模の衝突が州全土の町に影響を及ぼし、それまで数十年間かけて構築されてきた社会的・経済的つながりを破壊した。その後、関係は幾分か改善したものの、2016 年 10 月にラカイン州北部で発生した武力衝突によって一部、またはすべてが水の泡となってしまった。

2012 年の事件は 2 つの地域を分離させる結果となった。ムスリム（カマン族を含む）の大半はシットウェ、チャウピュー、ミェーボン、チャウッ、ミャウウーを含む州の主要都市から追放され、130,000 人以上が IDP キャンプに収容された（うちほぼ 120,000 人が現在もキャンプ内にとどまっている）。さらに、キャンプ外への移動の自由の制限が強化されたため、コミュニティ間の交流範囲は一層狭まっていった。政府は、安全と安定はコミュニティの隔離によってのみ実現可能であるとして、こうした隔離への動きを積極的に支援した。

しかし、先行きはそれほど暗くはない。一部の地域では、地元のラカイン族の指導者とムスリムの指導者が協力して不信感を克服し、平和に共存する方法を見出している。これには両コミュニティ内の強硬派の反対や報復の危険を伴う。しかし、2012 年の事件時とは異なり、ラカイン州北部での最近の武力衝突は州の他態である。

公職に採用されるのもまた市民だけであり、ラカイン州のムスリムは州の公職に就くことができない。最近になってムスリムの多い地域で一部のムスリムが村の行政官に復職した（ただし無給で）が、ムスリムの文民の数は非常に限られている。ラカイン州北部では、政府に協力した人々の身に様々な問題がふりかかっている。政府とムスリム居住区の協力関係をさらに妨害するため、アラカン・ロヒンギャ救世軍（ARSA）はこの数カ月の間に多くのムスリムの指導者を殺害したといわれている。

ラカイン州にはムスリム系のCSOはなく、市民権を持つムスリムが代表となって組織設立の申請を行なった場合でも、これまで政府は登録を却下してきた。ムスリムの多い地域では、安全保障上の命令に従って内務省が夜間外出禁止令などを発令し、集会や会合、移動の自由が制限された結果、あらゆる形式の市民活動や集団行動が行なえなくなった。IDPキャンプでは意図のある公式な集まりはさらに制限され、日常の営みは総務局が直接任命するキャンプ管理委員会（CMC）によって管理されている。このように、キャンプ内の人々は関与する機会を与えられていないことが多い。

ミャンマーの135の土着民族の1つとして認められているカマン族の場合も、ラカイン州で市民社会組織を登録することができない。そして、彼らは多くの公職に就いたり、高等教育を受けたりすることが困難である。チン族、ダインネッ族、ムロ族、マラマージー族、カミー族、テッ族、ヒンドゥー教徒といったその他の民族や宗教グループも周縁化され、社会サービスに対する参加が十分に保証されていない。こうした不平等に対応するための仕組みの1つとして民族問題担当大臣（Ethnic Affairs Minister）の設置が考えられる。州の人口の0.1パーセント以上を占める民族のメンバーが、自らの民族グループの大臣を選出するという仕組みである。ラカイン州では幾つかの少数民族がこの基準を満たしているが、自ら指名した大臣がいるのはチン族のみである。

最後に、女性の参政権と社会への参加も全居住区で不十分である。2015年の州議会選挙では、女性議員は1人も選出されなかった。また、ラカイン州の選挙区から首都ネーピードーの連邦政府議会に選出された女性議員はわずか3人である。州では現在、下級の公職に就く女性は時折いるものの、女性の行政官（村落区、タウンシップ、県の行政官）は存在しない。ラカイン女性連合（Rakhine Women's Union）やラカイン女性ネットワーク（Rakhine Women's Network）といった女性のための市民団体は女性の権利に関するギャップの問題に取り組み、女性の権利に関する公の場での対話の機会を増やしてきた。しかし、注目を浴びた強姦事件の被害者の代理人として問題に介入するなど、ある程度の影響力を発揮している一方で、政策決定への影響力はほとんどないようである。

勧　告：

51. 総じて、ミャンマー政府は権利を少数民族、無国籍者、居住地を追いやられた人々や女性など、権利を十分保証されていない人々が地域に関与する権利を促進するための措置を講じるべきである。また、人々に対する政府の関与を増やし、政府と居住区間の信頼感を地域レベルで構築し、政策の策定や実施への社会の参画を促すべきである。
52. ラカイン州政府と総務局は、州の少数民族や少数派の宗教グループの人々、特にこれらのグループの女性が公職に就ける機会を増やすべきである。以前にも指摘したように、警察隊の人員構成も、女性や少数民族を含む人口構成を反映したものとすべきである。
53. 政府は、すべての民族・宗教グループの社会的組織への登録を促進するべ

を立てる手段をより多く提供するべきである。
48. 政府は、薬物使用者のための医療およびハームリダクション・サービスの提供を強化しなければならない。ただし、こうしたサービスの使用は個人の自発的意思によるものでなければならない。
49. 政府は、ミャンマーとバングラデシュの国境沿いに勤務する警備機関内の汚職を撲滅するための取り組みを強化するべきである。
50. 法の執行への取り組みを通じて、政府は薬物使用者や密売の末端組織だけでなく、大きな違法薬物製造組織や密売組織内の重要人物の特定・起訴に注力するべきである。

居住区の人々の政治への参加と権利

ラカイン州のすべてのコミュニティで公共生活への参加が妨げられ、政治的権利が奪われている。そのため各居住区の人々は、自分たちの生活に関わる一連の政治運営に影響を及ぼすことができず、彼らの不満の声を届ける有効な手段もない。最も肝心なのは、こうした問題が2008年の憲法で定められた中央政府と各州との関係を含む、国の現在の政治制度を原因としている点である。主要な政治部門の過半数は国家政府の管轄であり、他の州や地域と同様に、ラカイン州の州議会が天然資源の管理などの重要政策の策定・実施に関して持つ影響力は、最低限にとどまっている[16]。ラカイン州政府の主な役割は、首都ネーピードーで決定した政策を実施することである。

2015年の州議会選挙は州全土でアラカン民族党（ANP）が勝利し、同党がラカイン州議会の議席の過半数を獲得した。しかし、州首相の任命は中央政府の特権である。州議会の与党出身でない州首相が任命されたため、ラカイン族の一部は根深い疎外感を味わうこととなった。

2008年憲法の下では、地方の行政の中心的機能の実行を担当する総務局（GAD）をはじめとする重要な省の役職の多くが、軍によって支配されている。政府の日常業務の大半は文民、そしてミャンマー軍に指揮される3つの省によって行なわれている。地方の役人は、与えられた政策の背景的理由やその実施計画についてわずかな説明を受けるだけである。そのため、彼らは民間からの質問や不満の声に的確に対応することができない。

軍が指名した大臣たちは大統領の全面的な権威の下で中央政府の一員として機能するが、文民や軍部の指揮命令系統はそれとはまた別である。このように命令系統が曖昧なため、ラカイン州が直面している複雑で多層的な問題の解決に必要な総体的アプローチを策定・実施することが困難になっている。

ラカイン州の市民社会は未熟であり、専任スタッフや恒久的な事務所、資金の持続的供給源を持って現在活動しているCSOはごく一部に限られている。国際社会から資金を受ける場合、ドナーが求める厳しいコンプライアンス基準を満たす必要がある。またそうした資金は小規模な支給制度を通じて支給されることが多い。加えて、トレーニング不足により、CSOのスタッフには各問題に合った技術的知識を身につける能力が乏しく、そのことが市民の代弁者としての任務を果たす上で大きな問題となっている。多くのCSOは当局と接触できる機会が非常に少なく、政府が決定したことの説明を一方的に受けるだけであることが多い。これらの組織が政府に登録申請する際のプロセスも非常に煩雑である。

政治に関与する上での障害は、ラカイン州のムスリムにとっては特に膨大である。2015年に憲法裁判所が行なった決定は暫定在留許可証（TRC）保持者の公民権を剥奪し、その結果、2015年の総選挙では州内のムスリムの圧倒的多数が投票権を奪われた。さらに、政党を結成し党首を決定して登録できるのは市民に限られ、選挙に立候補する全党員が市民権を持っていなければならない[17]。そのため、ラカイン州のムスリムは国レベルでも州レベルでも政治に参加する権利がない状に、それぞれの医療サービスのレベルに従って標準の医療機器を配備する。また、各施設のレベルに従って医薬品の供給管理を標準化し、血液バンク制度も拡張すべきである。

41. 人口に対する医療従事者の数を適正化するため、政府は州外あるいは国外からボランティアを募集して医療サービスの能力を向上させるべきである。
42. 委員会は、政府が委員会の中間勧告に従ってシットウェ総合病院の拡大や改築を勧めている点を評価する。一方で、政府がその他の行政上の問題の克服に向けて一層努力し、プロジェクトの実施フェーズに至急着手するよう要請する。国際社会に対しても、彼らのニーズに応じて技術的・財政的支援を行なうよう要請する。
43. 政府は栄養不良の問題に対応するため、州全体を巻き込んだ総合的なプログラムを実施すべきである。
44. ミャンマー政府は、市民権に関係なく全人口、特に長い間閉鎖されていた地域の人々を対象に総合的な予防接種キャンペーンを実施するよう、取り組みを加速化させるべきである。国際社会のパートナーに対しても、彼らのニーズに応じて技術的・財政的支援を行なうよう要請する。
45. 政府は、医療部門における汚職や賄賂、搾取的または差別的な慣習を報告し、それらの行為を行なった者に対して責任を問う仕組みを確立するべきである。
46. 以前にも指摘したように、政府は可動式のクリニックを増やすことにより、一次医療サービスの拡充に努めるべきである。

違法薬物

ミャンマー東部からマウンドー、ブーティーダウン、さらにはラカイン州を通ってバングラデシュのコックスバザールへと密売される違法薬物が近年大幅に増加している。2016 年にはバングラデシュとの国境で大量の薬物（主として「ヤバ」と呼ばれるメタンフェタミン）がミャンマーの職員によって押収された。委員会がラカイン州を訪れた際にも、この問題が深刻化することによって居住区がますます弱体化していくのではないか、と懸念する声があらゆる居住区で聞かれた。貧困と社会サービスの不備が、人々を違法薬物関連の犯罪、あるいは薬物使用へと駆り立てる重大な原因となっている可能性がある。

薬物の製造・密売は長い間、ミャンマーにおける武力紛争を過熱化させてきた。ラカイン州においても、違法薬物の密輸がアラカン軍（AA）やアラカン・ロヒンギャ救世軍（ARSA）などの武装グループの活動資金源となっている疑いがある。さらには政府の役人が違法薬物の取引により糾弾されるなど、バングラデシュとの国境沿いは無法地帯化の様相を呈している。

ラカイン州における違法薬物の密輸と消費の問題は増長する一方であり、国としての緊急の対応が必要である。委員会は、薬物や向精神剤に関する 1993 年の法律の改訂を検討すると同時に、現行の政策について議論するよう要請する。

勧　告：

47. ミャンマー政府は公衆衛生やコミュニティの安全、人権、発展を基本に総体的な違法薬物取締対策を採用するべきである。違法活動は紛争地域に蔓延する傾向があるため、政府はラカイン州北部のムスリム居住区を社会的、経済的、政治的に受け入れる取り組みを行なうべきである。そのためには、政府は移動の制限を撤廃することによって公共サービスの利便性を高め、生計州の北部で顕著であった。2016年に州全体を対象に行なわれた調査では、回答者の52パーセントが十分な医療を受けていない、と報告している[14]。

ラカイン州の子どもの栄養状態は国内でも最悪である。州内の子どもの38パーセントが発育不良であり、34パーセントが低体重である[15]。貧困の拡大と紛争が原因で、州全体で急性および慢性的な栄養失調の傾向が長引いている。

医療の提供は州全土で標準化されていない。その結果、一貫性のないサービスの寄せ集め状態となっている。ある場所では一次医療しか受けられず、また別の場所では二次医療が行なわれている、といった状態である。手に入る医療機器、医薬品、供給物資が医療施設毎に差があるため、全体のサービスの質が損なわれ、特に周縁化された地域に住む人々への影響は深刻である。現時点では、血液バンクがあるのはシットウェ総合病院だけであり、他の病院はすべて待機ドナーに頼っている。患者の紹介制度は改善が見られるものの、医療当局がプロトコルを適用する方法には一貫性がなく、医療へのアクセスやサービスの面での不平等につながっている。

ラカイン州では有資格の医療スタッフが劇的に不足しており、多くの村にはフルタイムで勤務する医療従事者がいない。彼らの多くはムスリムの村や辺鄙な地域に行くことをためらい、特に交通費や日当が出ない場合はなおさらである。中には、安全上のリスクを懸念して、あるいは現実に安全上のリスクが大きいことから、こうした地域を避ける者もいる。この州で医療従事者を確保することは大きな難題である。州には医学系の大学が存在しないため、国内の他地域から医療従事者を募集しなければならない。また、州の大部分の地域で医療インフラの状態が劣悪であることも大きな問題である。

このようにすべてのコミュニティで医療サービスが不十分となっているが、州の北部や中央部のムスリム居住区内では医療へのアクセスは特に難しい。一部の地域では、本来ならば受けられるはずの救命医療へのアクセスを邪魔されるような差別に直面している。移動の制限や言語の問題、医療費支払い能力の問題、IDPキャンプ内で受けられるサービスの少なさ、一部の医療施設によるムスリム患者の受け入れ拒否といった問題により、彼らは今ある医療施設を利用することすらできない。IDPキャンプで受けられる一次医療や基本的な緊急産科医療、基本的な緊急治療は限られている。彼らをシットウェ総合病院に紹介するとなると、面倒で時間のかかる官僚主義的な手続きが必要となる。

勧　告：

38. 以前にも指摘したように、国家政府およびラカイン州政府は、宗教、民族性、人種、性別、市民権に関係なく、ラカイン州のすべてのコミュニティの人々に対して医療へのアクセスの平等を保証し、これを公言すべきである。当局は、医療へのアクセスを妨げるような行政上の障害の撤廃に乗り出すべきである。医療施設は、治療を必要とする人々に安全な環境を提供する「保護区域」となるべきである。
39. 政府は少なくとも、ラカイン州のすべての村に州の医療制度で認められたフルタイム勤務の地域医療ボランティアを配置し、近隣の医療センターや基地病院への紹介を行なえるようにするべきである。これらのボランティアに対して小児疾患、母子衛生、栄養不良に関するトレーニングを実施し、出生届の提出も支援できるようにする。政府はまた、各村に補助助産婦を1人配置すると同時に、各居住区から医療スタッフを採用してトレーニングを行い、辺境地への医療サービス拡大のため彼らを（交通費と日当付きで）町の医療チームに派遣するべきである。
40. 政府は、町の病院、支局の病院、辺境地の医療センターや準医療センターて、統合に向けての前提条件であるミャンマーの言語の習得にも大いに影響する問題である。このままではムスリムの人々の国内他地域からの隔離がさらに進み、その文化的・経済的・政治的分離が固定化してしまう恐れがある。

主としてムスリムの人々にとっての一つの大きな懸念は、高等教育へのアクセスの問題である。委員会は、ラカイン州のムスリムに大学の通信教育受講を許可する決定を政府が行なったことについて、歓迎の意を表する。同時に委員会は、ラカイン州内の大学への彼らの通学を可能とするための方策も検討するよう政府に要請する。差別的慣習や移動の自由に対する事実上の制限、また特に安全上の問題から、多くのムスリムの人々にとってラカイン州内外の大学への通学は極めて困難である。ムスリムの学生の大学へのアクセス、さらにはすべての学生の安全を保証するためにも、政府はこうした問題に明確に対処しなければならない。

勧　告：

33. 国家およびラカイン州政府は、宗教、民族性、人種、性別、市民権に関係なく、ラカイン州のすべてのコミュニティの人々に対して教育へのアクセスの平等を保証し、これを公言すべきである。政府はまた、教育へのアクセスを奪う移動の制限を撤廃し、市民権を持たない学生を高等教育から排除する差別的慣習も改めるべきである。
34. ラカイン州の教育の大幅な改善を図るため、政府は州の教育界を強化し、教育への平等なアクセスに取り組み、教育の質を向上させ、物理的施設や教材の改善を盛り込んだ総合的な計画を策定するべきである。国際社会のパートナーも、ミャンマーにおけるこうした取り組みを技術、財政の両面から支援していくべきである。
35. 政府はラカイン州北部の居住区に初等教育を直ちに拡大し、十分な安全を確保することによって、ムスリムの村に赴任した教師たちがその地で職務を再開できるよう、徹底した取り組みを行なうべきである。政府はまた、州内のすべての子どもがミャンマー語の教育を受けられるようにするべきである。
36. 政府は、交通費や食費、制服代、教材費、その他の機器に係る費用など通学のための間接費を評価し、対策を講じるべきである。どの居住区でも、最貧層の人々にとってはこれらの費用が教育へのアクセスを阻む原因となっている。
37. 政府は、IDP を含むどの居住区の子どもたちに対しても、例えば IT ソリューションの活用や政府による児童奨学金制度を通じて、初等教育以上の教育へのアクセスを奨励すべきである。

医　療

ラカイン州での医療サービスへのアクセスは、ラカイン族にとってもムスリムにとっても困難である。世界保健機関（WHO）の勧告によると、医療システムの機能を維持するためには人口 10,000 人に対して少なくとも 22 人の医療従事者が必要である。ミャンマーの国全体の平均をみると、人口 10,000 人に対する医療従事者の数は 16 人である。しかし、ラカイン州では現在、人口 10,000 人に対する医療従事者はわずか 5 人にとどまっている。ラカイン州では子どもの死亡率が国の平均よりも高く、専門の医療施設で出産する女性はわずか 19 パーセントである（国内の平均は 37 パーセント）[13]。予防接種の実施率も国内最低であり、ここ数年ではワクチンで予防可能な疾患が数回にわたって大流行した。この傾向は現状について再検討し、援助団体に対する移動許可発行プロセスを簡素化・標準化する（例えば、人道援助プロジェクトが実施されている場所については3カ月更新の立ち入り許可証を発行するなど）。

30. 国際社会の人道援助スタッフは政府と緊密に協力し、実施中または計画中の活動に関する相談や情報提供を、時宜を逃すことなく行なうべきである。

メディアのアクセス

2016年10月9日以来、ラカイン州北部の紛争地域へのメディアの立ち入りは厳重に制限されている。中間報告書の中で委員会は、最近の武力衝突によって影響を受けたすべての地域への国内外メディアの全面的な立ち入りを許可するよう要請した。しかし、2017年3月以降の状況改善は限定的である。特に海外のジャーナリストへの制限は厳しく、数少ない例外を除いて、海外のジャーナリストによるそうした地域への立ち入りは禁止となっている。

委員会は、ラカイン州北部の紛争の性質が機微なものであること、また政府が根拠のない噂や偏見に反論したいという思いを抱えていることを認識している。しかし、メディアの立ち入りを制限する政策は情報の遮断にもつながり、逆効果である。何よりも、そうした政策は政府への信頼を損ね、ミャンマー当局は何かを隠しているのではないか、といった印象を与えかねない。委員会としては、状況に関する誤りや不正確な情報を排除するには完全な透明性こそが最も効果的だと考える。

勧　告：

31. 以前にも指摘したように、委員会はミャンマー政府に対し、最近の武力衝突によって影響を受けたすべての地域および州の他の地域への国内外メディアの全面的かつ定期的な立ち入りを許可するよう要請する。

32. 同時に、政府はラカイン州の発展に関する公式な発表を増やすとともに改善を図るべきである。

教　育

ラカイン州は教育面で全国の平均より劣っている。成人の非識字率は全国平均と比べておよそ50パーセントも高く[12]、小学校への通学率・卒業率は国内でも最低の部類に入る。こうした教育の問題は高い貧困率、（インフラや教材を含む）十分な学校施設の不足、教員へのトレーニングの機会の不足、といった様々な問題から派生している。多くの世帯では教育関連の費用を何とか捻出しようと努めているが、中途退学率も高い。

2012年のコミュニティ間の紛争の後、安全の問題を懸念した公立学校の教員の多くが農村地域、特にムスリムの村への赴任を躊躇するようになり、元々教員の少ない地域での教員数がさらに減少していった。そのため、多くのコミュニティが自治体によって設立された学校や僧院付属の学校、NGOが運営する一時的学習スペースといった、非政府機関ではあるが政府公認のカリキュラムを教える機関に頼らざるを得なくなった。また、マドラサや教会付属学校のような、政府とは全く独立した教育機関での教育も行なわれている。

ラカイン州北部での状況は特に厄介である。主として安全上の懸念から公立学校の教員が集まらず、その結果、無資格のボランティアへの依存が広まっている。これは教育の質の低下に限った問題ではない。ムスリムの子どもたちにとっ

厳をもって帰還する権利を放棄したものとみなしてはならない。帰還の選択肢は後になっても実施可能なものとされなければならない。
- IDP、そして受け入れ側のコミュニティの双方と、徹底的かつ意義のある協議を行なわなければならない。

26. 途中段階においても、政府はIDPキャンプの閉鎖に影響を及ぼすことなく、キャンプ内での尊厳ある生活を保証しなければならない：
- シェルターの改善：国際的な人道支援の基準に従って、ロングハウスや家屋の増築、拡張によって現在の過密状態に対応する。新たに土地が必要な場合は、それらの土地の使用について受け入れ居住区側に十分な補償を行なう。
- 水・衛生の改善：水や衛生（WASH）に関連するインフラ、特に固形廃棄物管理のためのインフラを改善する。
- 教育の改善：一時的学習スペース（TLS）を正式な学校として認め、国際社会のパートナーと協力してTLSの数を増やし、教師のトレーニングや給料、学習・教育教材に対する支援や投資を行なう。
- 生計を立てる手段の向上：キャンプ内での職業訓練やキャンプ外での雇用・労働を促進することにより男女ともに雇用の機会を改善し、国際社会の援助への依存を低減させていく。

人道援助のためのアクセス

2016年10月9日の国境警察警備隊襲撃事件後、マウンドー・タウンシップの一部は人道援助スタッフにとって立ち入り禁止区域となってしまった。ごく限られた例外を除き、国連やINGOの国際メンバーは紛争地域への立ち入りを禁止され、援助団体は通常の範囲でのサービスや援助を提供できなくなった。中間報告書の中で委員会は、問題となっている地域への人道支援のための全面的なアクセス、また援助を必要とするすべての居住区への十分な援助の提供を可能とするよう、政府に要請した。

それ以降、ラカイン州北部における人道援助へのアクセスは大幅に改善した。それでも援助団体は、2016年10月の事件以降に導入された立ち入り制限に依然として直面している。例えば、国際スタッフは政府関係者（担当省庁や地域の政府代表部の役人）がエスコートしている場合に限り現地への立ち入りを許可されている。さらに、シェルターへの資金的介入などの一部のプログラム活動は、未だ再開を許可されていない。また、こうした地域にアクセスするには、地域の政府代表部から移動許可を週単位で取得する必要があるが、こうした仕組みは非常に時間がかかるだけでなく、その不確定さゆえに活動や訪問の計画にも支障が出る。

勧　告：

27. ミャンマー政府は、国内スタッフと国際スタッフの双方がラカイン州の全居住区で人道援助を実施できるよう、彼らの全面的なアクセスを随時可能としなければならない。
28. 政府は国際社会のパートナーの支援の下、危害を与えない、公明正大、差別を行わない、身体的・心理的被害から保護する、救済を受ける権利や救済へのアクセスを認めるといった国際的な保護の原則に従って人道援助が行なわれるようにしなければならない。
29. 国際スタッフの現地への立ち入りに政府の役人のエスコートが必要である

国内避難民（IDP）

2012 年の武力衝突の結果、約 120,000 人のムスリムが州の各地の IDP キャンプに避難を余儀なくされている（この武力衝突では、少数のラカイン族も IDP となった）。IDP の帰還または移住を促進する取り組みはほとんど進んでいない。2014 年に前政権がラカイン州行動計画の策定を通じてこの問題に取り組もうとしたが、この計画の実施範囲は限られていた。委員会は中間報告の中で、州内のすべての IDP キャンプの閉鎖に向けて戦略を策定するよう政府に求めている。明確な期限や帰還先・移住先での安全と雇用の機会を保証する計画を含む戦略が、関係するすべての居住区との協議を通じて策定されるべきである。

中間報告書の中で委員会は、特に 3 か所の IDP のコミュニティに住む人々に対して帰還・移住を促すよう政府に求めている。政府はこの勧告に従って直ちに行動した。しかし、帰還／移住プロセスの結果は複雑なものであった。Ka Nyin Taw 出身のラカイン族の IDP は予め決められた移住地に移住できたが、Min That Phar 村出身のムスリムの帰還に向けての取り組みは、主としてラカイン族の抵抗により失速したようである。さらに委員会はカマン・ムスリム世帯のラムリーへの帰還を勧告したが、政府は最終的には彼らのヤンゴンへの移住を促進した。キャンプの閉鎖自体は一つの前進ではあるものの、今回のプロセスが将来の他のキャンプにとっての先例となってはならない。逆に今回のプロセスは、総合的な戦略の喫緊性および関連する居住区とのより幅広い話し合いの必要性を顕わにした。

一方でキャンプ内の生活事情は劣悪である。シェルターは過密状態であり、様々なサービスが十分に受けられず、生計を立てるすべも不足している。2012 年にシェルターが建設された際、シェルターは 2 ～ 3 年後に取り壊すことを想定していた。そのため、現在その多くの修理や建て替えが急務となっている。IDP が帰還や移住の機会を待つ間にも、政府は国際社会のパートナーの支援を受けながら、キャンプの生活条件の保証に取り組むべきである。そのためには、より莫大な投資が必要である。

勧　告：

24. 以前にも指摘したように、ミャンマー政府はラカイン州のすべての IDP キャンプの閉鎖に向けて総合的な戦略を策定するべきである。その戦略は関係するすべての居住区との話し合いを通じて策定し、明確な期限を設定したものでなければならない。また、帰還先・移住先での安全と雇用の機会を保証する計画を含む戦略でなければならない。
25. 政府は国際社会のパートナーと協力し、以下のような国際的な基準に従って帰還・移住を勧めるべきである：
    - すべての帰還や移住は自発的に行なわれ、安全で尊厳のある方法で実施されなければならない。
    - 元々住んでいた場所への帰還を最優先とするが、それ以外の場合は難民本人の選択を尊重するべきである。
    - 帰還、移住または地元地域への統合を計画・管理するにあたり、IDP 自身の積極的な参画を促すべきである。
    - 移住／地域への統合によって、基本的なサービスや生計を立てる手段へのアクセスが十分にない標準以下の地域、または身の安全を保証できないような地域に IDP を追いやるべきではない。
    - 彼らが移住を選択した場合であっても、元々住んでいた場所に安全に尊イン州の進歩を妨げる諸問題のうち最も重大なものの一つである。移動の制限は、教育や医療などのサービスを受ける機会の喪失、居住区の隔離の強化、経済的な交流の減少といった様々な悪影響をもたらしてきた。特にムスリムの州内での移動の自由拡大に対する抗議がラカイン族から起こることが予想されるため、政府は情勢の不安定化を恐れて現状の維持に努めてきた。しかし、慎重かつ入念に対処すれば、移動の自由の制限の緩和は社会的にも経済的にもプラスの効果を広範にもたらす可能性がある。

ラカイン州北部における移動の自由の緩和に向け、委員会は政府が近頃実施した取り組みを歓迎する。しかし、これらの取り組みはすでに身分証明書を持っている人々にのみ効果があるため、その影響は限定的である。その影響を広めるには､移動の自由と市民権承認のプロセスを切り離す必要がある。つまり､NVC カード、NRC カード、あるいは国籍証明書のいずれを持っているかに関係なく、ラカイン州に住むすべての人々は、移動の自由という基本的権利に基づいて自由に移動できるようになるべきである。

移動の自由の制限を撤廃する際、両社会が懸念する安全の問題にも積極的に取り組む必要がある。すでにムスリムの移動を警察官が先導するといった例もあるものの（ムスリムが証人として法廷に出廷する場合や、ラカイン族が支配するコミュニティで医療を受けなければならない場合）、こうした取り組みを大幅に拡大し、警察への贈賄といった不正な慣習も徹底的に排除すべきである。

勧　告：

18. 概して、政府は宗教・民族性・市民権に関係なく、ラカイン州のすべての人々の移動の自由を保証するべきである。移動の自由と各種サービスへのアクセスは深く結びついているため、それらの問題には同時に対処するべきである。どのコミュニティでも教育、医療、雇用の機会やその他の基本的サービスへのアクセスを保証すべきである。
19. 以前にも指摘したように、政府は中間報告での勧告に従って、ラカイン州で現在行われている移動の制限のすべてを特定する取り組みを行なうべきである。こうした取り組みを村や町レベルで実施し、各居住区に影響をおよぼしている公式、非公式または社会的な制限をすべて特定するべきである。その後政府は、制限撤廃に向けてのロードマップを策定し、その中で期限とマイルストンを明確にすべきである。プロセスの各段階を実施する前に、すべての居住区が十分に準備できるよう、紛争に配慮した広報戦略をもって情報の広報にあたるべきである。
20. 政府は賄賂の支払い、恣意的な道路封鎖、ムスリム居住区へのエスコート費用の請求といった間接的な移動の制限を禁止する対策を講じるべきである。違反者は法に従って起訴されるべきである。
21. 上述の移動禁止の最終的な撤廃が実現するまでの間にも、政府は直ちに旅行許認可制度を簡素化し、町全体や州外への移動を可能とするべきである。
22. 警察は法の支配に従って、暴力や暴力の脅威を振りかざして移動を妨げようとする者に、法律に従って責任をとらせるべきである。
23. 法の下での平等を保証するため、政府はラカイン州で少数民族の権利や自由を制限しているすべての規則や条例を特定し、法的な面での見直しを行なうべきである。

ある。それでも、「帰化市民権」の取得は自動的には行なわれないという区別が依然として存在する。さらに、例えば「不道徳な行為」による犯罪（窃盗、姦通、強姦、薬物犯罪など）を犯した場合、「帰化市民権」は「市民権」よりも容易に取り消される傾向にある[11]。

市民権の中に幾つものカテゴリーが存在する国はミャンマーだけではない。しかし、他の国々では非常に特殊な状況でのみ、複数のカテゴリーが設けられている。一般に、市民権のカテゴリーは1つである方が好ましく、すべての市民の権利の平等という重要な目的に適っている。

以前の市民権法と異なり、1982年市民権法では居住状況によって市民権取得の可能性が制限されている。どちらの親も市民権を持っていない場合、その子どもは、本人またはその祖先が1948年以前にミャンマーに入国している場合、または本人がミャンマーの合法的居住者で同法の施行以前に市民と結婚していた場合のみ市民権を取得することができる。

勧　告：

17. 委員会は、1982年市民権法が現在の市民権の基盤となっていることを認める一方、政府に同法の見直しを開始するよう勧告する。見直しの一環として、政府には以下の点について検討してもらいたい：
  - 児童の権利に関する条約の第7条および第8条を含む、ミャンマーが締結国となっている国際的な基準や条約に市民権法を合致させる。
  - 市民間の差別の撤廃を含むベストプラクティスに同法を合致させる。
  - それらを全般的な規則として、人々を無国籍とするような市民権の剥奪や撤回を行なわない。
  - 市民権を喪失または剥奪され、そのままでは無国籍となってしまう者に対し、市民権の再取得を可能とさせる。
  - ミャンマーに永住する者、中でも特に無国籍の者に対し、帰化によって市民権を取得する可能性を与える規定を策定する。
  - 現在の市民権の民族性との関連性を再検討する。
  - 合理的に設定された期限内に、政府は市民権法見直しの手順開始に向けた計画を提示する。政府はまた、新たな法律または現法の改訂が施行されるまでの間、現法が差別なく、国際的な規則や基準に沿った形で、さらに1982年当時と今日の状況の比較評価に基づいて解釈・適用されるよう、中間対策を策定するべきである。すべての市民に対する平等な処遇を保証できるよう、同法を見直す。

移動の自由

現在ムスリム・ラカイン族のどちらもが移動の制限を受けている。ムスリムのIDPがほぼ全面的に移動の自由を奪われている一方、その他のムスリムや一部のラカイン族もまた、政府によって課せられた制限、地元の役人がその場その場で定めた制限、そして政府高官の汚職の結果法外な値段に跳ね上がった旅費などの様々な要因による制限を受けている。さらに、両者とも近隣居住区の脅威に加え、農地・漁業区域・市場へのアクセスが制限されているなどの理由から、移動を自主的に制限している。法令のような公式な制限命令が重点的に発せられているのはラカイン州北部である。州の中部や南部では、非公式の社会的制限が移動の自由に対する主な障害となっている。

移動の自由は、居住区間の調和や経済的成長、人的資源の開発に向けてのラカ求めている[7]。この国では出生証明書の発行が市民権を保証することにはならないが、子どもの権利委員会は、子どもの最善の権利を確保するためには出生後できるだけ直ちに市民権を取得する必要があり、18歳になるまで市民権の申請を待つべきではない、としている。子どもたちが無国籍とならないためにも、国は国内で誕生した子どもに市民権を与えるよう努めるべきである[8]。

独立から数十年間、歴代の政権はラカイン州のムスリムの人々の政治的権利や市民権を徐々に侵害するような法的・行政的対策を採択してきた。1962年に軍によるクーデターが発生する以前は、ムスリム社会はある程度認識され、しばらくの間はラカイン州北部に指定行政区域を割り当てられていた。しかし、軍の統治下で状況は悪化し、1978年と1991年のそれぞれに、政府の大規模で高圧的な作戦によって200,000人以上のムスリムが国境の向こうのバングラデシュへと追いやられた（どちらの時も、ミャンマーは避難した人々の過半数の帰国を受け入れた）。

1982年市民法には、同法の施行以前にすでに市民であった者は市民権を保持できる、と明記されている。しかしこの法律とその施行方法をみる限り、ラカイン州のムスリムに対して市民権を付与できる見通しは大幅に狭められてしまっている。1989年にミャンマー全土で市民権確認プロセスが実施され、新たな要件を満たしていると認められた者には従来の国民登録カード（NRC）の代わりに新しく「市民権審査カード」（CSC）が発行された。ラカイン州在住でNRCを持つムスリムの大多数がこのカードを返却したが、その後彼らにCSCが発行されることはなく、彼らは事実上無国籍となった。

1995年より当局は、身分証明書を持たないラカイン州のムスリムや帰国してきた難民に対して暫定在留許可証（TRC、または「ホワイトカード」）の発行を開始した。しかし、政府は2015年の初め頃にすべてのTRCを無効とし、憲法裁判所はTRC保持者には選挙権はないとした。1948年の独立以降に実施されたそれまでの選挙と異なり、2015年11月の民主選挙では、ラカイン州のムスリムは候補者として立候補することも投票者として選挙に参加することも許されなかった。

この漸増的な周縁化プロセスを通じて、ラカイン州のムスリムは政治的影響力や政治参加の機会をほぼすべて奪われ、基本的権利や日常生活の様々な面で厳しい制限を受け、非常に弱い立場に追い込まれていった。これらの制限の一部は法律に基づくものであるが、その他は地元の警備部門などによって発行された条例や規則によるものである。120,000人もの人々（市民権の有効性を証明する書類を保有している人々を含む）が、未だIDPキャンプに取り残されている。

1982年の市民権法の制定、またこれに伴う手続きが1983年に実施されたことにより、市民権を持つ人々は幾つかのカテゴリーに分けられ、その間にヒエラルキーが生まれることとなった。最大の違いは、「市民」または「生まれながらの市民」と「帰化した市民」との間の違いである。「生まれながらの市民」は、1823年以前から現在のミャンマー領土内にすでに定住していたカチン族、カヤー族、カレン族、チン族、ビルマ族、モン族、ラカイン族、シャン族およびその他の「国家的・民族的ルーツ」を持つ人々に限定されている（1990年時点では、合計135の「民族」がいると公表されている）[9]。

どちらのカテゴリーにおいても、子どもへの市民権の継承は両親の身分によって決定される。「市民」の子どもは親のどちらかが外国人でない限り自動的に「市民権」を得られる。しかし、「帰化した市民」の子どもは、親のどちらかが「市民」であるか、または親のどちらかが2人の「帰化した市民」の間の子どもである場合のみ、「市民権」を得ることができる。その他のケースでは、「帰化した市民」の子どもは「帰化市民権」の申請を行なわなければならず、そのためには「18歳以上である」、「国の言語の一つを上手に話すことができる」、「善良な性格である」、「健全な精神を持っている」といった基準を満たす必要がある[10]。なお、子どもの出生登録時には親の帰化市民証明書に子どもの名前が追加される可能性が

勧 告：

1982年市民権法に従って承認プロセスを加速化するため、以下の対策を講じる必要がある：

11. 政府は直ちに、市民として承認された者が全員、市民権に付随するあらゆる恩恵や権利や自由を享受できるようにするべきである。これは政府の法の支配の強化につながるだけでなく、承認プロセスの目に見える恩恵を直ちに示す上でも効果的である。
12. 政府は市民権承認プロセスについて明確な戦略と期限を決定するべきである。その戦略は透明かつ高効率で、現行の法律を強力な基盤としたものでなければならない。ラカイン社会とムスリム社会の双方が戦略について協議し、その経過を大々的なキャンペーンを通じて広範に伝える必要がある。戦略にはプロセスの各段階の期限を明記するべきである。また、プロセスはシンプルかつNVCの申請と市民権の申請が同時に行なえるような仕組みでなければならない。より多くの人々がプロセスを利用できるよう、肉親の書類を紛失してしまった場合は叔父や叔母の書類でも申請できるようにしなければならない。政府はまた、承認プロセスを実施する人員を十分に確保する必要がある。
13. 政府は市民権申請が受理されなかった人々について、その根拠を明確にする必要がある。
14. 他の国々と同様に、ミャンマー政府も市民権を持たずに国内に在住する人々の地位を確立しなければならない。市民権を持たずにミャンマー国内で居住および就業する人々の権利を法律で規定する必要がある。政府は居住権を明確にし、必要な書類を提供する必要がある。これらは全世界で共通に行なわれている慣習である。
15. 市民権承認プロセスを再活性化させるためにラカイン社会とムスリム社会の双方に政府との協力を要請する一方で、政府に対してもプロセスの任意性を保証するよう要請する。人々の参加を促すため、政府は適切なインセンティブを策定するべきである。
16. 政府当局は、承認プロセスの実施を担う各機関とは独立した立場から、現行の承認プロセスに関する不満に速やかに対応するべきである。

2. 1982年市民権法

この国の過去35年間の変化をみると、市民権法の欠陥ゆえにコミュニティ間に緊張が発生し、市民権を持たない者の間に不満が発生している。また、こうした状態は2008年憲法を含む近年の法律と矛盾し、ミャンマー政府自身も承認した国際基準を満たしていない。この数十年間での市民権法の適用方法をみても、この国に数世代にわたって居住してきた社会の人々の正しい主張を公平に取り扱っているとはいえない。ラカイン州において中でもムスリムは最大勢力であるが、彼らが唯一のグループではない。以下に述べる一連の出来事は、漸進的な権利の剥奪を通じてこれらのムスリムの人々が次第に取り残され、特に弱い立場に追いやられていった経緯を示している。

1982年市民権法には、国際法に基づく非差別の原則といった国際基準やミャンマー自身が調印した国際条約を遵守していない面がある。特に、ミャンマーも批准した児童の権利に関する条約（CRC）は、すべての子どもたちが「特に児童が無国籍となる場合を含めて、国内法およびこの分野における関連する国際文書に基づく自国の義務に従い」国籍を取得できる権利を尊重、保護、達成できるようて世界最大の居住区があり、この問題について特に調査し、市民権に関する勧告を行ない、それらの問題を明確にするための措置を提案することが委員会の任務であった。

この問題に対応しない限り、重大な人権上の被害と不安定状態が継続し、州全体の経済的・社会的発展の妨げとなるだろう。つまり、この問題に対処するには、市民権承認プロセスの加速化が不可欠であり、1982年市民権法の下でそうした取り組みを実施しなければならないことを委員会も十分に認識している。一方で、その法律自体を改正する必要もある。

1. 市民権の承認

1982年市民権法の下、前政府、そして現政府によって市民権承認プロセスが実施された。政府が発表した数字によると、州の約100万人の無国籍人口のうち、約4,000人のムスリム（および9,000人のカマン族）が市民または帰化市民として認定された。また約10,000人のムスリムが、市民権の申請への準備段階である国籍未審査者向け身分証明書（NVC）をすでに取得している。ラカイン州のすべてのコミュニティのため、そして州のすべての人々の法律上の立場を明確にするため、承認プロセスの加速化が必要である。

同プロセスは2014年にミェーボン・タウンシップで初めて、パイロットプロジェクトの形で導入された。このとき、暫定居住者カード（TRC）所有者は「ベンガル人」として登録することを条件に市民権の申請を許可された。このプロセスは両コミュニティの抗議にあって一次中断されたが、2015年1月に再開され、ラカイン州全土へと拡大された。TRCは2015年2月に廃止となったが、政府はその代わりとなる国籍証明IDカード（ICNV）の発行を2015年6月より開始した。このカードを取得するにはやはり、申請書で「ベンガル人」として登録を行なう必要があった。1年後、NLD政権はプロセスを再開し、国籍未審査者向け身分証明書（NVC: ICNVからの改名）を発行した。再開後、申請書に民族や宗教を記入する必要はなくなった（ただし、委員会は一部で民族による処遇の違いがあるという不満を耳にしている）。

プロセスの散発的な実施、政府による全般的な通告や話し合い不足により、両コミュニティでは政府に対する信頼感が損なわれていった。ラカイン族は、役人の汚職によって数多くの無資格のムスリムが市民権を取得してしまうのではないかと懸念した。カマン族でないムスリムがカマン族として申請を行なっているらしい、という噂によって、彼らの懸念は一層高まっていった。また、ムスリムの肩を持つ国際社会の圧力に政府が最終的に屈してしまうのではないか、と懸念する者もいた。

一方でムスリムも、NVCはカード所有者の市民権申請を先延ばしにするための暫定的手段であるとして、この制度に反対した。彼らは、この手続きに関してもやはり、ミャンマー政府が市民権発行を約束する書類を発行しておきながら結局はその約束が果たされない、というお決まりのパターンの繰り返しに終わるのではないかと懸念している。そのため、現行の書類が受付書類として残らなくなるのではないかと懸念して、書類の提出を躊躇する者が多い。また、以前の証明書類を紛失してしまったために真実に基づく手続きが適用されなくなるのではないか、と恐れている者もいる。さらに、申請を承認されたムスリム市民が依然として旅行の制限やその他の形の差別を受けていることから、この制度そのものの目に見える恩恵が疑われ、信頼感が損なわれている。

らす影響、州のその他の経済部門がSEZから得られるメリット（あるいはデメリット）を特定するため、ミャンマー政府はチャウピューとその周辺を対象とした総合的評価（あるいは、いわゆる戦略的環境評価）を実施すべきである。さらに政府はSEZの開発に関与する外国企業に対し、企業の社会的責任の原則に従って地元のコミュニティや市民団体との情報共有や協議のための仕組みを構築するよう要請すべきである。

4. 政府は、SEZを含むラカイン州で計画されている産業開発によって創出される雇用ニーズを特定すると同時に、労働市場に関する諸評価を行なうべきである。職業訓練を実施したところで、それが市場のニーズに適合したものでなければ、移民の増加を招くだけである。
5. 政府は、労働力への参加率が依然として低い女性たちのニーズにも特に細やかに対応するべきである。労働市場を評価するにあたり、女性たちの潜在能力やニーズに特に注意を払うべきである。職業訓練においても、女性を優先するべきである。
6. 政府は道路、水路、桟橋、電気、飲料水、インターネットなどのインフラへの重点的な投資を継続すべきである。また、観光業を推進するため、政府はミャウウーにて計画中の空港建設を遂行するべきである。
7. 生産性向上のため、政府は農業の機械化、品質の高い種の頒布、現代的な農業技術の訓練といった農業改革普及事業の拡大に努めるべきである。
8. 政府は、現在中小企業や家族経営企業を制限している規制の問題に対し、以下を含む取り組みを実施すべきである。
   - 最長1年の借地契約といった借地問題に関する改革、金利固定化の緩和、ラカイン州内の起業者にマイクロファイナンスを提供する人々に対する優遇措置を実施する。
   - 全コミュニティにて農業への融資の提供を拡大する。
   - 客室数10室以下のゲストハウスやB&Bに対するホテル観光省の規制が家族経営事業者の参入を阻止しているため、こうした規制を撤廃する。
9. 政府は、事業を促進し事業の許認可申請書類の受理を促進するため、官僚主義的な手続きを低減させていくべきである。これはとりわけ、公式な経済活動を通じて多くのムスリム系事業家を参入させ、彼らに対する障壁を低減させていく上でも必要なことである。
10. 気候変動の影響に対する緩和策や対応策を確実に実施するため、政府は地元の各コミュニティが気候変動に強い方策を導入できるよう緊急に後押しを図る必要がある。気候の変動に強い品種の開発・頒布、作物の多角的栽培、様々な貯水方法の実施、灌漑対策、気候変動に対応した農業改革事業の実施などが重要である。政府はまた、堤防などの設置による灌漑対策の改善を図るべきである。そのために、キャッシュ・フォー・ワークを前提に働く契約労働者への助成などが有効であると考えられる。

市民権（国籍）

ミャンマー文化の多様性と多元性は祝福すべきものである。アイデンティティーや誇り、帰属意識はどの社会にとっても重要であり、急変する時代においてはとりわけ重要である。しかし、ミャンマーではアイデンティティーや民族性が依然として機微な問題となっている。大きな懸念事項となっている市民権の問題は、ラカイン州の平和と繁栄の障害となっている。

ミャンマーにおける市民権や様々な権利に関する問題は、委員会が直面した中でも最も解決しがたい問題の1つであり、激しい論争の的となっていた。この問題は多くの論争を引き起こす恐れがあるものの、決して無視してはならないものであることを委員会も認識している。ミャンマーには無国籍の人々の居住区としニティに対して明るい兆しを与える可能性がある。一方で、懸念の種も依然として残っている。ミャンマー国内の他のSEZやチャウピューにおけるこれまでの投資プロジェクトを振り返ると、マイナスの結果を招く危険性は非常に大きく、地元のコミュニティの経済面での向上見通しも限定的である。例えば、石油・ガスパイプラインの建設は土地の収用に関して地元のコミュニティに大きな緊張関係を生んだだけでなく、損害に対する不十分な賠償、環境の劣化といった問題も引き起こした。また、地元のコミュニティにて雇用の機会を創出するよりむしろ、国外からの労働力の流入が増える結果となった。政府が公言したところによるとSEZは再定住に関する国際的な基準に則して運営されるはずであったが、土地の取得に関わる様々なケースをみると、政府はすでに自身の定めた法律を蔑ろにしているのではないか、と懸念される[6]。

ラカイン州でのこれらの大規模投資プロジェクトを通じて、地元社会はすでに中央政府に対する憤りの念を募らせている。地元社会はこれらのプロジェクトの立案・施行からほとんど除外されている。収益は首都ネーピードーと外国企業の間で分けられ、地元社会は政府に搾取されているとすら感じている。ラカイン州で行なわれた多くの協議を通じて、委員会は数多くの村人や各コミュニティの指導者、市民社会の代表者と出会ったが、彼らは皆、政府は地元社会に公平な分け前を与えることなく国の天然資源を搾取している、と非難していた。

総じて、ラカイン州において成長と持続的な開発を推進することは大変な難題である。その成果は最終的にはコミュニティ間の関係改善、ムスリム居住区に住む人々の移動の制限の緩和、IDPキャンプの閉鎖、事業の許認可に関する面倒な官僚主義的慣習の撤廃、汚職撲滅に向けての継続的な取り組み、インフラの改善、将来的な経済のニーズに合致した職業訓練の実施、さらなる農業改革普及事業の実施、法規則の遵守、地元社会を保護するビジネス規制の採用などにかかっているだろう。さらに、政府が州の開発について地元社会にどれだけ発言権を認めるか、それらの大規模産業発展プロジェクトの恩恵をどれだけラカイン州に還元するかにかかっている。

最後に、長い海岸線を持つラカイン州は気候変動の影響を非常に受けやすく、すでにそうした脅威を実感している。州の大部分に塩分濃度の高い海水路があり、州の農地の大部分では洪水などの新たな脅威への対応が遅れている。Nargis（2008年）、Giri（2010年）、Komen（2015）といったサイクロンの発生により州の農地に海水が侵入し、広い地域で壊滅的な被害が発生している。その他にも、人為的な介入によって州への被害は拡大していった。堤防を干潟のずっと先の方へ建設する、脆弱な生態系をさらに脆弱化させるような方法でのエビ養殖池や水田の設置といった持続力のない土地・水害管理により、ラカイン州のマングローブ林は破壊されていった。

災害に対する備えや緩和・対応策を強化する継続的な取り組みを行なわない限り、一部の産業から得られるはずの経済的利益は気候変動の影響によって一瞬にして消えてしまうであろう。

勧　告：

1. 委員会は、国家と州政府の間の資源の分配の問題は国の平和プロセスや憲法改正の観点から扱うべきであると考える。一方で政府に対しては、州の発展に影響する意思決定への地元コミュニティの参画を促すと同時に、天然資源採取を含むラカイン州での投資活動の恩恵をこれらのコミュニティに還元する方法を模索するよう強く要請する。
2. 収用された土地に対して政府は十分な代償を保証するべきである。
3. 以前にも指摘したように、経済特区（SEZ）が地元のコミュニティへもたのムスリムがマレーシアやインドネシアといった近隣諸国に移住している。その大多数が違法な人身売買ネットワークを利用しており、多くの人々が危険な航海の最中に命を落としたとみられている。

それらに加え、さらなる問題がラカイン州の女性労働者を苦しめている。彼女たちは不公平な賃金制度に苦しみ、特に農業分野でその傾向が顕著である。ラカイン族の社会では、男性よりも女性の方が雇用を求めて州外へと移住している。また、男性が州外へと流出していく分、州内に残った女性の負担が増す傾向がみられる。女性、特に未婚者や寡婦が融資を受けるには様々な障害があり、また一部のコミュニティでは女性に相続権がないことが、女性が生計を立てる上で深刻な問題となっている。製造業での雇用も依然として限られおり、ムスリムの女性の場合、選択肢はさらに少なくなる。彼女たちは低学歴である上に移動の自由が厳しく制限されているため、居住区の近隣以外の土地に仕事を求めることは困難である。

大量雇用が必要な業界にとって、ラカイン州は比較優位性がほとんどない。また、現在州の経済的潜在能力を抑制している構造的・政治的問題に対処するには、楽観的に見積ったとしても少なくとも数年かかるであろう。しかし、見通しは全く暗いわけではない。ラカイン州は、そのほとんどが沖合に集中しているものの豊かな天然資源に恵まれ、政府が十分な政策を実施すれば、農業部門の生産性と収益性も大幅に増える可能性がある。機械化の進歩と農業改革普及事業の推進、能力開発、農民への質の高い情報の提供などによって、農業の生産性も大幅に向上する可能性がある。また、インフラを改善することで、バングラデシュやインドや他の近隣諸国への農産物の輸出も可能となる。また、州で最近産声を上げた縫製産業が拡大することにより、すべてのコミュニティで新たな雇用の機会が創出できる可能性もある。

また、ラカイン州はミャンマーでも最も風光明媚な海岸（ガパリビーチなど）や荘厳な歴史的建造物（ミャウウーなど）を幾つも擁しているため、ホスピタリティー産業が発展する可能性もある。インフラを改善することで、こうした場所に今日以上に多くの観光客を誘致することもできる。ホテル観光省は、外国人を受け入れる宿泊施設として登録するホテルに対し部屋を10室以上設けるよう義務づけている。現在、この規制のために国の宿泊産業はビルマ系などの大手事業者に占められる形となっている。しかし、この規制を改訂することによって、観光業界に進出する地元の事業者の数が増える可能性もある。

ラカイン州では､州の経済に大きな効果が期待できる2件の大規模投資プロジェクトが進行している。その1つは、チン州・ラカイン州を経由してインド北東部のミゾラム州とベンガル湾を結ぶことを目的とした、インドとミャンマーで共同実施中の「カラダン･マルチモダル･トランスポート･トランジット･プロジェクト」である。このプロジェクトによってシットウェに新たな桟橋､チン州南部にパレッワを終点とする内水輸送道路が建設される。さらに、パレッワとインド国境を結ぶ高速道路も建設される。このプロジェクトが完了すれば、地域内の接続性が向上し、ラカイン州からインド国内市場へのアクセスも向上する可能性がある。

一方、様々な産業プロジェクトが計画中または進行中のチャウピュー・タウンシップでは、マデ島で石油・ガスターミナルが建設され、すでに中国雲南省へ石油やガスを供給するパイプラインの始点として操業を開始している。このターミナルはラカイン州の沖合にあるガス田からガスの供給を受け、外国の石油タンカーにガスを搭載する地点として機能している。チャウピューはまた、経済特区（SEZ）と深海港に指定され、中国主導のコンソーシアムなどによる開発が計画されている。目下の計画によると、十数の村がこのSEZ内に組み込まれ、SEZには様々な業種の指定工業団地が建設される予定である。

SEZは徐々にダイナミックな経済の原動力となり、ラカイン州単体の成長に加え、SEZの派生産業の進展が雇用と成長をもたらし、ラカイン州の様々なコミュ

3. 主な調査結果および勧告

ラカイン州の経済的・社会的発展

ラカイン州は肥沃な土地と天然資源に比較的恵まれ、また、戦略的にも有利な場所に位置している。しかし、その経済は停滞・低投資・低開発に見舞われ、州の貧困率は78パーセントにのぼる。これは国全体の貧困率（37.54パーセント）の約2倍であり[4]、同州は全国でも最も貧しい州の1つとなっている。ラカイン州のすべてのコミュニティが貧困に苦しみ、社会サービスや生計を立てる手段も非常に少ない。

ラカイン州の経済の大部分は農業、漁業、また家族経営事業で成り立っているが、農業部門の賃金はわずかである。ラカイン州では他州に比べて土地所有率が低く、特に州の北部では全世帯の60パーセントが土地を所有していない[5]。国の他の地域ではここ数年急速な経済成長が進んでいるが、ラカイン州は大幅に遅れをとっている。ラカイン州は国際社会から政情不安定や人権侵害､分離政策といったイメージを持たれているため、海外からの投資は依然として進んでいない。

サイクロンなどの自然災害の頻発、気候変動の影響などを含む要因も、州の経済成長の見通しに影響している。しかし、成長や発展の障害となっているものの多くは人為的な問題である。2012年にコミュニティ間で一連の武力紛争が発生した結果、コミュニティ間の信頼が損なわれ、州全体またはバングラデシュとの貿易・商業活動が大きな影響を受けた。このようにコミュニティ間の関係が損なわれているため、ラカイン族とムスリムの両方の労働力に依存している産業は、生産力の維持に悩んでいる。ラカイン族の雇用主の中には、ムスリムを雇用しないようラカイン族の国粋主義者から激しい圧力を受けている者もおり、労働市場は混乱し、コミュニティでは雇用の機会が失われている。一部の地域ではコミュニティ間の交易が存続しているものの、コミュニティ間の関係悪化を目論むそれぞれのコミュニティの強硬派による妨害の危険にさらされている場合も多い。

ムスリム居住区の人々は、移動の自由が制限されている。また、IDPキャンプに収容されている約120,000人の大半は、海外からの支援に全面的に頼っており、こうした状況が州の経済活動に特に甚大な影響をもたらしている。こうした制限がムスリムの事業や労働力を経済から締め出し、逆に違法商業活動への従事を促進している。また、それらは非生産的なレントシーキングの文化を助長することにもなっており、実際にこうした複雑な制限を利用して、政府関係者の中には旅行の許可や商取引の許認可と引き換えに賄賂を受け取る者もいる。しかし、こうした問題はムスリムだけにとどまるものではない。ラカイン州のすべてのコミュニティにおいて政府の許可を得ることは非常に難しく、多大な費用を要する。そのため、起業や事業の拡大も困難である。起業家たちは、こうした費用のかかる許認可や効率の悪い官僚主義、腐敗にうまく対応しなければならない。治安の悪化や恐怖も起業家たちの活動を抑制している。

長引く政情不安と暴力に加え、雇用機会もないことから、ラカイン族とムスリムの両方が移住を選択し、様々な分野で労働力不足が発生している。高学歴でスキルの高い労働力ほど機会を求めて他地域へと飛び出す傾向が高いことから、一部のコミュニティでは「頭脳流出」の問題が発生している。ラカイン地区では、スキルの低い労働者もカチン州のヒスイ鉱山やヤンゴンの縫製産業を目指してコミュニティから流出している。さらに、貧困と差別から逃れるため、数万人規模がら、中央政府に対する武装蜂起という形で幾度も自らの政治的目標を押し進めようと試みた。1948年のミャンマー独立から間もなく、ラカイン州では北部における権利の平等と自治を求めてムスリムの「ムジャヒディン」の反乱が勃発した。最終的にこの反乱軍は鎮圧されたが、1980年代にはロヒンギャ連帯機構（RSO）が武装蜂起を再開した。しかしこれもまた、1990年代後期には軍事力を失っていった。我々が記憶しているムスリムによる政府勢力襲撃の中で最大のものは、2016年10月9日のHarakat al-Yakin（後のアラカン・ロヒンギャ救世軍）による国境警備警察隊襲撃であろう。一方、ラカイン族社会に目を向けると、国粋主義者と共産主義者で構成された非政府組織の武装グループが、独立以来ミャンマー軍と戦闘している。今日ラカイン州で最強の反乱勢力は、2009年にカチン州で創設され、その後ラカイン州へと勢力･軍事力を拡大していったアラカン軍（AA）である。この数年間で、ミャンマー国境警備警察隊の数多くの人員がAAによって殺害されたといわれている。

ラカイン州におけるコミュニティ間紛争は、そうした歴史観の衝突であるといえる。ラカイン族とムスリムのどちらも、過去の出来事を引き合いに出すことによってそれぞれの政治的主張の正当性や長年の被害者意識、不公平感を訴えている。そして残念なことに、これらの歴史観は、相手社会が経験してきた恐怖や不満を理解しようとしない、排他的で和解困難なものであることが多い。

2. 歴史的背景

ラカイン州諮問委員会はすべての社会が歴史的な遺恨を超えて前進する必要性を強調し前向きな姿勢を示す一方で、ラカイン州が現在抱えている様々な問題の歴史的背景を探ることにも取り組んできた。その結果、2つの紛争の種が州の歴史に繰り返し大きな影響をもたらしていることが明らかになった。その1つは、ラカイン州の人々と中央政府との間の紛争的関係、もう1つはラカイン族とムスリム居住区の間の緊張と武力衝突である。委員会は、ラカイン族もムスリムも過去の武力衝突や不正やネグレクトを通じて根強い不満を抱くようになったことを認識している。委員会はまた、この地域の歴史に関しては非常に激しい論争が続いており、ムスリムとラカイン族はそれぞれに異なる——そして時には互いに相容れることのない——歴史的見解をもっていることを認識している。

険しい山脈によってミャンマーの他の地域から隔絶されたラカイン州は、その長い歴史の大部分の期間、他とは全く異なる政治的実体として存在してきた。記録によると、古代より幾つかの独立王国が興亡したが、最後に独立王国がミャウウーを首都として建設されたのは1430年のことである。仏教圏とイスラム圏の境に建設されたこの王国は、ベンガルのスルタン朝と経済、貿易、その他の面で強力な関係を築いた。その後、ミャウウーは貿易の中心地として350年ほど繁栄したが、1784～85年にビルマの支配下に置かれることとなる。しかし、第1次英緬戦争（1824～26年）によってこの地域はイギリスの支配下に置かれ、後にイギリス領インドへと併合されたことから、ビルマによるラカイン併合は長くは続かなかった。

ラカインにはビルマの侵略が始まる以前からムスリムの社会が存在していた。しかし、ムスリム社会の規模が急速に拡大し始めたのは植民地時代のことであった。当時のイギリスの植民地政策の下、ラカインでは米作の規模拡大が進められていたが、それには多くの労働力が必要であった。その労働力の主たる供給元となったのが、ベンガルに居住するムスリムである。彼らの多くは労働の時期にだけやって来たが、やがてその一部がラカインに定住するようになると、この地域の民族構成や宗教の勢力図は変化していった。1880年代から1930年代にかけてムスリムのコミュニティの規模は倍増し、彼らがこの地域全体に占める割合は13パーセントから25パーセントへと増大した[2]。それ以降、ムスリム人口の相対的な伸びは大幅に減速し、現在は推定で、州全体の人口の3分の1前後を占めている。

しばらくの間、ラカイン族とムスリムはラカイン州内で平穏に共存していた。しかし19世紀半ば以降、仏教徒とムスリムの協力・共生関係はコミュニティ間の緊張や武装蜂起によって度々断ち切られるようになった。英日戦争のさなかの1942～43年、両社会は武力紛争の被害を受けた。最近では2012年の6月と10月にコミュニティ間の大規模な武力衝突が発生し、その間少なくとも192人が殺害された（うちムスリム134人、ラカイン族58人）。どちらの社会も武力衝突により大きな被害を受けたが、民間の私財の破壊はムスリムの方が圧倒的に多く受けた（破壊された家屋8,614件のうち約86パーセントに当たる7,422件）[3]。さらに、武力衝突によって発生した140,000人のIDPのうち95パーセント以上がムスリムであり、そのうちの約120,000人は未だに粗末なIDPキャンプで生活している。シットウェやチャウピューといった中心地を含む幾つかの地域では、多くのムスリムが退去を余儀なくされている。

ラカイン族とムスリムはこれまで、それぞれ時期や激しさの程度を変化させなていった。紛争に関する国内外の解釈の一致を目指し、ラカイン州における緊張や武力衝突の原因にできる限り客観的に対応し、根本的な問題の対処に向けて現実的な措置を進言する我々委員会にとって、こうした両極化は事態を難しくするものであった。

- ラカイン州および少数民族を含む各コミュニティに関して必要なデータを入手することができたならば、我々委員会の勧告の精度はより高いものになっていたであろうと考える。

f 謝　辞

設立前・設立後にわたり、多くの利害関係者の方々から貴重な支援や情報を頂いたことに感謝申し上げたい。共和国大統領、国家顧問、ミャンマー政府のその他関係者、議会の上院および下院、国軍最高司令官およびミャンマー国軍、ラカイン州政府、ラカイン族やムスリムの各政党、宗教団体および市民組織、村の長老および村民の方々、IDP キャンプや難民キャンプの方々、国連高官、INGO の代表者、学者やアナリスト、ヤンゴンの外交官、バングラデシュ、タイ、マレーシア、インドネシアなど東南アジア諸国、ASEAN、OIC、EU などの国際組織をはじめとする多くの方々に、ここに感謝の意を表したい。

アンドレアス・インドレガード氏率いるヤンゴンの委員会事務局と連携し委員会を全面的に支援して下さったアラン・ドース常務理事率いるジュネーブのコフィ・アナン財団にも感謝申し上げる。

- 2017年の初頭から軍事作戦は縮小し、多くの難民やIDPが元の居住区に帰還したものの、新たな武力紛争の勃発に関して未だ多くの懸念が残されている。10月9日の襲撃事件後の数カ月間は、治安強化のための対応が主であった。しかし現在は、武力衝突をエスカレートさせずにコミュニティ間の緊張を抑制するため、政治、地域の発展、安全保障、人権のすべての問題を視野に入れた統合的で調整的なアプローチによる対応が急務となっている。人権問題への対応が適切に行なわれない限り、あるいはこれらのコミュニティの人々が感じている政治面・経済面での疎外感が解消されない限り、ラカイン州北部は急進化の温床となり、ますます多くの人々が過激派に取り込まれる恐れがある。適切な対応が行なわれなければ、地域の発展やコミュニティ間の結束だけでなく、州全体の治安も損なわれるであろう。
- ラカイン州北部は依然として予断を許さない状況である。政府との協力に反対するムスリムの兵士たちが、融和を図る多くのムスリムの指導者を殺害したとされている。また、アラカン軍（AA）も州の一部の治安を脅かす深刻な脅威となっている。
- 武力紛争はラカイン州の他の地域には拡がらなかったが、コミュニティ間の関係は州全土で大きく損なわれていった。政治面での対極化と政治空間の縮小が、すべてのコミュニティに適用可能な政治的解決策を模索する取り組みをより難しくする可能性がある。また、委員会の勧告に対してすべての利害関係者から必要な賛同を得ることも一層困難となるだろう。
- 一部の利害関係者は当初から本委員会を拒絶した。2016年9月初旬には委員会の廃止を求める動議が国会に提出された。動議はアラカン民族党（ANP）、連邦団結発展党（USDP）、さらには軍によって任命された国会議員すべてに支持されたが、結局は失敗に終わった。しかし、9月中旬にラカイン州議会に提出された同様の動議は成立し、ラカイン州の一部の利害関係者（州議会、ANP、一部の市民団体を含む）によるボイコットへと発展した。委員会はこれまで、こうした関係者の大半と会談を行なってきたが、ボイコットは州のすべてのコミュニティから賛同を得るために委員会が行なってきた取り組みを困難なものとした。
- ミャンマー政府の構造は、2008年に制定された憲法に沿って政府の軍部に高度な独立性を付与している。このことが、ラカイン州の様々な問題に取り組むにあたり、一貫して調和のとれた政策の策定・実施をより困難なものとしている。委員会は国軍最高司令官や軍の高官、またラカイン州の問題に関わる省庁の高官と協議を行なってきた。委員会の勧告を実施する上で、こうした軍の支持を欠くことはできない。委員会の勧告を実施するためには、政府の軍関係者が調整の上で結束し、事態に取り組む必要がある。
- マウンドーで発生した襲撃事件を調査するため、ミャンマー政府は2016年11月、ミンスエ副大統領を委員長とする調査委員会を設置した。2つの委員会の任務や権限は異なるものの、一部の分野で2つの委員会の役割が重複したため、それぞれの委員会の任務や権限に関して人々の間で混乱が生じた。
- 2017年3月にジュネーブの国連人権理事会で行なわれた決議の結果、ラカイン州でのミャンマー警備警察隊による人権侵害疑惑を調査するための国際的な現地調査団が設置されることとなった。この調査団は2017年9月に人権理事会に対して口頭での報告を行ない、2018年3月には最終報告を行なうこととなった。この調査団の任務・権限は、人権侵害問題などの特殊なケースの調査を行なわない代わりにより広範な任務と権限を持つ我々ラカイン州諮問委員会とは異なる。
- ラカイン州北部での近年の武力衝突の後、ラカイン州に関する国際社会の論調はますます過熱化し、大きな議論を巻き起こした。国内および諸外国の利害関係者がミャンマー政府をそれぞれ別の方向から引っ張り合う形となっの代表者と協議を行なってきた。さらに、若者や女性、少数集団を協議に加えるよう、特に注意を払ってきた。

ラカイン州において、委員会はラカイン州政府、ラカイン州議会（2016年9月のラカイン州初訪問時）、各政党、宗教団体、市民組織、村の長老、民間部門の代表者、様々な村の住民、国内避難民（IDP）と協議してきた。また、州の主な2つの集団以外にも、カマン族、チン族、ヒンドゥー教徒、ムロ族などの少数民族や宗教界の代表者と協議を行なった。国家レベルでは、大統領、国家顧問、国軍最高司令官、ラカイン州の平和安定開発実行中央委員会を含む政界や軍の指導者とも会談した。

委員会はまた、近隣各国とも協議を行なった。バングラデシュでは、ダッカで政府高官と会談し、コックスバザールの難民キャンプ各所を訪れた。バンコクではタイの外務大臣と会談した。また、委員長はインドネシアの大統領および外相と会談した。さらに委員会は、インド、中国、マレーシアの代表や、国連の高官、ミャンマーに拠点を置く外交官、国際的非政府組織（INGO）の代表者、近隣地域の様々な組織や無所属のアナリストと協議を行なった。

委員会は2016年9月5日の発足以来、シットウェ、ミャウウー、ミェーボン、チャウッ、タンドウェ、チャウピュー、ラムリー、マウンドー、ブーティーダウン、ヤンゴン、ネーピードーの国内各地に加え、バンコク、ダッカ、コックスバザール、ジュネーブにて計155件の協議会を行なった。これらの協議会を介して、委員たちは様々な利害関係者を代表するおよそ1,100人の人々と会談した。さらに、それぞれの委員が個人レベルで様々な当事者と会談している。

e 委員会の任務遂行を取り巻く環境

委員会が任務を遂行する環境は非常に厳しいものである。ラカイン州では貧困、低開発、コミュニティ間の緊張、政治・経済的な周縁化といった問題が複雑に絡み合っている。このコミュニティでは他勢力に対する根強い恐怖がはびこり、政府機関への信頼も限られている。特に、政府には各コミュニティにサービス（特に保護）を提供する能力が欠けている。委員会は、ラカイン州を取り巻く問題の本質の複雑さ、応急的措置の欠如を認識している。

委員会が任務を遂行していた期間（2016年9月～2017年8月）だけでも、委員会の任務遂行に深刻な影響を及ぼすような、そして時には任務遂行を困難なものとするような様々な出来事が発生した：

- 2016年10月9日に武装集団がマウンドー・タウンシップで国境警備警察隊を襲撃し、その結果、警備警察隊の複数の隊員が命を落とした。それ以降、ラカイン州の治安は急速に悪化した。これらの襲撃はHarakat al-Yaqin（後にアラカン・ロヒンギャ救世軍と改名される）というムスリム武装集団によって実行されたといわれている。一部のアナリストによると、この集団はラカイン州からサウジアラビアに移住したムスリムとつながりがあるとされている[1]。この集団は、マウンドー・タウンシップ北部の警備警察隊詰所を襲撃し、武器や弾薬を略奪した。その後、軍や警察による掃討作戦が行なわれる中、暴力や民間財産の破壊により多くのムスリムが国境を越えてバングラデシュへと避難した。ラカイン族でも、避難を余儀なくされた人々がいた。武力衝突は11月半ばに最も激しさを増し、69人の暴徒と17人の警備部隊が命を落としたと報告されている。
- 警備警察隊は、作戦遂行中に重大な人権侵害を行なったとして非難されている。このため、委員会はその中間報告書の中で、公平で独立的な立場からの調査が実施されるべきであると勧告した。

1．委員会の権限と状況

a ラカイン州諮問委員会の権限と構成

ラカイン州諮問委員会はミャンマーの国家顧問であるアウンサンスーチー氏の強力な要請により、コフィ・アナン氏を委員長として2016年9月5日に設立された。ミャンマー政府およびコフィ・アナン財団によって合意された同委員会の委託条項によると、委員会はラカイン州のすべてのコミュニティの現状を分析し、暴力や強制立ち退き、低開発につながる要因を特定することを任務としている。そうした任務を遂行する中で、委員会は人道的な問題、生活条件、医療や教育や生計を立てる手段へのアクセス、市民権や移動の自由に関する問題、基本的な権利の保証といった問題について検討する。委員会は国際的な諸基準に従って紛争防止、人道支援、和解、制度の構築、開発の5分野に関する提言を策定する権限を持つ。

委員会はミャンマー国内から選ばれた6名のメンバー（Win Mra氏、Aye Lwin氏、Tha Hla Shwe博士、Mya Thida博士、Saw Khin Tint氏、Khin Maung Lay氏）と3名の外国人メンバー（Ghassan Salame氏、Laetitia van den Assum氏、Ko. Annan氏）で構成されている。3名の外国人メンバーを擁するものの、委員会は基本的にはミャンマー政府によって設立されたミャンマー国の機構であり、ネーピードーの国家当局に直属するものである。

b 固有名詞の使用について

国家顧問の要請により、委員会では「ベンガル」や「ロヒンギャ」といった言葉を使用せず、代わりに「ムスリム」や「ムスリム居住区」といった呼称を採用している。なお、「カマン・ムスリム」はこの中に含まれず、彼らは単に「カマン」と呼ばれる。

c 報告書の範囲

ラカイン州諮問委員会の最終勧告が記載された本報告書が、委員会の任務終了に伴い提出された。委員会では、報告書をできる限り短く簡潔にまとめた。

第一に、本報告書は委員会のすべての協議の過程に加え、様々な利害関係者から収集した情報や意見を反映したものである。第二に、本報告書は2017年3月16日に公表された委員会の中間報告書をもとに作成されたものである。中間報告書は政府の迅速な対応が緊急に必要とされる問題のみを扱っているが、最終報告書では委員会の権限の対象となるすべての問題を扱っている。そのため、本報告書で行なっている提言の中には中間報告書の続きやその延長であるものもあるが、その他にも長期的な問題や構造に関する問題などが追加されている。

委員会は、人権侵害の報告などの特殊なケースを調査する権限を有さない。むしろ、ラカイン州の平和や正義、発展を阻害する制度上・構造上の問題に対応し、州内のすべてのコミュニティの幸福に貢献するような具体的な措置を提言する。

d 委員会の運営方法：協議プロセスの概要

委員会は幅広い利害関係者から情報と助言を求めてきた。また、ラカイン族とムスリムの両者の全面的な参加を促すため、それぞれのコミュニティから同じ数保障、人権のすべてを視野に入れた調整的なアプローチが必要である。地元住民の正当な主張を無視すればするほど、彼らが過激派に取り込まれていく可能性も高くなる。地域の発展や人権の危機に対応することが、安全保障の危機への対応に役立つであろう。

互いに関連性のあるこれら3つの危機を解決することは、どの政府にとっても困難な課題であろう。ラカイン州がミャンマーで現在発生している紛争の1つであることを認識し、同時に政府が様々な関係者に対して行き届いた改革を実行することが重要である。また、これらの問題への対応策として現政府や前政府がすでに実施した措置を認めることも重要である。

2017年3月16日、ラカイン州諮問委員会は中間報告書を提出した。この報告書の中で委員会は、同州が直面している幾つかの喫緊の問題について検討している。政府が同報告書を公式に支持し、委員会の勧告の「過半数」を実施する姿勢を示した点を委員会は高く評価した。事実、一部の措置はすでに開始されており、また政府の取り組みを取り巻く状況が困難であること（政府が活用できる財務的・技術的リソースには限りがあり、両コミュニティの利害関係者からの激しい抵抗もある）を認める一方で、政府によるさらなる取り組みが必要である。とりわけ、政治や軍部の指導者はラカイン州の未来のビジョン、つまりすべてのコミュニティの人々が当然の権利と自由を享受できるような経済的繁栄や安全を実現するためのビジョンを描いて示すべきである。さらには、多様性を強みとする国家としてのアイデンティティーについてのビジョンも示すべきである。ラカイン州の発展はゼロサムゲームによって成り立つものではない。すべての人々を包括し一つにすることによってのみ繁栄の実現が可能である。ラカイン族とムスリムの共存が可能か、という点を問うのではなく、彼らがいかに共存していくべきかについて考えねばならない。分離ではなく再統合こそが、ラカイン州の長期的な安定と発展に向けた最善の道である。

ミャンマーの人々は、豊かな多様性によって形づくられた自らの歴史と文化を大変な誇りとしている。しかし、皆が力を合わせて前に進んでいくためには、過去にとらわれず、輝かしい未来に向けた新たなビジョンを育むべきである。

そうしたビジョンの実現には、政府による持続的な政治指導だけでなく、地元のコミュニティのサポートが必要であり、そのため彼らにビジョンを明確に伝えることが重要である。これまで委員会がお会いしてきた方々の圧倒的多数が、平和で経済的に繁栄した未来を求めている。もちろん、一部には変革に反対する人々もいるであろう。しかし、彼らに変革に向けての歩みを止めさせてはならない。そのためには、そうした少数派のもつ懸念を理解するため、あらゆる努力を払う必要がある。オープンな対話と継続的な関与、そして法による支配の確立に向けての課題の実現を通じてこそ、政府は両社会から信頼を得ることができる。

国際社会も、ラカイン州を取り巻くこの機微な状況の十分な理解に努め、未来のビジョンの実現に向けてミャンマー政府と協力していくべきである。ミャンマー政府も、自分たちの実施する対策（あるいは、対策を実施しないこと）の影響が国境を越えて波及することを認識した上で、国際社会の助言や支援を受け入れるべきである。委員会の見聞によると、ミャンマー政府はラカイン州の問題をあくまで「内政問題」として扱おうとしているようであるが、政府は少なくとも、民族や宗教、国籍に関係なく公平と平等の理念の下でラカイン州に居住するすべての人々を支援する姿勢を示すべきである。

ラカイン州が抱える問題は非常に広範に及んでいる。委員会は、この報告書に記された提案が同州の前進に少しでも貢献できることを望んでいる。しかしこれは、最終的には政府がラカイン州の各社会、文民社会、宗教的指導者や政治的指導者と協力して取り組むべき問題である。諮問委員会は、正しいビジョンと政治的決定によってラカイン州がその可能性を実現し、その歴史的な偉大さを再び世界に示す日が来ることを固く信じている。

はじめに

ラカイン州は長い歴史を誇る地域である。しかし、この報告書では主として州の将来に焦点を当て、同州がその未だ手つかずの大いなる将来性を最大限に活用する方法を検討する。ラカイン州は肥沃な土壌と豊かな天然資源に恵まれ、地域貿易にも戦略上有利な場所に位置している。しかし今日、ラカイン州は開発の遅れ、コミュニティ間での紛争、中央政府に対する積年の不満に悩まされている。ラカイン州諮問委員会はこうした問題の複雑さを認識し、それらの問題に対する「応急」措置などない、と警告している。とはいえ、未来に向けて前進するための道筋を見出すことは急務である。現状を維持することはできない。

ラカイン州は、ある側面で**発展の危機**の様相を呈している。同州ではすべてのコミュニティが慢性的な貧困に苦しみ、国の平均と比べほぼ全地域で発展が遅れている。紛争が長引き、土地保有制度が不安定で、生計を立てる手段がないため、多くの人々が州外へと移住し、それが労働人口の低下や経済成長の見通しの悪化へとつながっている。また、ムスリムの移動の自由に制限が課されていることによって、経済も打撃を受けている。コミュニティ間の関係の改善がうまくいかず、隔離が施行され、今にも暴力や政情不安定が起こりそうな状態であるため、民間投資も絶たれている。ラカイン州は豊かな天然資源に恵まれているものの、採取産業の発展──チャウピューへの石油・天然ガス関連の投資──による雇用の増加やその他の恩恵にも限りがある。その結果、ラカイン族、ムスリムのどちらも、首都ネーピードーでの様々な決定事項から取り残され、権限を奪われたように感じている。

ラカイン州は**人権の危機**にも直面している。すべてのコミュニティで暴力と職権乱用が続く中、ムスリム居住区の人々は特に、長期にわたる無国籍状態と根強い差別によって人権侵害を受けている。世界の無国籍人口のおよそ10パーセントがミャンマーに居住し、中でもラカイン州のムスリム居住区は無国籍人口の居住区として世界最大である。この居住区には数多くの制限が課せられていることから、人々は基本的人権や生活の様々な側面で不便を強いられている。およそ120,000人が未だに国内避難民（IDP）キャンプで暮らしている。居住区の人々は政治的発言権を与えられず、ミャンマー国家から除外されている。市民権の請求を承認しようと政府も努力しているものの、ムスリムとラカイン族のどちらの社会からも信頼を得ることができなかった。

そしてさらに、ラカイン州は**安全保障の危機**にも直面している。委員会が州全土での協議を通じて見聞したところによると、どのコミュニティでも2012年の忌まわしい記憶が鮮明に残っており、人々の間には恐怖感が深く根づいている。ムスリムは引き続き排除を受け、ラカイン族も自分たちが今後州におけるマイノリティーとなってしまうのではないかと懸念を抱いている。分離政策によって、両者の相互理解の見通しは悪化している。政府はすべてのコミュニティの安全を確保するよう取り組みを強化し、コミュニティ間の結束力を回復させるべきである。ラカイン州の受けた傷は、ただ時が経てば癒えるものではない。

今ある問題をただちに解決しない限り、両コミュニティでこれ以上先鋭化が進むことは現実の脅威である。特にラカイン州北部では、対応が急務である。2016年10月9日に新興武装集団が3カ所の国境警備署を襲撃し、その後も武装集団と警備警察隊の衝突が相次いだため、数万人のムスリムがバングラデシュへの避難を余儀なくされた。むろんミャンマーにも領土を防衛する権利はあるが、武力による対応が地域に平和をもたらすとは考えられない。むしろ、武力衝突をエスカレートさせずにコミュニティ間の緊張を抑制するため政治、地域の発展、安全共和国の指針と合致したものでなければなりません。

任務を完了するにあたり、委員の皆さんの多大なる献身とたゆまぬ努力に感謝いたします。彼らは、ラカイン州での協議を含む任務の大部分をゼロからスタートしました。委員たちの固い決意が、今後私たちの勧告を、誠意をもって促進・実施することになる指導者や政府関係者、地域の人々によって受け継がれていくことを心から願います。

次に、国家顧問として委員会の設置にリーダーシップを発揮し、必要なときにはいつも助言を下さったアウンサンスーチー氏にも心から感謝申し上げます。今後政府がラカイン州の危機の解決策を模索する上で、委員会の行なった取り組みや勧告が役に立つことを祈ります。

また、チョウティンスエ大臣率いる国家顧問府スタッフの皆さまにも感謝申し上げます。大臣が委員会の取り組みを後押しして下さったおかげで、私たちは計画どおりに任務を完了することができました。

ミャンマーを訪問した際にティンチョー連邦共和国大統領の寛大な歓迎を受けたことも強く心に残っています。大統領から委員会に対して貴重な助言を頂いたことに大変感謝いたします。

ラカイン州がよりよい未来を構築する上で、陸軍やその他の治安維持部隊が不可欠な役割を担っていることは明らかです。そのため、国軍最高司令官ミンアウンフライン上級大将やミャンマー国軍のその他の高級将校の方々にも数回助言を求めてまいりました。これらの方々の協力に感謝するとともに、彼らがラカイン州のすべての人々の幸福を実現するために、今後も政府の他の部門と協調して建設的に取り組まれることを期待いたします。

委員会を支援するため、私たちはヤンゴンに小さな事務局を設立しました。この 12 カ月の間に貴重なご支援を頂いたアンドレアス・インドレガード（Andreas Indregard）氏およびスタッフの皆さまに感謝申し上げます。

国際社会でも、大変多くの方々からラカイン州に関する非常に洞察力に富んだご意見を頂くなど、オープンで率直な形でご協力頂きました。

そして何よりも、委員会に対して積極的に関わって下さったラカイン州の皆さんに心からお礼申し上げます。この報告書は、最終的には皆さん自身の報告書となるのです。勧告による恩恵を最も受けなければならないのは皆さんです。同時に、辛い過去の歴史を乗り越え、ラカイン州のためにダイナミックで明るい未来を構築するために必要な変革を当局との連携によって実現することは、これからの皆さんの責任でもあるのです。

コフィ・A・アナン
ラカイン州諮問委員会、委員長
2017 年 8 月

諮問委員会委員長による前書き

ミャンマー西部のラカイン州は豊かな文化的伝統と長い年月をかけて育んできた歴史を誇る地域です。かつてアジアの貿易の中心地、また主要な稲作地帯として繁栄したラカイン州は現在、コミュニティ間での緊張状態や紛争によってミャンマー国内で最も貧困に苦しむ州の一つとなり、国際社会でも大きな議論と関心の対象となっています。本来、住民に恩恵や幸福をもたらす大いなる将来性を秘める地でありながら、現状はその姿からかけ離れたものといえます。

2016年9月、ミャンマーの国家顧問であるアウンサンスーチー氏の要請により、コフィ・アナン財団と国家顧問府（the Office of the State Counsellor）はラカイン州諮問委員会を設置しました。当委員会は国家機関であり、メンバーの過半数をミャンマー出身の委員が占めています。同委員会はラカイン州が直面している多くの複雑な問題について調査･検討し、その対応策を提案する権限を委任されています。

この12カ月間、私は委員の皆さんとともに各地を回り、幅広い協議活動を行なってきました。その中で我々は、首都ネーピードーにいる大臣や政府高官、市民社会や宗教界の指導者、ミャンマーに対する世界各地のパートナーや専門家だけでなく、ラカイン州の政治的指導者や各コミュニティの人々とお会いしました。こうした方々との協議をもとに、同委員会の最終報告書に盛り込むべき分析結果、提案、懸念事項、進言をまとめています。

私たちの任務は、2016年10月にラカイン州北部で発生した警察官襲撃事件によってますますその重要性が強調されると同時に、複雑なものとなってきました。事件とその後の治安維持活動の最中にも緊張はますます高まり、その結果、私たちはラカイン州の将来を損ない続けるこの不安定な状態に対し、恒久的な解決策を見出す決意を新たにしました。

2017年3月、委員会は中間勧告を発表しました。私自身も、政府がこれらの勧告を実施するための第一歩を踏み出したことを歓迎しています。しかし、委員会のこの最終報告書でも明らかにされているように、ラカイン州の平和と繁栄が保証されると確信できるようになるまでには、この先まだ長い道のりがあるようです。

委員会の発足に際し、国家顧問は私たちに大胆な勧告を行なうよう促しました。私たちはその助言に従って見聞を広め、厳格な公平さの下で任務を遂行し、よりよい未来を目指して取り組んできました。私たちの掲げる精神の下で中間報告書や本書の勧告を適用・実施することができれば、これらは必ずやラカイン州の恒久的平和への道筋をつけてくれるであろうと確信しています。これらの勧告はまた、文書へのアクセスや移動の自由を奪われた弱い立場の人々を含むラカイン州のすべての人々の苦悩に対処するものと確信しています。私たちは、これからも様々な障害が待ち受けていることをしかと認識しています。歴史が長い影を落としていることも承知しています。しかし一方で、ラカイン州の人々が将来を手に入れるための機会を必ずやつかみ取るであろうこともまた、同じように確信しています。

この最終報告書の提出をもって、ラカイン州諮問委員会はその任務を終えます。私たちが行なった勧告を今後実施する責任は、連邦共和国および州の政府、国会および州議会、宗教界や民間の指導者といったミャンマーの指導者や諸機関に、そして何よりもラカイン州のすべての人々に委ねられました。私たちは政府に対し、勧告実施プロセスを促進・追跡する仕組みの構築を進言しました。州、地元当局および警備隊の持つ権限は、ラカイン州に前向きな変化をもたらす推進力となるための責任と能力を彼ら自身に課しています。そのため、彼らの行動は連邦

目　次

諮問委員会委員長による前書き

はじめに

1. 委員会の権限と状況
 (a)ラカイン州諮問委員会の権限と構成
 (b)固有名詞の使用について
 (c)報告書の範囲
 (d)委員会の運営方法：協議プロセスの概要
 (e)委員会の任務遂行を取り巻く環境
 (f)謝　辞
2. 歴史的背景
3. 主な調査結果および勧告
 ラカイン州の経済的・社会的発展
 市民権
  1. 市民権の承認
  2. 1982 年市民権法
 移動の自由
 国内避難民（IDP）
 人道援助のためのアクセス
 メディアのアクセス
 教　育
 医　療
 違法薬物
 コミュニティの人々の政治への参加と権利
 コミュニティ間の結束
 警備部門
 司法制度へのアクセス
 文化的な発展
 バングラデシュとの国境問題および二国間関係
 近隣諸国との関係
 委員会の勧告の実施について

○ラカイン州の人々の平和で公平かつ豊かな未来に向けて

（アナン・レポート）

ラカイン州諮問委員会　最終報告書
（笹川平和財団 訳）
2017 年 8 月

本報告書は、コフィ・アナン財団（Kofi Annan Foundation）のラカイン州諮問委員会（Advisory Commission on Rakhine State）による出版物を翻訳したものです。ラカイン州諮問委員会（Advisory Commission on Rakhine State）は、翻訳の正確さに責任を負いません。疑念が生じた場合には、ラカイン州諮問委員会（Advisory Commission on Rakhine State）の原文（英語）をご参照ください。本報告書は、公益財団法人笹川平和財団（〒 105-8524 東京都港区虎ノ門 1-15-16 笹川平和財団ビル）が翻訳し、斎藤紋子氏によるミャンマーの人名や地名などの校閲を経て、作成されたものです。WEB サイト：Asia Peacebuilding Initiatives（http://peacebuilding.asia）を参照。（担当 : 堀場明子）

本報告書は、英語版をオリジナル版とする。

11）ラカイン州独立調査委員会

2018年7月30日に大統領府が組織した。2人の外国籍と2人のミャンマー人で構成される。委員長はフィリピンの元副外相でもあるロサリオ・マナロ氏。19年8月中に最終報告書が提出される予定。

〔石川和雅〕

6）ラカイン州提言実行委員会

2017年8月に提出された諮問委員会の最終報告書、およびラカイン州マウンドー調査委員会の最終報告書にまとめられた提言内容の実施を担う統括機関として、同年9月12日付で大統領が設置した。委員15人で構成され、委員長は社会福祉・救援・復興大臣のウィンミャッエー氏が務め、共同代表としてラカイン州首相のニープー氏が就任した。進捗状況を4か月に1度の頻度で発表するとした。

7）ラカイン州人道支援・再定住・開発連邦公社

英語表記はUnion Enterprise for Humanitarian Assistance, Resettlement and Development in Rakhine（UEHRD）。17年10月17日付で大統領府が設置した。政府が国連機関および国内外のNGO等と連携して、ラカイン州での事業を遂行する主体となる。運営は大統領府と国家顧問府が共同で行なうこととされており、代表にはアウンサンスーチー国家顧問が、副代表には社会福祉・救援・復興大臣のウィンミャッエー氏が就任した。

8）ラカイン州提言実行諮問委員会

2017年12月9日付で大統領が設置した。外国籍5人、ミャンマー人10人で構成され、委員長はタイの元副首相であるスラキアット氏が務めた。18年8月16日に最終報告書を提出している。

9）難民帰還受け入れ準備

2017年後半から、政府は州内での再建事業を進めている。ロヒンギャ難民の帰還受け入れ施設としては、ラカイン州北部のタウンピョーレッウェとンガクーヤに一次受付施設が、フラポーカウンに中間滞在施設が建設された。これに加えて、アナン提言に基づくかたちでいくつかの事業を進めている。

国内避難民キャンプ閉鎖作業

全国各地にある国内避難民キャンプの閉鎖作業を進め、キャンプを出た避難民が居住するための住宅建設を進めている。ラカイン州では2012年の暴動後に約14万人のムスリムがキャンプに収容されていたが、順次それらの閉鎖作業が行なわれている。

村落再建作業

2017年8月にARSAによる襲撃を受けたラカイン州内諸民族の村では、再建事業が行なわれている。ミャンマー国営報道によると、ムロ族のコウンタイン村、カインジー村、ベンガリのパントーピン村などで新村が建設された。

10）ラカイン州への投資誘致

アナン提言に含まれる州内の教育・経済・インフラ事情の改善にむけ、ミャンマー政府はラカイン州内への投資を積極的に呼びかけている。19年に入ってその傾向は顕著となり、1月にネーピードーで開催されたミャンマー投資サミットに続き、2月にはラカイン州南部のガパリでラカイン州投資フォーラムが開催され、アウンサンスーチー国家顧問が開幕の挨拶をした。インフラ整備、港湾開発、工業団地の造成、観光業の振興などが重点分野に挙げられている。

ムラウウーの世界遺産登録

こうした動きにも関連して、旧ラカイン王国の都であったムラウウーの世界遺産登録に向けた動きが進んでいる。

○ミャンマー政府によるラカイン州への取り組み

1）2012年ラカイン州調査委員会

2012年6月にラカイン州各地で発生した住民間暴動の原因究明と解決策の検討のため、同年8月にテインセイン大統領が設置した。委員会は現地調査ののち、翌13年4月に報告書を提出している。同年7月には報告書の英語版も公開された。

2）ラカイン州平和発展中央委員会および事業委員会の設置

2016年5月30日に大統領府によって設置された。ラカイン州内での政策遂行のために、関係省庁の連絡機関として構想されたとみられる。中央委員会の委員長はアウンサンスーチー国家顧問、副委員長は国境問題省大臣およびラカイン州首相。委員として、内務大臣、国防大臣、宗教・文化大臣など各省庁の大臣・副大臣ら21人で構成される。

同時に、4つの事業委員会が設置された。

１）治安・平和・法治委員会（委員長は内務省大臣）
２）入管・国籍審査事業委員会（委員長は労働・入国管理・人口省大臣）
３）域内再定住・社会経済開発委員会（委員長は社会福祉・救援・復興省大臣）
４）国連組織・国際組織連携委員会（委員長は国家顧問府大臣）

3）ラカイン州諮問委員会

ラカイン州の諸問題を体系的に調査し、政策提言を行なうために2016年8月にアウンサンスーチー国家顧問の主導で組織された。合計9人の委員で構成され、3人は外国籍、6人はミャンマー人であった。委員長は元国連事務総長のコフィ・アナン氏が務めた。1年間の調査活動を経て17年8月24日付で最終報告書を提出した。

4）情報発信および公開体制の強化

政情不安が続いたラカイン州北部への外国人の入域は長く禁じられており、国際社会は現地へのアクセスや情報公開をミャンマー政府に求めていた。そうした背景もあり、ミャンマー政府は情報発信体制を整備しつつある。

政府による情報発信

国家顧問府では、ラカイン州情勢に関する正確な情報を即時的に発信するため、2016年11月にラカイン州情報委員会を設置した。また、国軍は「正確な報道・情報班」が作戦の状況や国軍の公式見解を発信しており、定期的に記者会見が実施されている。

国際メディアツアーの実施

17年7月以降、ミャンマー政府はラカイン州北部や州内の避難民キャンプを国内外の報道陣に向けて公開するメディアツアーを実施している。

5）ラカイン州マウンドー調査委員会

2016年10月に発生したラカイン州マウンドーでの武装勢力による襲撃事件をうけて、同年12月1日付で大統領が設置した。委員長はミンスウェ副大統領が務め、委員13人で構成された。17年1月3日に中間報告、同年8月に最終報告書が提出された。

○ミャンマーの国籍法と証明書

ミャンマーでは1948年の独立時から3つの憲法が制定されており、それと共に国籍法および国籍証明書類の制度変更が実施されている。本文中で言及されている各種の法律と制度を理解しやすくするために、変遷を概観してみる。

【第一期：独立後】
・1947年憲法＋ 1948年国籍法＋国民登録カード（NRC）

ミャンマー土着の諸民族への国籍認定はもとより、旧英領の定住者・出身者への国籍付与を認める規定が存在していた。そのため、この法体系に従ってNRCを取得したロヒンギャが多数存在した。

【第二期：社会主義時代～軍政時代】
・1974年憲法＋ 1982年国籍法＋市民権審査カード（CSC）／暫定在留許可証（TRC）

1962年に始まる軍政時代に従来の法体系の見直しが行われ、70～80年代に新たな法体系に移行した。ミャンマー連邦が土着民族の連合体であるという国家観がより強調されるようになり、旧法下での国籍取得者に対する正規国民の優位性が3種の国籍資格を区分した1982年国籍法によって具体化された。この3種の国籍資格は、1989年に導入されたCSCの色（国民はピンク、準国民は青、帰化国民は緑）によって明示された。このCSCは、旧制度以来の名称（NRC等）で呼ばれることも多い。

この間にラカイン州北部では1978年と1991～92年に難民の大規模流出が起こり、ロヒンギャの多くは国籍保有者と見なされなかった。そのため、CSCの代わりに暫定在留許可証（TRC）が1995年以降発行された。カードの色からホワイトカードとも呼ばれる。法的権利を保障する性格の身分証ではないが、保有者には投票権が認められており、2008年の新憲法案の承認を問う国民投票と2010年総選挙には参加することができた。

【第三期：民政移行後】
・2008年憲法＋ 1982年国籍法＋市民権審査カード（CSC）／国籍未審査者向け身分証明書（NVC、ICNV）

2008年に新憲法が制定されたが、国籍法体系には大きな変化はなかった。2015年にTRCの有効期限が終了し、政府はTRCの返還者を対象とする国籍審査手続きを開始した。有効な証明書類を提示できれば、それに見合った国籍とCSCが与えられる。ただし、一連の手続きで民族名に「ロヒンギャ」を使用することは認められておらず、「ベンガリ」としなければならない。そのため、審査自体を拒否する者も多い。

〔石川和雅〕

○民族・宗教保護協会（略称：マバタ）

仏教を核とするミャンマーの社会・国家体制の護持を目的とし、各種の啓発・慈善活動などを行なう仏教僧と在家者から構成される組織。2017年に「仏法慈善財団」と改称した。

【組織名称について】

英語表記では「Association for the Protection of Race and Religion」、「Committee for the Protection of Nationality and Religion」とも表記される。なお、「マバタ」は、ミャンマー語の正式呼称からの略称である。

【創設の背景】

マバタの活動内容には2012年以降に盛んになった969運動との関係が伺える。969運動とは、仏教徒の商店等で「969」のマーク（仏・法・僧の数字表現）を掲示させた運動で、イスラーム進出への脅威論を唱えつつ、「786」の数字（クルアーンの章句の数字表現）を掲げるイスラーム教徒の商店等への対抗と、不買を促した。

ミャンマー仏教界の統括組織である国家サンガ大長老会議（略称：マハナ）は、2013年に僧侶が969運動に関わる組織を設立することを禁止した。その後2013年後半から14年にかけて、969運動の関係者と反イスラーム言説を継承するかたちでマバタが組織された。

【活動の合法性をめぐる問題】

ミャンマーでは、マハナを唯一の公式な僧侶組織と位置付けており、それ以外の僧侶組織の設立を認めていない。そのため、マバタの設立当初から組織の合法性が問題視されており、2014年５月には、公認を求めたマバタの要求をマハナが却下している。NLD政権発足後の2016年７月には、マバタが公認組織ではないことをマハナが公式に通告した。さらに翌17年にはマバタの代表的な発言者であったウィラトゥ師への一年間の説法禁止令に加え、「マバタ」名称の使用禁止を指示した。これにより旧マバタの本部は「仏法慈善財団」に改称して活動を継続している。

その後もウィラトゥ師は政権に対する強い批判を繰り返したが、2019年５月には刑法第124条A項に定める扇動罪を犯したとして逮捕状が発布され、捜査の対象となっている。

〔石川和雅〕

2018	8	17	アメリカ政府は、ロヒンギャ迫害疑惑を巡り、ミャンマーの国軍・警察幹部4人、および軍の2部隊に対する制裁措置を発表
	8	25	ARSAよる襲撃事件と難民流出から一周年を迎え、ダッカなどでデモ
	8	25	ラカイン州内で140万錠の覚醒剤押収
	8	27	国連人権理事会が設置した調査団が報告書を発表。国軍司令官ら幹部6人を名指しし、ジェノサイドの疑いで国際法に基づく捜査と訴追を求める
	8	31	ミャンマー国軍が出版したラカイン情勢本についての本に対し、ロイターが写真の不適切な利用を指摘
	9	3	ロイターの記者2人への判決。いずれも禁錮7年
	9	3	ミャンマー国軍系の日刊紙「ミャワディ」で、写真の利用の誤りを認める
	9	7	大統領府が公式声明を発し、ICCによる管轄権の主張に反論
	10	1	ミャンマー政府の国家最高顧問府大臣チョーティンスウェ氏がバングラデシュ訪問
	10	14	ヤンゴンでナショナリストらが国軍支持のデモを開催。ウィラトゥ師らが参加
	10	22	ブーディーダウンで290万錠の覚醒剤を押収。
	10	22	インド外務大臣がバングラデシュ訪問時に、ミャンマー政府に対してアナン提言の実行とロヒンギャの受け入れを求めたと発言
	10	29	バングラデシュ外務次官が駐バングラデシュ・ミャンマー大使に対して、ロヒンギャ難民の流入が継続していることへの懸念を表明
	10	30	バングラデシュのシャヒドゥル・ホック外務上級次官、ミャンマーのミン・トゥ外相と会談。ロヒンギャ難民の送還事業に合意
	10	30	バングラデシュの外務次官が難民の第一陣を11月中旬に送還すると発言
	11	1	ブーディーダウン郡で975,000錠の覚醒剤を押収
	11	4	マウンドーで、難民の帰還に反対するデモが行なわれる
	11	8	チャウピューSEZ管理委員会とCITICが開発計画の第一フェーズについて合意
	11	11	ミャンマー政府が1日につき150人の難民を2週間かけて帰還させる計画を発表。ミャンマー、バングラデシュ両政府から難民と認定された8,032人のうち2,260人を対象に、15日から送還を開始すると言明
	11	12	シンガポールでアセアン首脳会議（～15日）
	11	13	国連難民高等弁務官事務所（UNHCR）はバングラデシュ政府に対し、ロヒンギャ難民の送還中止を要請。アメリカ国務省も声明を支持
	11	13	シンガポールで開催されたASEAN首脳会議の議長声明において、ミャンマーのロヒンギャに対する迫害は「懸念事案」と指摘
	11	15	バングラデシュでロヒンギャ難民2,260人をバスに乗せ送還を強引に始めようとしたが、難民が拒否。
	11	16	ミャンマー国営紙で、社会福祉・救援・復興省大臣が発言。ARSAの脅迫により帰還がなされなかったと発言
	11	18	バングラデシュのカラム難民救援帰還委員長が、帰還は来年まで延期になるとロイターに発言
	11	25	シットウェで難民の帰還に反対するデモ
	12	18	フェイスブック社がヘイトスピーチ対処の一環で、ミャンマー国軍関係のアカウント、ページなど約6万件を削除
	12	30	第11次総選挙の投票が行なわれ、アワミ連盟が議席数の86%を獲得し圧勝。ハシナ首相はバングラデシュ史上初の3期連続で首相に就任。

〔作成：石川和雅・日下部尚徳〕

2018	1	18	元 ANP 党首のエーマウン氏が逮捕される
	1	19	ロヒンギャ難民数百人がミャンマーとバングラデシュ政府の難民帰還に関する合意に対して抗議デモを実施
	1	23	ラカイン州提言実行諮問委員会からビル・リチャードソン氏が辞任
	2	9	シットウェ県裁判所がエーマウンら 2 人に国家反逆罪の判決
	2	16	ミャンマーのチョースウェ内務大臣がダッカでバングラデシュのアブドゥル・ハミド大統領と会談。内務大臣が帰還難民の名簿を提出
	2	19	The Arakan Project がラカイン州内で焼かれた村などが埋め立てられている状況を指摘
	2	21	ラカイン州のブーディーダウンでマウンドー県特別法廷を開廷。17 年の襲撃事件の実行犯を審理
	2	22	マウンドー郡のナンタータウン村にバングラデシュ側から 6 人のラカイン族が入国
	2	23	マウンドー県特別法廷で 17 年の襲撃事件の実行犯の審理が行なわれ、4 人に死刑判決
	2	25	ヤンゴンでウィラトゥ師のヘイトスピーチ防止を目的とした集会がナショナリストにより阻止される
	2	26	UEHRD 議長のアウントゥンテッ氏は、ラカイン州内での埋め立て事業は再定住事業を容易にするためだと説明
	2	26	フェイスブック社がウィラトゥ師のページを削除したと公表
	3	8	バングラデシュのバンドルボン県の住民 9 家族 33 人が、ミャンマー・ラカイン州のマウンドー郡に到着
	3	9	有罪判決を受けていた元僧侶のパーモウカ氏が釈放
	3	9	バングラデシュのバンドルボン県在住のムロ 11 家族 63 人がマウンドー郡のトゥパンナカのムロ村に到着
	3	9	バングラデシュからの 30 家族 155 人が、ラカイン州マウンドー郡に到着。
	3	10	ウィラトゥ師が自身の反ムスリム言説は何らラカイン問題に影響していないと発言
	3	21	ラカイン州アン郡で住民デモ。ミャンマー・中国パイプラインのオペレーターである CNPC と MOGE に土地の補償を求めた
	3	21	ミャンマーのティンチョー大統領が辞任
	3	21	堀井巌外務大臣政務官がバングラデシュを訪問し、アリ外相を表敬訪問。リズヴィ首相顧問とロヒンギャ難民問題について会談
	3	23	バングラデシュ在住のダインネッ（チャクマ）13 人が、ラカイン州マウンドー郡に到着したとミャンマー内務省が発表
	3	30	ミャンマーでウィンミン大統領が就任
	4	10	ラカイン州インディン村でのロヒンギャ殺害問題で、ミャンマー国軍は関係者を処罰
	4	12	ミャンマーの NGO が、フェイスブック社に対しヘイト投稿への取り締まり強化を求めた
	5	27	ミャンマー政府国家顧問府が、バングラデシュから難民 62 人が帰還したと発表
	5	31	ミャンマー政府国家顧問府は、難民帰還事業に関する UNHCR と UNDP との覚書に署名
	6	2	ネーピードーで IDP 閉鎖のためのワークショップを開催
	6	6	ミャンマー政府の労働入管人口省と国連機関が難民帰還に向けた覚書に署名
	6	8	ネーピードーで国防治安評議会を招集
	6	8	デンマークでコフィ・アナン財団とデンマーク外務省が共催し、提言提出後の状況を議論する協議会を開催
	6	25	EU がミャンマー国軍の 7 人などに対する経済制裁を発表。同日、ミャンマー国軍は関係者の処罰を発表
	7	6	アジア開発銀行 1 億ドル規模のロヒンギャ難民支援が承認される
	7	20	ミャンマーの国家サンガ大長老会議は、仏法慈善財団に名称の使用禁止を指示
	7	30	ミャンマー政府の大統領府がラカイン州独立調査委員会を設置。
	8	9	ミャンマー政府は国際刑事裁判所（ICC）の検察官による管轄権主張に対し、「却下されるべきだ」と声明。
	8	11	ヤンゴンで仏法慈善財団を支持する集会が開催される
	8	16	提言実行への顧問委員会が最終報告書を提出

2017	11	6	国連安全保障理事会が声明し、ミャンマー政府に過剰な軍事力行使の抑制を求めた
	11	9	日本政府がロヒンギャ難民に対する1,500万ドルの支援を決定
	11	13	ミャンマー警察が、昨年のアメリカ大使館前デモに参加した僧侶パーモウカ師を逮捕
	11	13	マニラで東南アジア諸国連合首脳会議が開催。（～14日）
	11	13	国軍が内部調査報告書を公表。ロヒンギャに対する暴力行為を否定した
	11	15	ロヒンギャ帰還に向けた、バングラデシュとミャンマーによる二国間交渉をミャンマーにて開始
	11	16	国連総会第三委員会でOICが提出したミャンマー非難決議が採択。日本は棄権、インド、中国、ロシアは反対にまわる
	11	18	バングラデシュのアリ外相が王毅・中国外交部長と会談。中国側はロヒンギャ問題解決に向け協力を表明
	11	19	河野外相がロヒンギャ難民キャンプを視察
	11	19	中国の王毅外相がネーピードーでミャンマー政府首脳と会談
	11	20	アジア欧州会合第13回外相会議（～21日まで）
	11	23	ミャンマー・バングラデシュ両国がロヒンギャ帰還の合意書に署名
	11	23	ミャンマー連邦選挙委員会は、「仏法慈善財団」傘下の政党による登録申請を却下
	11	27	ローマ法王がミャンマー訪問。30日まで。続いてバングラデシュを歴訪した
	11	27	ANP党首のエーマウンが辞職願を提出
	12	1	ミャンマー政府が12月後半から難民の帰還プロセスを開始すると発表
	12	5	国連人権理事会でバングラデシュ、サウジアラビアほかが提出したミャンマー非難決議が採択。日本は棄権、インド、中国、ロシアは反対にまわる
	12	9	ミャンマー政府の大統領府がラカイン州顧問委員会の組織を発表
	12	13	大統領府が10人の顧問委員会メンバーを選出
	12	13	ロイターの記者2人が機密法違反で逮捕される
	12	14	国家顧問府が提言実行の顧問委員会組織について公式発表
	12	16	アル・カーイダからバングラデシュのムスリムに対して、ロヒンギャへのミャンマー国軍の残虐行為に対してジハードの呼び掛けがなされる
	12	18	ラカイン州のインディン村で10体のロヒンギャの遺体が発見される
	12	19	アメリカ国務省がロイター記者2人の解放を求める
	12	19	トルコのユルドゥルム首相、来訪。バングラデシュのハシナ首相と経済連携強化とロヒンギャ支援について会談
	12	20	ミャンマー国軍の調査班がインディン村へ派遣される
	12	21	アメリカ政府は、ロヒンギャへの迫害を指揮したとして、ミャンマー国軍のマウンマウンソー少将に対する制裁を発令
	12	24	国連総会の本会議で、OICが提出したロヒンギャ迫害に深刻な懸念を表明する決議案が採択。日本は棄権、中国、ロシアは反対にまわる
	12	27	ミャンマー政府の社会福祉・救済・復興省大臣が1月22日から難民帰還を開始と発表
	12	31	ラカイン各地でラカイン王国の滅亡記念式典が開催される
2018	1	5	ラカイン州内でARSAによる襲撃事件。国軍兵士ら6人が負傷
	1	7	ARSAがツイッターで犯行声明
	1	8	アメリカがARSAを非難する声明を発表
	1	10	ミャンマー国軍の調査班がインディン村での虐殺事件の調査結果を公表
	1	12	河野外務大臣がネーピードーでアウンサンスーチーと会談。新たに総額2,300万ドルを拠出すると表明した
	1	13	河野外務大臣がラカイン州を視察。難民帰還に向けたミャンマー政府への支援を強調
	1	16	ムラウウーでラカイン王国亡国記念式典開催の計画に対し当局が中止を命令。住民との衝突が発生。ラカイン族作家のウェーヒンアウンが逮捕される
	1	16	バングラデシュ、ミャンマー両政府はロヒンギャの帰還につい2年間で完了する旨を合意
	1	17	バングラデシュ軍が難民キャンプに暮らすロヒンギャの登録者数が100万を超えたと発表

2017	9	18	河野外相、バングラデシュのアリ外相と会談。ロヒンギャ受け入れ支援として400万ドルの支援を約束
	9	19	マンダレー地方域政府が、ラカイン問題をめぐる外圧への反対集会の開催を禁止する
	9	19	イギリス政府はミャンマー軍との防衛交流を中止すると発表
	9	19	日本の河野外相が、両国政府に対し400万ドル上限の緊急支援実施を表明
	9	19	アウンサンスーチー国家顧問が国民向けTV演説
	9	20	国連でミャンマーのヘンリー・バンティオ副大統領が演説
	9	21	バングラデシュのハシナ首相が国連総会で発言。ミャンマー政府を非難
	9	24	ミャンマー政府がラカイン州のイェボーチャー村付近で28体のヒンドゥー教徒住民の遺体を確認したと発表
	9	25	ミャンマー政府は、捜索後新たに17体のヒンドゥー教徒の遺体を発見したと発表
	9	26	日本国政府は両国への約400万ドルの緊急無償資金協力を決定
	9	27	ミャンマー政府の情報委員会が昨年10月から今年9月までの死者数統計を発表。また、国連による「民族浄化」「虐殺」などの用語使用に反対
	9	27	ミャンマー政府の社会福祉・救援・復興省大臣が、ラカイン州内で焼き払われた村の再建に着手すると発言
	9	27	ラカイン州首相は、2013年自然災害管理法に基づき被災地を管理すると発言
	9	28	国連安保理でミャンマー政府の国家安全保障顧問タウントゥン氏が演説
	10	1	ミャンマー政府の国家最高顧問府大臣チョーティンスウェ氏がバングラデシュ訪問
	10	2	バングラデシュ、ミャンマー両国閣僚が会談。ロヒンギャ難民のミャンマー帰還へ向けて作業部会の設置を決定
	10	2	内務省は警察のPolice Brigader-generalとマウンドー郡の国境警察司令官を交代
	10	10	ミャンマーのマンダレーとモーラミャインで、毎週火曜日の全宗教合同祈願を開始
	10	11	国連人権高等弁務官事務所が、ロヒンギャ迫害についての調査報告書を公表
	10	12	ラカイン州マウンドー県内のシュエザー村落群に属する3つの村でNVCの発行業務を開始
	10	13	国連安保理の非公式会合が開催され、コフィ・アナンがミャンマーの状況を説明
	10	13	ミャンマーのミンアウンフライン国軍司令官が、軍内部の調査委員会を立ち上げると発表
	10	16	欧州理事会がミャンマー国軍との関係を再考する旨の声明
	10	16	ラカイン州コウンタイン村で新村建設の着工
	10	17	ミャンマー政府がラカイン州内の人道支援・再定住・開発計画（UEHRD）委員会を設立
	10	17	国連副事務総長らがラカイン州を視察。ラテーダウン郡アナウッピン村、マウンドー郡のンガークーラ村とシュエインエー村を訪問
	10	18	アメリカのティラーソン国務長官は、ミャンマー国軍に説明責任があると批判
	10	19	マウンドー郡のカインジー村で50戸の住宅建設の着工式典
	10	20	マウンドー郡のパントーピン村で22戸の住宅建設の着工式典
	10	22	インド外務大臣がバングラ訪問時に発言し、ミャンマー政府にアナン提言の実行とロヒンギャの受け入れを求めた
	10	23	アメリカ国務省は、ミャンマー国軍幹部らを対象にした制裁措置を検討すると発表
	10	24	ミャンマー国軍が8月のARSAによる襲撃ついての見解を発表
	10	24	バングラデシュのアリ外相がネーピードーでミャンマーのチョースェ内相と会談。ロヒンギャ難民の帰還手続きなどを協議
	10	28	マウンドー地域の耕作者がいなくなった水田でラカイン州政府が収穫作業を開始。
	10	28	ロヒンギャ難民キャンプ視察のためコックスバザールに移動していたバングラデシュ最大野党BNPのジア総裁を乗せた車列が襲撃を受ける
	11	1	ラカイン州の環境団体ANRENが、州内での資源開発事業の休止を求める声明
	11	3	カナダのボブ・レイ前オンタリオ州首相がミャンマー特使として来訪
	11	5	アメリカ国務次官トーマス・シャノンがロヒンギャ問題を含む二国間協議のため来訪
	11	5	プラミラ・パッテン紛争下の性的暴力担当国連事務総長特別代表がロヒンギャ難民キャンプ視察のため、バングラデシュ訪問

2017	5	11	マバタが声明し、5月10日の事件への関与を否定
	5	12	ヤンゴン警察は昨年4月のアメリカ大使館前デモに参加した4人を逮捕
	5	23	国家サンガ大長老会議が、「マバタ」名称の使用禁止等を指示
	5	27	マバタは名称を「仏法慈善財団」に改称すると決定
	5	30	サイクロン・モーラがミャンマーのラカイン州、バングラデシュのコックスバザールに上陸し、被害が発生する
	6	11	カレン州パアンでマバタが集会しウィラトゥ師が出席。カレン州ではマバタの名称を維持するを議決
	6	25	ヤンゴンとマンダレーで宗教文化省大臣に対する抗議デモ
	7	12	国連の人権問題特別調査官がシットウェに到着。仏教徒らが抗議デモ
	7	12	ミャンマー政府は海外のメディアを招きラカイン州でのツアーを実施
	7	30	ミャンマーナウのスウェウィン氏が逮捕されるが、翌日保釈
	8	2	「仏教慈善財団」の下で組織された「135愛国協調党」が、選挙委員会に政党登録を申請
	8	2	ヤンゴンとマンダレーで仏教徒ナショナリストが反政府抗議拠点を開設
	8	3	OICはミャンマー政府に対してロヒンギャの権利擁護を求める
	8	5	政府がマンダレーの抗議拠点を強制撤去し6人を逮捕。ヤンゴンでも強制撤去
	8	6	国家顧問府が声明し、抗議拠点に参加しなかった市民への謝意を示した
	8	24	コフィ・アナンらのラカイン州諮問委員会が報告書を提出。
	8	25	「アラカン・ロヒンギャ救世軍」（ARSA）がラカイン州の警察・軍関連施設を襲撃
	8	25	襲撃事件を受けてラカイン州カインジー村のムロ族が避難
	8	28	ラカイン州のマユ丘陵にあるムロ族のコウンタイン村がARSA 400人によって襲撃された。7人死亡、5人がけが
	8	28	インドの閣外大臣がロヒンギャを国外追放する方針に言及
	8	29	ミャンマー政府のタウントゥン国家安全顧問らが記者会見し、海外からの支援物資がラカイン州内で地雷の作成に流用されていると指摘
	8	30	ミャンマー政府の情報委員会は、ラカイン州内での武装勢力からの押収品にUSAIDの支援物資があったと報告
	8	30	ヤンゴン市庁舎前で諮問委員会報告書と襲撃事件に対し抗議集会が行なわれる
	8	30	国内外のメディア団がシットウェからブーディーダウン、マウンドーを取材
	8	31	駐ミャンマー・アメリカ大使のスコット・マーシャルは、USAIDがARSAを支援しているとのミャンマー政府の発言を否定
	9	4	ミャンマー政府は国軍の要請を受け、マウンドー郡全域を作戦区域に指定と発表
	9	5	国軍が声明し、ARSAはミャンマー国内の主要都市で攻撃を行なう可能性があると指摘
	9	5	ミャンマー政府の情報委員会が声明し、住民に慎重な対応を呼びかけた
	9	6	ネーピードーで国家防衛安全会議（NDSC）が開催される。会議後記者会見で国境フェンスの設置を急ぐと説明
	9	8	バングラデシュ最大野党BNPが、ロヒンギャへの迫害に抗議する全国規模の集会を開催
	9	8	イスラーム保守強硬派イスラーム・アンドロン・バングラデシュがロヒンギャへの迫害を抗議するため集会を開催
	9	10	バングラデシュ外相が、ミャンマーに帰還協議を持ち掛けているが反応なしと会見
	9	10	ARSAが1カ月間の停戦を表明するも、ミャンマー政府はこれを拒絶
	9	11	バングラデシュのキャンプで約30万人の難民の登録作業を開始
	9	11	国連人権高等弁務官のゼイド・ラアド・アル・フセインが事件を「民族浄化の典型例」と発言
	9	12	ニューヨークで国連総会始まる
	9	12	ミャンマー政府はラカイン州提言実行委員会を設置
	9	12	バングラデシュのハシナ首相がロヒンギャ難民キャンプを訪問
	9	14	ARSAが声明を出し、他のイスラーム勢力との繋がりを否定
	9	15	バングラデシュ当局が国内の仏教寺院の警備のため警官隊を配備

2016	11	16	国家顧問府にラカイン州情報委員会を設置
	11	24	インドネシア・ジャカルタのミャンマー大使館前で抗議デモ
	11	25	マレーシアのクアラルンプール、タイのバンコク、バングラデシュのダッカで抗議デモ。マレーシアのナジブ首相がミャンマー大使に抗議
	11	29	マレーシアのナジブ首相がミャンマーでのロヒンギャ弾圧を非難
	11	30	マンダレーのマソーイェン新僧院に国軍幹部らが寄進
	12	1	ミャンマーの大統領府がラカイン州北部の問題に関する調査委員会の設置を発表
	12	6	国際移住機関はロヒンギャ2万1000人がバングラデシュへ脱出したと発表
	12	29	バングラデシュ外相が、約5万人のロヒンギャがバングラデシュ側に脱出していると発表
	12	29	バングラデシュ外務次官が駐バングラデシュ・ミャンマー大使に対して、ロヒンギャ難民の流入が継続していることへの懸念を表明
2017	1	4	ラカイン州暴力調査委員会が報告書を公表
	1	7	ヤンゴンのタケタ区でナショナリスト仏教僧がムスリムの祭事を妨害
	1	8	ヤンゴンでナショナリスト仏教僧がムハンマド生誕祭を阻止
	1	12	バングラデシュのハシナ首相とミャンマーのチョーティン外務副大臣がダッカで会談
	1	12	ミャンマーとバングラデシュ政府は約65,000人の帰還に向けた協議を開始することで合意
	1	15	ミャンマー中部のピィーで、ナショナリストグループがムハンマド生誕祭を阻止
	1	16	バングラデシュのハシナ首相が、ミャンマー政府に対し、難民化しているロヒンギャの帰還を要請
	1	17	アウンコー宗教・文化省大臣がピィーを訪問して実行犯への対処を指示。ピィーの市民団体27組織が合同で再発防止策を求める声明文を発表
	1	18	OICはマレーシアで緊急会議。国連による介入を求める
	1	28	ラカイン州諮問委員会の代表団がダッカを訪問。ロヒンギャキャンプを訪問したのち、バングラデシュのアリ外相と会談
	1	29	ヤンゴン空港でNLDの法律顧問コーニー氏が射殺される
	1	29	バングラデシュ外務省がミャンマー大使を呼んで無国籍状態にあるロヒンギャ数万人が流入していることへの「深い懸念」を表明
	2	14	2016年に起きたラカイン州の襲撃事件の実行犯に死刑判決
	2	15	国家顧問室がラカイン州の掃討作戦の完了を発表
	2	17	マウンドーの国境ゲートを再開
	2	25	ミャンマー警察と内務省がコーニー氏の暗殺事件について記者会見。極端な愛国心が引き起こした事件だったと総括
	2	26	NLDがコーニー氏の追悼式典を開催。アウンサンスーチー国家顧問も出席
	2	27	2016年10月の事件を防げなかったとして、ミャンマー警察の3人が告訴される
	2	28	ネーピードーで国軍がコーニー氏の暗殺事件について記者会見し、国軍は事件への関りが無いと発言
	3	7	ミャンマーナウの記者スウェウィン氏がヴィラトゥ師を批判したとして告訴される
	3	10	国家サンガ大長老会議が、ウィラトゥ師に対する1年間の説法禁止を命令
	3	19	ANPが主導するデモがシットウェで発生。ロヒンギャへの国籍付与に反対
	3	24	国連人権理事会が事実調査団の派遣を決議
	3	28	スウェウィン氏が国家サンガ大長老会議等に書簡を送り、ウィラトゥ師への対処を求めた
	3	28	日本政府がロヒンギャ難民に対し、計200万ドルの緊急無償資金協力を決定
	4	1	ミャンマーで議会の補欠選挙。ラカイン州アン郡でANPのエーマウン氏が下院議員に当選
	4	8	USDPと8政党が合同声明を出し、スウェウィン氏を擁護する宗教文化省を批判
	4	10	ミャンマー・中国石油パイプラインを通じた中東産原油の中国向け輸送を開始
	5	8	大統領がNVC発行委員会を設立
	5	10	ヤンゴンで仏教徒がロヒンギャが違法に匿われているとして、ムスリムの居住区に押しかける事件が起きる

2015	5	24	バングラデシュのハシナ首相が、ロヒンギャとバングラデシュ人が乗った密航船の問題について「国の印象を悪くしている」と非難
	5	27	バングラデシュの政府高官がロヒンギャ難民キャンプを離島への移転する計画を表明
	8	25	バングラデシュ国境付近でラカイン族武装勢力のアラカン軍（AA）がバングラデシュの国境警備隊と衝突
	12	30	チャウピュー SEZ の施工業者として CITIC が契約
2016	3	16	次期大統領にティンチョー氏を選出
	3	27	NLD がラカイン州の首相にニープー氏を指名。ANP 議員らが抗議
	3	29	2012 年 6 月以来のラカイン州内での戒厳令解除
	3	30	テインセイン大統領の任期終了。新政権の主要閣僚が就任宣誓
	4	1	ミャンマーで NLD 政権発足
	4	6	国家顧問法を制定。同法によりアウンサンスーチーが国家顧問に就任
	4	19	シットウェの沖合でロヒンギャを載せた船が沈没。21 人以上が死亡
	4	28	「ロヒンギャ」呼称の使用に反対して、ヤンゴンのアメリカ大使館前で僧侶らがデモ
	5	13	アメリカ大使館による「ロヒンギャ」呼称の使用に反対して、マンダレーで約 400 人がデモ
	5	30	ラカイン州平和発展中央委員会を設置
	6	7	ラカイン州チャウピュー、ミェーボン、ポンナージュンで NVC の発行作業を開始
	7	3	ヤンゴン地域首相がマバタは不要という主旨の発言をし、メディア等で拡散
	7	6	ヤンゴン地域首相の発言に対する抗議活動が行なわれる
	7	7	マバタが政府に対する全国的抗議を呼びかける
	7	12	マバタが全国的抗議の撤回を声明
	7	12	国家サンガ大長老会議が声明を発し、マバタの 7 日付声明を批判。マバタは非合法組織であると宣告
	7	21	ミャンマー政府の労働・人口管理省は、2014 年国勢調査の宗教別人口統計を公表
	8	24	ラカイン州諮問委員会の人事にコフィ・アナン元国連事務総長らを発表
	9	6	連邦議会下院で、ANP 議員が提起した諮問委員会人事への反対が否決される
	9	12	ラカイン州の環境団体 ANREN が、州内の資源開発の利益分配を求め 30 万人分以上の署名を集めたと発表
	9	18	ラカイン州の治安・国境問題大臣が、違法に建築されたイスラーム関連施設の撤去を命令
	9	22	連邦議会下院で、ANP 議員がマウンドー、ブーディーダウン郡内でのムスリムの出生制限法案を提起するが、保険大臣が却下
	9	22	バングラデシュのハシナ首相とミャンマーのアウンサンスーチー国家顧問がニューヨークで会談、ロヒンギャ難民問題について協議
	10	9	マウンドー、ラテーダウン郡内の国境警備ポスト 3 カ所が襲撃を受ける。国家顧問が主宰する緊急会議を開催
	10	10	マウンドー郡のミョートゥジー村で国軍部隊が襲撃を受ける
	10	12	国家顧問兼外相のアウンサンスーチーが「いかなる個人や組織に対しても、十分な証拠なしに非難しない」旨の発言
	10	12	ミャンマー国内の 8 つのムスリム団体が合同声明を発表。襲撃事件を非難し、暴力事件への懸念を表明
	10	14	マウンドー郡ティーカンビン村落群ワーペイッ村での捜査で、RSO の旗が発見される
	10	14	大統領府が声明。襲撃事件の容疑者 4 人が、背後にテロ組織 Aqa Mul Mujahidin の支援があると自供したとする内容
	10	17	ネーピードーで外務省の次官らが記者会見し、先日の大統領府声明に含まれる情報は不確実だと発言
	11	2	各国大使らで構成される使節団がラカイン州に到着
	11	3	マウンドーの国境を閉鎖
	11	13	国際人権団体 HRW が、ロヒンギャの村落で火災が起きている様子を衛星写真を用いて指摘
	11	15	ASEAN の議員団がラカイン州訪問

2001	3		タリバーンがバーミヤンで大仏を爆破
	9		アメリカ同時多発テロ事件
2002	5		ヤンゴンにILOの連絡事務所を開設
2003	5	16	アメリカ政府がミャンマーへの経済制裁を強化
	5	30	ミャンマーでダベイン事件。アウンサンスーチーの自宅軟禁再開
	8	30	ミャンマーでキンニュン首相に就任。新憲法の制定に向けたロードマップを公表
2004	5		ミャンマーで制憲国民会議を再開
	10		キンニュン首相の辞任が発表される
	11		デーウがラカイン州沖合の天然ガス田・シュエガス田の評価掘削を開始
2005	7		キンニュン首相に禁固刑
	12		ペトロチャイナがミャンマー政府と30年間の天然ガス購入契約を締結
2007	9		ミャンマーで僧侶らによる反政府抗議活動「サフラン革命」が起こる
2008	2		ミャンマーの制憲国民会議が憲法草案を公表
	5		ミャンマーで新憲法草案に対する国民投票を実施、賛成多数で承認
	11		中国とミャンマーが石油・天然ガスのパイプラインの建設で合意
	同年		アジア各地でロヒンギャのボートピープルの処遇が問題となる
2009	1		タイ軍がボートピープルを拘束
	3		中国とミャンマーが天然ガス・パイプラインの建設合意書に署名
	6		中国とミャンマーが石油パイプラインの建設合意書に署名
	10		ラカイン州のマデー島でパイプラインの起工式典
2011			ミャンマーでテインセイン大統領を首班とする政権が発足
2012	1	13	キンニュン元首相が恩赦で解放される
	5	28	ラカイン州内で女性への暴行殺害事件が発生
	6	3	ラカイン州内タウンゴウッでバスが襲撃され乗客のムスリムが死亡
	6	8	ラカイン州マウンドー郡内でロヒンギャの暴動。政府が戒厳令を布告し国軍が展開
	6	9	シットウェで住民暴動
	6	10	ラカイン州全土に非常事態宣言
	8	22	一連のラカイン州暴動での死者が88人に達し、9万人が国内避難民となる
	10		ラカイン州のミンビャー、ムラウウーなどで暴動が発生
2013	4		2012年ラカイン州暴動の調査委員会が報告書を提出
	7		チャウピューSEZのコンセプトプランが完成
	10	21	天然ガスのパイプライン輸送を開始
2014	1	13	ラカイン民族党（ANP）が結成
	3	20	ダッカトリビューン紙がラカイン州のバングラデシュ編入を提案する論説を掲載
	3	26	シットウェで反国連デモ
	3	28	政府が2012年暴動事件の調査委員会を設置
	4		ミャンマーで国勢調査を実施
	6	15	ラカイン州のミェーボン郡のIDPキャンプで国籍審査プロセスを実施
	7		チャウピューSEZのコンサルタント企業としてシンガポールのCPGコンサルタントなどを選定
	10	3	ミャンマー政府の「ラカイン州アクションプラン」原案に対し国際人権団体が批判
2015	1		ミャンマー・中国パイプラインの試験稼働
	2	5	シットウェで、ロヒンギャに総選挙での投票権を与える法案への反対デモ
	2	11	ヤンゴンでも反投票権デモが起きる。テインセイン大統領が法案を撤回
	3	31	ホワイトカード（TRC）の有効期限切れ
	5	1	タイでボートピープルと見られる32人の遺体が埋められた跡をが発見される
	5	22	ミャンマー海軍が208人のボートピープルを海上で救出
	5	24	マレーシア警察は国境近くボートピープルと見られる139人の遺体とキャンプの跡を発見

1971			ミャンマーで新憲法制定会議を開催
	12		バングラデシュがパキスタンから独立
1973			ミャンマーで国勢調査を実施
1974			ミャンマー社会主義連邦共和国憲法制定。ラカイン州など7州を設置。ネウィンが大統領に就任
1976			政府が国籍審査事業の実施を承認
1977	8		ラカイン州分離独立計画が摘発される
	9		計画に関与したとしてバングラデシュ大使館付武官のアミン大佐を国外退去
1978	2		ラカイン州分離独立計画の首謀者に死刑を宣告
	2		ラカイン州でナガーミン事業始まる
	6		バングラデシュへの難民が合計で20万人に達する
	7		両国が難民帰還で合意
1979	5		ネウィン大統領がバングラデシュを訪問。両国間の国境問題を協議
	12		難民の帰還がほぼ完了する
1980			ミャンマーで全宗派サンガ合同会議を設置。また国家サンガ大長老会議を設置
1981			ネウィンが大統領職を辞任
1982			ミャンマーで国籍法施行
			ロヒンギャ組織RSOが設立される
1983			ミャンマーで国勢調査を実施
1987			ミャンマー国軍が中国国境周辺に進出し、中国との貿易を正式に再開
1988	7		ネウィンがBSPP議長職から引退
	8		ミャンマー各地で反政府運動が激化
	9		国軍が全権を掌握し国家法秩序回復評議会（SLORC）創設
1989	6		ミャンマーで国名や地名の英語表記の変更を実施
	7		アウンサンスーチーNLD書記長が自宅軟禁におかれる
1990	5		ミャンマーで総選挙実施、NLDが圧勝
	7		SLORCが総選挙の結果を凍結
1991	3		ロヒンギャ難民の脱出が始まる
	10		アウンサンスーチーがノーベル平和賞を受賞
	12	21	ミャンマー国境警備隊がバングラデシュ領内の難民キャンプに侵入、防ごうとした国境警備隊に発砲。1人が死亡、7人が負傷
1992	3		難民が累計30万人を超える
	3	6	国連のガリ事務総長がミャンマーに対し、ロヒンギャの大量出国を止めるよう声明を出す
	3	9	UNHCRが各国政府に難民への緊急支援を呼びかけ。バングラデシュでロヒンギャ救援事業を開始
	4	28	ミャンマー・バングラデシュ両国が難民帰還に関するMOUを締結
	5	10	ロヒンギャ難民送還に反対する抗議デモが発生
	同年		ラカイン州内でナサカ（国境地域治安警察）が創設される
	9		バングラデシュ政府が新難民認定を停止
1993	5		バングラデシュ政府とUNHCRがMOUを締結
	11		UNHCRとミャンマー政府がMOUを締結
	12		難民の大規模帰還のプラグラムに着手
1994	3		UNHCRがラカインに事務所を開設
	5		大型サイクロンがバングラデシュを通過
	8		UNHCRが難民の登録作業を開始
	11		シットウェで住民同士の衝突事件
1996			ロヒンギャの組織RNA（The Rohingya National Alliance）が創設される
1997	11		ミャンマーのSLORCが国家平和発展評議会（SPDC）に改組
2001	2		シットウェで住民同士の衝突事件

関連年表

年	月	日	事　項
1430			ラカイン王国のミンソームン王がムラウウーを着工（～ 1433 に完成）
1595			ラカイン王国がタウングー朝ミャンマーの都バゴーを攻略
1666			ムガール帝国がチッタゴンを占領
1784			コンバウン朝のボードーパヤー王がラカイン王国への遠征軍を派遣
1785			ムラウウーが陥落しコンバウン朝はラカインを併合
1799			イギリス東インド会社のコックス大尉がチッタゴンでラカイン避難民の定住支援を開始
1811			チンビャンの勢力がラカインに侵入
1814			チンビャンの乱が終結
1824			第一次英緬戦争始まる（～ 1826）
1826			第一次英緬戦争の講和条約としてヤンダボー条約が結ばれ、ラカインを英領に割譲
1862			英領ラカイン、タニンダーイー、バゴーを併せて英領ビルマ州を設置
1865			アラカン丘陵県を分離独立
1874			アキャブで市政委員会を設置
1886	3		イギリスがミャンマー全土の併合を宣言
	5		ミャンマー全土が英領インドに編入され、準州となる
1897			英領インド・ビルマ州が発足
1907			ウー・オウッタマが日本に渡航
1930			ヤンゴンでインド人労働者とビルマ人労働者が衝突
1935			インド統治法でビルマ州を英領インドから分離することを決定（1937 年に発効）
1939			ウー・オウッタマがヤンゴンで死去
1942	1		日本軍がミャンマーに侵攻、イギリスの行政機関がインドへ撤退
	12		第一次アキャブ作戦（～ 43 年 4 月まで）
1944	2		第二次アキャブ作戦
1945	5		第二次世界大戦終結。イギリスが『ビルマ白書』を発表
1946	2		ビルマ共産党からタキン・ソー率いる急進派・赤旗共産党が分離独立
	7	10	政府は赤旗共産党を非合法組織に指定
1947	2		ミャンマーでパンロン会議開催
	7		ミャンマーでアウンサン将軍らが暗殺される
	9		ミャンマーの制憲議会で 1947 年憲法を承認
	11		英国下院でビルマ独立法案を可決
	12		ムジャヒッドが北部ラカインで反乱
1948	1		ミャンマー連邦が独立。
	3		ビルマ共産党が反政府武装闘争を開始
	同年		ミャンマー連邦国籍法（1948）制定
1950			ミャンマーが中華人民共和国と国交を樹立
1954			中国の周恩来首相がミャンマーを訪問
1957			ラカイン族議員がラカイン州の設立を要求
1958	10		国軍のネーウィン将軍による治安維持政府が発足
	同年		ムジャヒッドの乱が終息
1960			ミャンマー・中国が国境条約を締結
1961			ムジャヒッドが国軍に投降し停戦が成立
1962	3		ミャンマー国軍がクーデターを起こし政権を掌握
	7		ビルマ社会主義計画党が創設され国内唯一の合法政党となる
1964			ミャンマーで民間企業の国有化が本格化し事業を失った 30 万人以上のインド人が母国へ脱出
1967			ヤンゴンで反中国人暴動
1970	11		ラカイン地内の共産党勢力を国軍が掃討。指導者のタキン・ソーを逮捕

執筆者一覧

（五十音順）

青木　裕貴（あおき　ゆうき）日本赤十字社国際部開発協力課主事〔第 2 章〕

石川　和雅（いしかわ　かずまさ）上智大学大学院博士後期課程退学〔編者：第 3 章／ミャンマー政府によるラカイン州への取り組み／ミャンマーの国籍法と証明書／民族・宗教保護協会（略称：マバタ）／関連年表〕

大橋　正明（おおはし　まさあき）聖心女子大学グローバル共生研究所招聘研究員、恵泉女学園大学名誉教授、シャプラニール＝市民による海外協力の会シニア・アドバイザー〔第 6 章〕

岡本　郁子（おかもと　いくこ）東洋大学国際学部国際地域学科教授〔第 3 章〕

加藤　丈太郎（かとう　じょうたろう）武庫川女子大学文学部英語グローバル学科専任講師〔第 6 章〕

川瀬　佐知子（かわせ　さちこ）大阪赤十字病院看護係長〔第 2 章〕

日下部　尚徳（くさかべ　なおのり）立教大学異文化コミュニケーション学部准教授〔編者：第 1 章／関連年表〕

斎藤　之弥（さいとう　ゆきや）日本赤十字社国際部参事〔第 2 章〕

志賀　圭（しが　けい）（株）コーエイリサーチ＆コンサルティング開発コンサルタント〔第 5 章〕

下澤　嶽（しもざわ　たかし）静岡文化芸術大学文化政策学部教授〔第 2 章／第 7 章〕

杉江　あい（すぎえ　あい）京都大学大学院文学研究科講師〔第 2 章／ロヒンギャ難民キャンプと関連地域の地図〕

鈴木　佑記（すずき　ゆうき）国士舘大学政経学部准教授〔第 4 章〕

高田　峰夫（たかだ　みねお）広島修道大学人文学部教授〔第 1 章〕

登利谷　正人（とりや　まさと）東京外国語大学世界言語社会教育センター講師〔第 4 章〕

堀拔　功二（ほりぬき　こうじ）一般財団法人日本エネルギー経済研究所中東研究センター主任研究員〔第 4 章〕

堀場　明子（ほりば　あきこ）笹川平和財団アジアの平和と安定化事業グループ主任研究員〔第 4 章〕

松村　直樹（まつむら　なおき）（独）国際協力機構（JICA）地球環境部防災グループ／元バングラデシュ防災セクター調整専門家〔第 5 章〕

【編著者紹介】

日下部　尚徳（くさかべ　なおのり）
立教大学異文化コミュニケーション学部准教授。

石川　和雅（いしかわ　かずまさ）
上智大学大学院グローバル・スタディーズ研究科博士後期課程地域研究専攻退学。

ロヒンギャ問題とは何か
――難民になれない難民

2019年9月10日 初 版 第1刷発行
2023年11月10日 初 版 第2刷発行

編著者　日下部　尚　徳
　　　　石　川　和　雅
発行者　大　江　道　雅
発行所　株式会社 明石書店
〒101-0021 東京都千代田区外神田6-9-5
電話 03（5818）1171
FAX 03（5818）1174
振替　00100-7-24505
https://www.akashi.co.jp/
組版／装丁　明石書店デザイン室
印刷／製本　モリモト印刷株式会社

（定価はカバーに表示してあります）　ISBN978-4-7503-4869-8

ミャンマーを知るための60章
エリア・スタディーズ 125　田村克己、松田正彦編著　◎2000円

蒼生のミャンマー　農村の暮らしからみた、変貌する国
髙橋昭雄著　◎2000円

ミャンマーの矛盾　ロヒンギャ問題とスーチーの苦難
北川成史著　◎2200円

「アウンサンスーチー政権」のミャンマー
民主化の行方と新たな発展モデル
永井浩、田辺寿夫、根本敬編著　◎2400円

ミャンマーの教育　学校制度と教育課程の現在・過去・未来
明石ライブラリー 164　田中義隆著　◎4500円

ミャンマーの基礎教育
軍政から民政にかけての教育政策の効果検証
吉田夏帆著　◎3800円

ミャンマーの歴史教育　軍政下の国定歴史教科書を読み解く
田中義隆著・編訳　◎4600円

東南アジアと「LGBT」の政治
性的少数者をめぐって何が争われているのか
日下渉、青山薫、伊賀司、田村慶子編著　◎5400円

バングラデシュを知るための66章【第3版】
エリア・スタディーズ 32　大橋正明、村山真弓、日下部尚徳、安達淳哉編著　◎2000円

バングラデシュ建国の父　シェーク・ムジブル・ロホマン回想録
世界歴史叢書　シェーク・ムジブル・ロホマン著　渡辺一弘訳　◎7200円

バングラデシュの歴史　二千年の歩みと明日への模索
世界歴史叢書　堀口松城著　◎6500円

大河が伝えたベンガルの歴史　「物語」から読む南アジア交易圏
世界歴史叢書　鈴木喜久子著　◎3800円

バングラデシュの船舶リサイクル産業と都市貧困層の形成
佐藤彰男著　◎4200円

バングラデシュの就学前教育
無償制度化の構造的特徴と人びとの教育選択
門松愛著　◎3500円

南アジア系社会の周辺化された人々
下からの創発的生活実践　関根康正、鈴木晋介編著　◎3800円

インド・パキスタン分離独立と難民
移動と再定住の民族誌　中谷哲弥著　◎6800円

〈価格は本体価格です〉